河南省国家重点学科（地理学）培育基金
河南大学区域发展与规划研究中心项目 资助

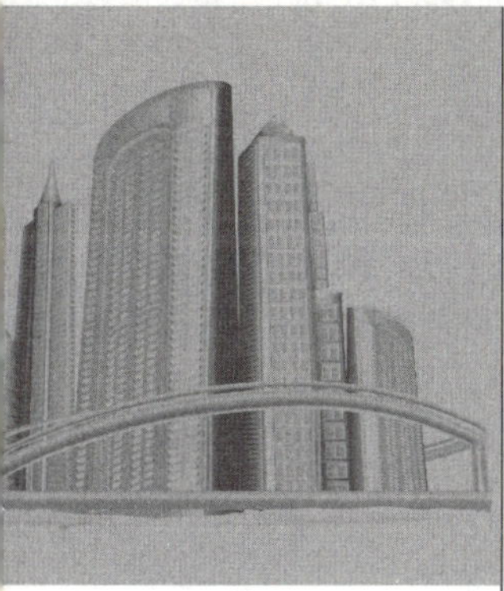

# 当代城镇化
## 背景下的中原城市群经济整合研究



刘静玉◇著

# ECONOMIC INTEGRATION
## IN ZHONGYUAN URBAN AGGLOMERATION IN THE SITUATION OF CONTEMPORARY URBANIZATION

中国经济出版社
CHINA ECONOMIC PUBLISHING HOUSE
北京

**图书在版编目（CIP）数据**

当代城镇化背景下的中原城市群经济整合研究/刘静玉著.
北京：中国经济出版社，2014.4
ISBN 978-7-5136-1471-9

Ⅰ.当… Ⅱ.①刘… Ⅲ.①城市群—区域经济发展—研究—河南省 Ⅳ.①F299.276.1

**中国版本图书馆 CIP 数据核字（2012）第 047746 号**

责任编辑　戴玉龙
责任审读　贺　静
责任印制　张江宏
封面设计　华子图文

**出版发行**　中国经济出版社
**印 刷 者**　三河市佳星印装有限公司
**经 销 者**　各地新华书店
**开　　本**　16
**印　　张**　15.5
**字　　数**　220 千字
**版　　次**　2014 年 6 月第 1 版
**印　　次**　2014 年 6 月第 1 次
**书　　号**　ISBN 978-7-5136-1471-9/F·9256
**定　　价**　65.00 元
**广告经营许可证**　京西工商广字第 8179 号

**中国经济出版社** **网址** www.economyph.com **社址** 北京市西城区百万庄北街 3 号 **邮编** 100037
本版图书如存在印装质量问题，请与本社发行中心联系调换（联系电话：010-68330607）

# 序

城市群是我国城镇化进程中出现的新的功能地域组织形式，以其较高的城镇化水平和经济影响力，成为区域发展中重要的城镇化策源地和经济增长引擎。当前，我国的长江三角洲、珠江三角洲、京津冀等三大城市群以及一批省域、跨省域范围的城市群，凭借其强大的经济、社会综合实力和不断增强的区域竞争力，在区域发展中的影响和地位日渐突出，并且成为国家新型城镇化战略的重要载体和平台。

国外城市群的研究由来已久，其萌芽可追溯到霍华德 E（Howard E）的“田园城市”，现代意义上城市群研究的标志性成果当属戈特曼 J（Gottmann J）对美国东北海岸的大都市带（Megalopolis）的研究。国外学者主要研究城市群成长的驱动机制、空间结构、区域整合等问题；20 世纪末，城市群研究由系统研究走向系统调控研究，人本主义倾向凸显，空间尺度微观化趋势明显。国内城市群的研究始于 1980 年代，从借鉴和介绍国外相关研究入手，主要集中在城市群概念与内涵的剖析、城市群空间范围的界定、城市群的形成发展机制研究、城市群的整合研究等方面。

中原地区城市的发展可追溯到 4000 多年前的夏代，几经兴衰荣辱，建国后城市发展进入快车道，1980 年代在郑州周围客观存在的大中城市集聚区开始为诸多学者所关注。《河南省国民经济和社会发展第十个五年计划》（2001 年）和《河南省全面建设小康社会规划纲要》（2003 年）提出，今后若干年河南省经济空间结构布局和调整的重心是构建“中原城市群经济隆起带”，并界定中原城市群的空间范围为：以郑州为核心，包括洛阳、开封、新乡、焦作、平顶山、许昌、漯河和济源共 9 个省辖市市域。至此，中原城市群正式走到历史的前台，中原城市群由自然发展阶段进入以政府行政推进为主导的组建发展阶段。但是，中原城市群只是规划的、处于“离散”状态的城市群，其整合问题尤为突出。在城市群整合发展的诸多选项中，经济整合处于核心地位，是解决其他问题的关键。因此，通过对中西部地区典型省域城市群经济整合的研究，既可以丰富城市地理学研究的理论与方法，更可以为中西部地区城市群的经济整合提供借鉴和指导意义。刘静玉博士的学位论文正是基于这样的背景展开的。

《当代城镇化背景下的中原城市群经济整合研究》以刘静玉博士的学位论文为基础，经过作者的学术凝练、观点完善、结构优化与数据更新，最终呈现在各位读者面前。该书通过对区域经济发展历程及与其他城市群的对比分析，论证了中原城市群经济整合的必要性和可行性。在分析中原城市群经济整合现状的基础上，提出了中原城市群经济整合的基本模式和路径，依此进行了中原城市群经济地域整合、产业整合和经济支撑系统整合的研究。

该书提出的城市群经济系统和城市群地域系统的基本概念，构建的城市群经济系统和地域系统的等级体系、城市群经济整合的理论分析框架等，具有一定的系统性、创新性和实用性，具有重要的学术价值。该书的出版，将为我国中西部地区城市群的经济整合研究和城市群发展规划提供一个科学的理论基础和方法借鉴，相信通过学术界和关注城市群发展问题的有关业务部门的共同努力，我国城市群的整合问题将会有较大的改观。

刚刚颁布的《国家新型城镇化规划（2014—2020 年）》提出“加快培育成渝、中原、长江中游、哈长等城市群，使之成为推动国土空间均衡开发、引领区域经济发展的重要增长极。”这意味着，中原城市群已成为我国中西部地区引领区域经济发展的四大重要增长极之一。刘静玉博士的这本书，恰逢其时地为国家新型城镇化与城市群战略的构建与实施提供了依据和支撑！

该书紧密结合当前的时代背景，立意新颖，结构严谨，问题剖析深刻，表现了作者扎实的地理学理论功底和较好的数据处理与表达能力。作为刘静玉博士的导师，我为其博士论文的顺利完成、成书出版感到欣慰，同时，也希望他以此为新的起点，继续提高自己的业务素质和研究水平，保持严谨的学风，不断进取，为我国新时期城镇化的健康发展做出一个学者应有的贡献，如此甚慰。

值此《当代城镇化背景下的中原城市群经济整合研究》付梓，特为之序。

王发曾

2014 年 3 月于河南大学

# 前　言

实现中部崛起和区域协调发展是当前我国社会、经济发展的重要战略目标之一。纵观世界区域经济发展历史，城市群是组织区域经济发展的主要方式，它对区域经济增长的贡献不断增加，并已成为新型的区域经济增长极（极快）。对城市群的研究由来已久，并取得了丰硕的成果。但是，从“经济整合”角度对城市群的研究，特别是对经济发展相对落后区域的城市群的研究尚存在一定的欠缺。中原城市群是中部地区的主要城市群之一，在中原城市群中进行“经济整合”，可以带动河南社会与经济的全面发展，使中原城市群成为河南乃至中部地区的经济增长极，进而推动中部地区的经济崛起。因此，开展中原城市群“经济整合”研究不仅具有一定的理论价值，而且具有一定的现实意义。

本书的研究思路是：在国内外已有的关于城市群和城市群经济整合等相关研究的基础之上，以城市地理学、经济地理学、系统科学、城市经济学等多学科理论为指导，构建城市群经济系统、城市群地域系统和城市群经济整合研究的基本框架。采用 GIS、计量经济学方法等技术手段，分析中原城市群经济整合的外部环境和内部基础，进而开展中原城市群经济地域整合和产业整合的研究。最后，对中原城市群经济支撑系统现状进行客观分析，提出经济支撑系统整合的对策。

在中原城市群的建设中，进行中原城市群“经济整合”非常必要。①中原城市群对区域经济发展具有重要作用。城市群经济已经成为区域经济发展的主要组织形式，城市群正在成长为区域经济增长极、城镇化的主要动力源；河南经济和城镇化发展出现了向中原城市群地区集中的趋势，中原城市群正在成长为河南的经济增长极，在河南经济与社会发展中的作用正在逐渐增大。②中原城市群在未来的区域经济与社会发展中具有重要作用，但中原城市群核心城市的经济实力尚不够强大，中原城市群还不能完全胜任河南乃至中部地区经济增长极的重任。③与我国三大城市群及其平均水平相比，中原城市群的经济发展效果还不理想；从中原城市群产业整合现状来看，中原城市群地区的某些行业之间、某些地域之间存在较为严重的产业同构现象。综上所述，中原城市群经济整合势在必行。

通过对中原城市群经济空间演化过程和城市群发展现状进行分析，认为成长三角模式是中原城市群经济整合的最佳模式。本书认为基于成长三角模式的中原城市群经济整合的基本路径是：首先进行中原城市群经济地域整合，以此为基础，进行中原城市群的产业整合，最后进行其经济支撑系统的整合。

以中心地理论、城市群经济系统、城市群地域系统和城市群经济地域整合的理论框架为基础，进行中原城市群经济地域整合的研究。首先借助城镇中心性强度指标，重构中原城市群城镇的等级体系，并界定中原城市群经济地域系统的等级体系。运用中心城市经济作用场强、经济隶属度、中心城市可达性等指标，主要进行中原城市群亚城市群地域系统和核心城市地域系统的整合研究。

以中原城市群经济地域整合方案为基础，参考各地域单元经济发展现状、区域发展战略、政府工作报告及相关区域的“十二五”规划，进行中原城市群地域系统、各个亚城市群地域系统和核心城市地域系统的产业整合研究，分别界定相应地域系统工业的基本行业和非基本行业，提出第三产业发展思路。

最后，在科学分析中原城市群经济支撑系统发展状况、整合现状的基础之上，以区域协调的思想为指导，提出各个经济支撑系统的整合策略。

作者提出的城市群经济系统和城市群地域系统的基本概念，构建的城市群经济系统和地域系统的等级体系、城市群经济整合的理论分析框架，是本书的创新之处。

本书是在我的博士论文的基础之上修改、完善而成的。博士毕业之后，由于种种原因，直至现在才进入出版环节。在此期间，我国社会、经济及相关研究都发生了很大变化。在维持原有研究思路不变的前提下，主要做了如下调整：将数据更新到2010年，弱化第三产业整合的研究，修正了其中的部分观点。在本书写作过程之中，参考了许多专家学者的研究成果，书中对引用部分都一一做了注明，但仍恐有挂一漏万之误，诚请多加包涵。由于时间及本人研究视野有限，书中肯定会有不尽如人意乃至谬误之处。在此，恳请有缘读到此书的读者不吝赐教！

刘静玉

2013年12月于河南大学

## 目　录

CONTENTS

# 绪　论

## 0.1　选题背景

### 0.1.1　区域城镇化背景

0.1.1.1　工业化与城镇化相互促进

李亚莉（2004）认为我国已经进入重化工时代。工业化阶段，无论是劳动密集型阶段、资本密集型阶段（重化工时代），还是技术密集型阶段，工业都承担着吸纳农村剩余劳动力、推动区域经济发展的重任，而成为区域城镇化的主要动力。后工业化时期，工业是创造财富的基本手段，是推动城市成长的重要方式。城镇化对区域工业化产生推进作用，城市正是借助其技术、信息、基础设施等对区域经济的发展起到了巨大的推进作用。统计表明，城市经济对我国 GDP 的贡献率已超过 70%，如果我国城镇化速度保持在每年增长 1 ~1.5%，仅城镇化水平提高就可拉动 3 ~5% 的投资增长①。

---

① 专家预测我国社会 05 年发展趋势：城镇化进程加快. http：//gb. chinabroadcast. cn，2005，1，11.

0.1.1.2　城镇化是我国区域发展中面临的重大问题之一

根据诺瑟姆（Ray. M. Northam）的城镇化过程曲线，1996 年我国（城镇化率为 30.48%）已进入城镇化的中期阶段，进入城镇化的高速增长期。斯蒂格列茨（Joseph E. Stiglitz）认为 21 世纪对中国有三大挑战，居于首位的就是中国的城镇化，中国的城镇化将是区域经济增长的火车头，并产生最重要的经济利益（SPIRALSTAR，2004）。分析美、日、中三国以 GDP 总量 1 万亿美元为起点、在相等时间段内经济增长之间的差异①，一些专家认为，原因是多方面的，但城镇化率差异所导致的财富集聚能力的差异是一个主要原因②（牛文元，2004）。

据第六次人口普查数据全国人口为 13.3972 亿人，城镇化率为 49.68%；河南人口为 0.9402 亿人。如果未来我国城镇化率达到 70%，则至少需要 2.72 亿人进入城镇，大约需要 270 多个一百万人以上的城镇，考虑到未来人口增长的因素，则会更多。2010 年河南省城镇化率为 37.7%，和我国进入城镇化的高速发展阶段相比，河南省城镇化发展依旧处于城镇化发展的初期阶段。中原城市群城镇化率为 46.07%，跨入城镇化发展的中期阶段，进程明显快于河南省平均水平。当前，城镇的发展能否吸纳这么多的剩余劳动力和城市经济的发展能否为农村剩余劳动力提供足够多的适宜的岗位是我国城镇化过程中面临的双重难题。

0.1.1.3　城市群在区域城镇化进程中具有重要作用

随着经济的发展与城镇化进程的加速，城市群的形成与扩张是城镇化发展的必然趋势。在我国经济发展水平和城镇化水平较高的地区，城市群的发展和完善是推进城镇化发展的主要途径（苏雪串，2004）。城市群对区域城镇化进程的推进主要通过三个途径：首先，城市群通过整体辐射带动作用，促进外围区域的城镇化进程。其次，通过内部不同等级核心城市

---

① 美国 GDP 总量 1970 年达到 1 万亿美元，1980 年达到 2.7 万亿美元，10 年增长了 1.7 万亿美元；日本 GDP 总量 1978 年达到 1 万亿美元，1988 年达到 2.4 万亿美元，10 年增长了 1.4 万亿美元；中国 GDP 总量 2000 年达到 1 万亿美元，依照国家规划预计 10 年再增加 1 万亿美元。

② 在相应阶段，美国的城镇化率超过 87%，日本的城镇化率超过 65%，中国的城镇化率为 36%。

的辐射带动作用，加速内部的城乡一体化进程，提高区域内部的城镇化水平。第三，为城市的基本设施建设、城镇化的扩散提供必要的经济支撑。许学强、周一星经实证研究也认为在发展中国家人均国民生产总值和城镇化水平之间存在着正相关（许学强，周一星，宁越敏，1997）。那么，具有强大经济实力的城市群，必然会通过经济的推动，加速区域内部和外部的城镇化进程。

### 0.1.2 区域经济发展背景

#### 0.1.2.1 中部崛起战略的提出及其影响

2004 年 3 月《政府工作报告》提出了“促进中部地区崛起”的战略构想。“中部崛起”首次出现在 2005 年经济工作的六项任务当中（亚凡，2004）。2005 年国家正式提出中部崛起发展战略，明确指出要指导和支持中部六省以中心城市和交通要道为依托，加快发展城市群、经济带等经济密集区①。2006 年 3 月《政府工作报告》提出，中部崛起是推动区域协调发展的重要战略举措②。《中华人民共和国国民经济和社会发展第十一个五年计划纲要》提出促进中部地区崛起是促进我国区域协调发展的区域总体发展战略的重要组成部分③。2006 年 3 月 27 日中共中央总书记胡锦涛主持中央政治局会议研究促进中部地区崛起工作④。至此，改革开放 20 多年以来，我国先后提出“沿海率先改革开放战略”、“西部大开发战略”和“东北老工业基地改造战略”等国家发展战略之后，中部崛起从国家发展战略的高度被提出，并已被放到重要的战略位置。中部要突破，必须尽快地建立一个类似东部的地区中心⑤，因此，中部六省已分别从不同的角度

---

① 郑州晚报：中部崛起上演龙头之争 . http：//news. sina. com. cn/c/2005 - 03 - 11/13256061322. shtml.

② 2006 年中国政府工作报告 . http：//www. gov. cn，2006，03，15.

③ 中华人民共和国国民经济和社会发展第十一个五年计划纲要 . http：//news3. xinhuanet. com.

④ 胡锦涛主持政治局会议研究促进中部崛起工作 . http：//finance. people. com. cn，2006，3，27. 来源于新华社 .

⑤ 中部崛起 5 省城市群谁称雄河南要当中部代言人 . http：//news. yn. cninfo. net，2004，12，14，摘自《郑州晚报》.

规划实施自己的发展蓝图。中部各个省区纷纷规划、制定区域内部的城市群发展战略，城市群发展战略已经成为中部经济崛起的重要发展战略。中部六省已经形成武汉城市圈、中原城市群、长株潭城市群、皖江城市带、环鄱阳湖城市群、太原都市圈等六个城市群。

中部崛起战略的实施对中部各省经济发展既是机遇又是挑战。一方面，可为中部各省未来的经济崛起从国家战略层面到政策层面提供必要的支持和机遇。另一方面，区域要素资源是有限的，如果在这轮战略实施中落伍的话，不但难以获取区域外部要素资源，还极有可能导致区域内部要素资源的外流，从而加剧区域经济的落后程度。

#### 0.1.2.2 城市群发展规划的制定与实施

我国各级地方政府从不同的角度进行城市群的规划与管理，以引导规范城市群的发展。2003 年国家建设部的珠江三角洲城市群规划进入专题调研阶段①，2004 年马芜铜城市群规划启动②，2004 年长江三角洲城市群的规划启动③，2005 年成都城市群规划启动④，2004 年 8 月湖南的长株潭规划通过专家评审⑤，2004 年 12 月《浙江省环杭州湾地区城市群空间发展战略规划》通过专家评审⑥，2005 年 5 月《山东半岛城市群总体规划》通过专家评审⑦。《中华人民共和国国民经济和社会发展第十一个五年计划纲要》提出，要把城市群作为推进城镇化的主体形态；在已形成城市群格局的地区要通过加强城市群内部各个城市的分工协作和优势互补，增强城市群的整体竞争力；在具备城市群发展条件的区域，要统筹规划，逐步形成

---

① 城市群规划进入专题调研，金羊网－羊城晚报．http：//www. ycwb. com. 2003，4，1.

② 马芜铜城市群规划启动，来源于铜陵日报，2004，4，20.

③ 江浙沪共建世界第六大城市群 15 个城市纳入规划．http：//big5. chinataiwan. org，2004，8，11.

④ 南北齐头并进成都城市群规划蓝图首次公开．http：//www. scjgxx. gov. cn/，2005，3，24.

⑤ 湖南长株潭城市群规划通过评审融城锁定核中核．http：//news. sohu. com，2004，8，9. 来源：红网.

⑥ 环杭州湾城市群发展规划展现宏图．http：//www. scol. com. cn 2004，6，3. 来源：中国建设报.

⑦ 半岛城市群总规划烟台等八市定位职能．http：//www. jiaodong. net，2005，5，13.

新的城市群[①]。可见，城市群发展战略已经成为区域层面及国家层面的发展战略。

2003 年河南省制定了《中原城市群经济隆起带发展战略构想》。河南省发展与改革委员会牵头分别制定了《中原城市群总体发展规划》《中原城市群发展战略构想》和《中原城市群总体发展规划纲要》等规划文件，2006 年 2 月中原城市群发展规划（2006—2020 年）在北京通过有关专家的评审[②]。

0.1.2.3　城市群在区域经济发展中具有重要作用

城市群对区域经济的发展具有重要作用，美国的大纽约区、五大湖区、大洛杉矶区等三大城市群 GDP 对美国的贡献率为 66%～67%；据估计，到 2020 年，在长江三角洲城市群、珠江三角洲城市群、京津唐城市群（京津冀城市群）等占我国国土面积 3% 的区域上产生的 GDP 将占到国家 GDP 总量的三分之二（韩洁，2004）。在经济全球化的形势下，区域竞争日趋激烈，参与经济竞争的区域单元逐渐由单个城市让位于城市组团或城市板块，城市群以其独有的优势成为参与竞争的重要地域单元。受经济全球化的影响，单个城市已经难以担当区域经济增长极重任，城市群以其日益膨胀的经济总量而带来的对区域经济发展的辐射不断增加，从而取代单个城市逐渐成长为区域经济的增长极。

河南省经济向中原城市群集中的趋势越来越明显，中原城市群对河南 GDP 增长贡献的份额逐渐增大，这是河南经济发展对日趋激烈的国际经济竞争环境的反应，也是对经济全球化的主要应对。增长极是区域经济发展的策动源和推动器。郑州、洛阳等城市已经越来越难以承担河南省经济发展增长极的重任，构建区域经济发展增长极已成为河南省实现区域经济快速发展并在中部地区占据有利位置而必须首先解决的一个重要课题。

---

① 中华人民共和国国民经济和社会发展第十一个五年计划纲要．http://news3.xinhuanet.com.

② 中原城市群未来 15 年总体规划研究报告出炉．http://finance.people.com.cn.2006，2，27.

### 0.1.3 我国城市群经济整合问题突出

首先，随着城市群经济的发展，地区经济中竞争内耗问题和发展的外部性问题没有减少反而增多了（洪银兴，刘志彪等，2003）。其次，城市群内部各城市强化其行政职能，各自为政，出现了内部重复投资和产业结构趋同，通过行政壁垒排斥外地产品和服务，造成不平等竞争（王树功，周永章，2004）。第三，城市群内部各城市定位不明确，城市主导职能划分不清，导致城市之间的经济联系强度较弱。第四，城市群经济支撑系统不整合。城市群内部的港口、航空港、铁路场站建设等基础设施建设缺乏整体意识，致使城市群内部基础设施布局不协调，导致了不同地区之间争夺客货源的恶性竞争和基础设施的巨大浪费等。城市群经济不整合产生了诸多不良后果：首先，造成城市群要素资源的大量内耗，造成人力、财力、物力等资源的巨大浪费。其次，使城市群经济系统的整体功能大打折扣，制约了城市群经发展效率的提升。第三，导致了城市群内部的低效博弈，极大地阻碍了我国城市群整体实力和竞争力的提升。第四，恶化了城市群的生态环境，不利于城市群经济、社会、生态环境的可持续发展。第五，间接影响了城市群地区社会、文化、环境等方面的整合发展。中原城市群也存在经济整合问题，它减弱了城市群宏观经济发展的效果，导致了区域产业同构，并在其他方面产生负面影响。

## 0.2 选题意义

### 0.2.1 现实意义

中原城市群经济发展具有重要的区际意义。中部崛起战略是我国“四位一体（沿海经济发展、西部大开发，东北振兴、中部崛起）”的区域总体发展战略的重要一环。中原城市群是我国实现区域协调发展、中部崛起、中原振兴的重要战略支点。

本书立足全国、中部、河南、中原城市群的实际情况，依据相关理论，研究中原城市群的经济整合问题，以期解决中原城市群经济发展中重要的制约性因素，或者至少可以为中原城市群经济整合问题的解决提供一定的借鉴。中原城市群经济整合问题的解决可以为和中原城市群具有类似情况的城市群经济整合问题的解决提供较大的、直接的帮助，也可为我国其他城市群经济整合问题的解决提供相应的借鉴意义。

### 0.2.2 理论意义

和我国城市群经济蓬勃发展的现实相比，我国城市群经济整合的研究相对滞后。首先，我国城市群经济整合研究的理论体系尚没有完全建立。本书就城市群经济整合的理论进行系统梳理，试图构建“为什么”、“做什么”、“怎么做”等城市群经济整合的理论分析框架。其次，城市群经济系统的构建还没有取得重要进展。通过分析城市群经济系统的基本内涵，尝试构建省域城市群经济系统，为我国城市群经济系统的构建提供借鉴。第三，在对城市群经济整合模式分析的基础之上，提出经济相对落后区域城市群经济整合的基本模式，可弥补城市群经济整合研究中较少涉及发展中区域经济整合模式的不足。

## 0.3 研究对象选择及其空间范围的确定

### 0.3.1 研究对象选择

本书之所以将中原城市群作为研究对象，基于以下考虑。

第一，中原城市群是未来河南省、中原经济区经济发展的增长极。根据增长极理论，区域经济的发展离不开增长极的带动作用。但是随着区域竞争的不断激烈，单个城市越来越难以担当这一重任，城市群以其对区域经济增长贡献率的日益增大正在成长为区域经济发展的增长极。在河南，郑州、洛阳等大中城市承担的河南经济增长极的重任已经逐步让位于中原城市群，中原城市群的经济实力及其所发挥的作用正在逐渐显现出来，但是中原城市群的经济整合问题比较突出。

第二，中原城市群是中部崛起的重要支撑。中部崛起是重要的区域发展战略，中部的问题在于迫切需要一个“增长极”来带动整个区域的发展。基于城市群在国家经济社会中扮演的重要角色，中部六省纷纷制定自己的城市群发展战略，在中部地区形成了包括中原城市群、武汉城市圈等在内的六个初具规模的城市群，它们是其所在省区的经济增长极，是中部崛起的重要战略支点，是潜在的具有区际意义的中部地区的经济增长极。

第三，中原城市群具有典型性特征。我国中西部地区城市群的共同特点是处于发育的雏形阶段、发育程度较低、城镇化水平相对较低、对区域经济增长的贡献率相对较低。中原地区是我国古代文明的发祥地之一，也是我国较早出现城市的地区之一；经过几千年的城市发展，中原城市群已逐渐成型。和中西部其他省区相似，河南省人口众多，经济发展水平相对较低，中原城市群经济发展带有深深的河南经济发展的烙印。中原城市群无疑是众多中西部城市群中的代表，具有中西部城市群的典型性特征。

第四，中原城市群经济整合问题开始显现。在中原城市群形成发展的过程中，经济整合问题日渐突出，并且产生了诸多不良的后果。从中原城市群渐成雏形时起，针对中原城市群整合的研究与实践就没有停止过，但是其效果却不尽人意。为此，有必要继续对中原城市群的整合问题特别是经济整合问题进行更为深入细致地研究。

第五，进行中原城市群经济整合研究是学科研究社会化服务功能的基本体现。从学科研究的社会化服务功能考虑，学术研究最终应该体现其社会价值，应该对社会的发展有所帮助。人文地理学作为研究多种人文特征的分布变化和空间结构的学科，应该肩负起研究服务于地方的责任与义务。选择中原城市群作为研究的基本对象是对人文地理学研究的社会化服务功能的有益尝试，这也是人文地理学研究能够长久不衰的根本保证。

### 0.3.2 研究对象空间范围的确定

界定城市群空间范围的方法有很多，如指标体系法、时间距离法、行政划分方法等（项光勤，2004），而指标体系法在城市群空间范围的确定中已被广泛应用（胡序威，周一星，顾朝林，2003；刘荣增，2003；Gottman J，1987；孙一飞，1995）。本文采用多种不同的方法确定中原城市群的空间范围，不同的划分方法可能会产生不同的结果，这也有利于从不同的视角认识中原城市群的发展状况。

#### 0.3.2.1 依据都市区指标确定城市群的空间范围

针对城市群空间范围的界定，有很多种指标体系方法。本书对中原城市群空间范围界定的具体步骤是：首先，将郑州市区、开封市区、新乡市区、焦作市区、洛阳市区、平顶山市区、许昌市区、漯河市区、济源市区等9个省辖市市区作为中原城市群的中心城市，中原城市群地区的其他县域单元作为外围县的候选单元；其次，选择外围县市的具体指标是人均GDP在5000元以上、非农产业比重在70%以上或者非农产业劳动力比重40%以上（两条件满足其一），以此来选择每个中心城市的外围县；第三，应用2010年的相关统计数据，得到各个中心城市的外围县，中心城市和外围县共同组成都市区；第四，相互邻接的都市区形成都市连绵区，它们组成了理论上的中原城市群的空间范围。2010年中原城市群理论意义上的地域空间范围包括：郑州市域、焦作市域、济源市、漯河市域、洛阳市域、平顶山市域、许昌市域、新乡市域、开封市区、开封县、尉氏县、兰考县等54个基本地域单元。

利用都市区指标确定中原城市群的空间范围，基本上反映了城市群内部的经济发展水平、城市群内部不同地域单元之间的社会经济联系，但是，不足之处在于具体指标数值的确定存在着人为因素的影响。

#### 0.3.2.2 利用时间距离确定中原城市群的空间范围

中原城市群空间范围的确定可以采用时间距离来界定。以中原城市群的中心城市郑州市区为中心，在2小时的时间距离内分布有洛阳、开封、新乡、焦作、许昌、平顶山、漯河、济源，安阳、鹤壁、濮阳、商丘、周口、驻马店、山西的晋城和长治、山东的菏泽等共18个省辖市[①]，单纯从空间距离看，中原城市群应当包括这18个省辖市；但是，考虑到城市之间的经济联系强度和郑州市的综合经济实力，这18个省辖市形成城市群的条件尚不具备，但它们可以作为中原城市群未来的组成部分。以郑州为中心，在1.5小时的时间距离内分布有洛阳、开封、新乡、焦作、许昌、平顶山、漯河、济源等9个省辖市[②]，这是近期最有条件率先实现整合的区域，中原城市群的雏形已经在这一地域空间内形成，它们共同构成了中原城市群现在的空间范围。

利用时间距离来确定城市群的空间范围，直接反映了城市群内部的交通网络和现代交通技术对城市群内部联系的影响，时间距离也成为反映城市群内部不同地域单元之间相互联系程度的重要指标。随着交通网络的不断优化和现代交通技术的发展，以时间距离反映的城市群的空间范围也处于不断的变化之中。但是，时间距离因素仅仅反映了城市之间的通达性，而不能全面反映城市群内部的相互联系。

#### 0.3.2.3 通过行政手段界定城市群的空间范围

《河南省全面建设小康社会规划纲要》指出中原城市群经济隆起带是以郑州为中心，包括洛阳、开封、新乡、焦作、平顶山、许昌、漯河和济源在内的城镇密集区，包括9个省辖市，下辖48个县及县级市、374个建制镇及乡，土地面积5.87万平方公里。

政府对城市群空间范围的界定是建立在广泛调查和研究的基础之上的，存在其科学性、合理性的地方，但也反映了行政力量对经济发展的干预，更是城市群发育不成熟的反映。政府的界定中包含着更多的政治因素，是各级政府相互博弈、相互妥协的产物。

---

① 中原城市群未来15年总体规划研究报告出炉 . http：//finance. people. com. cn. 2006，2，27.

② 中原城市群未来15年总体规划研究报告出炉 . http：//finance. people. com. cn. 2006，2，27.

#### 0.3.2.4 中原城市群研究范围的具体确定

城市群的空间范围可分为两种：学术意义上的空间范围和行政意义上的空间范围。前者具有较强的学术性和科学性，它是城市群发展状况的真实刻画，其科学研究的价值更高；后者则更多地强调实用性，是对行政因素主导下的城市群发展状况的反映，在城市群的规划与实施中更为有效。研究中如将这两种空间范围相结合确定研究的具体空间范围，则可以将两者的优点相结合。中原城市群研究范围的确定采用两种空间范围相结合的方法（见图1）。包括郑州市、洛阳市、开封市、新乡市、焦作市、平顶山市、许昌市、漯河市和济源市等9个省辖市（均包含各自的辖县（市）），下辖48个县及县级市、374个建制镇及乡，土地面积5.87万平方公里。

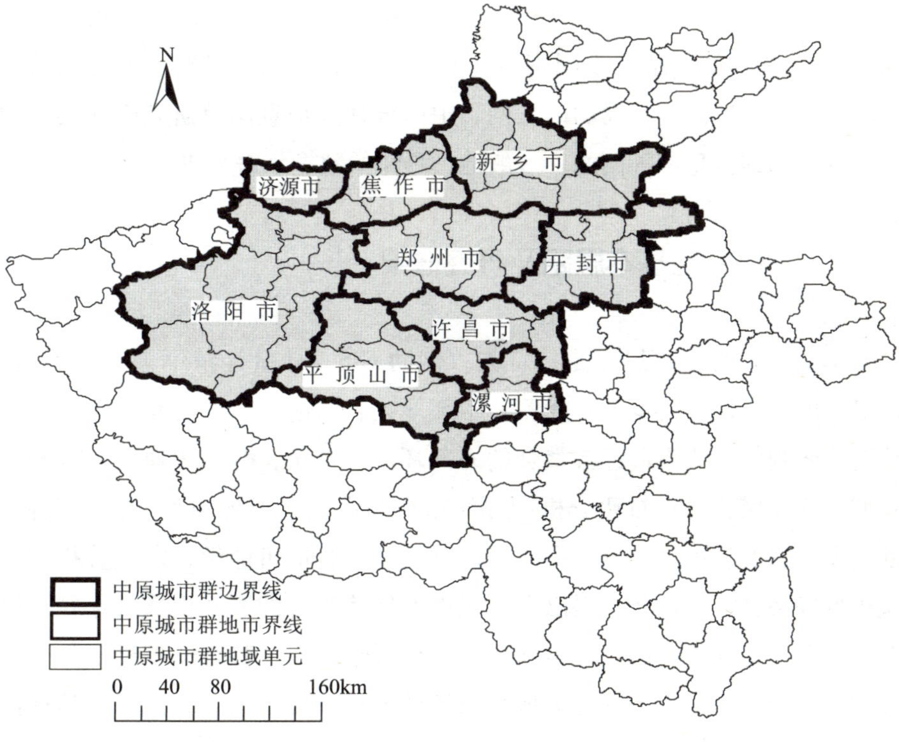


**图0-1 中原城市群在河南省的位置及其地域空间组成**

## 0.4 数据来源

本文所需要的数据可分为文献资料和统计数据两大类。

文献资料通过 Internet 和相关图书资料获得。获得相关文献资料的主要网站为：学术期刊网，如中国学术期刊网、万方数据库、EBSCO 数据库、SPRINGER 数据库等网站；相关的政府网站，如河南省人民政府网站、河南省统计局网站、中原城市群各个地市政府网站及其一些统计信息网站等；其他的门户网站，如网易、新浪网、人民网、新华网等网站。部分文献资料也可以从图书馆或资料室获得。

统计资料获取的途径有两种：一是从中国国家统计局、河南省统计局及中原城市群 9 个省辖市统计局获取相关年份的统计年鉴；二是通过 Internet 获得，主要的网站有中国资讯行高校财经数据库、河南省统计局及中原城市群各个地市统计局的信息网、中国统计局信息网及研究中涉及到的省市统计局的信息网等网站。一般地，具体的数据年份为 2010 年。

## 0.5 研究的基本思路及研究框架

本文研究的基本思路是：首先，借助 GIS、计量经济学等技术手段，定量测度与定性分析世界、我国、中部地区、河南省的经济及城镇化发展状况，研判中原城市群经济整合的外部环境。其次，分析中原城市群经济及城镇化发展状况；对比分析中原城市群与我国主要城市群之间的经济、社会发展状况。第三，分析中原城市群经济整合的可能性，定量分析中原城市群经济整合的现状，提出中原城市群经济整合的基本模式及途径。第四，以中心地理论、成长三角理论、城市群经济地域整合的理论框架等相关理论为指导，提出不同等级地域系统整合的方案。第五，以中心地理论为指导，提出中原城市群地区不同等级地域系统产业整合的基本方案。第六，提出区域协调机制、市场、基础设施和城市体系等经济支撑系统整合的基本举措。本文具体的研究框架如图 2。

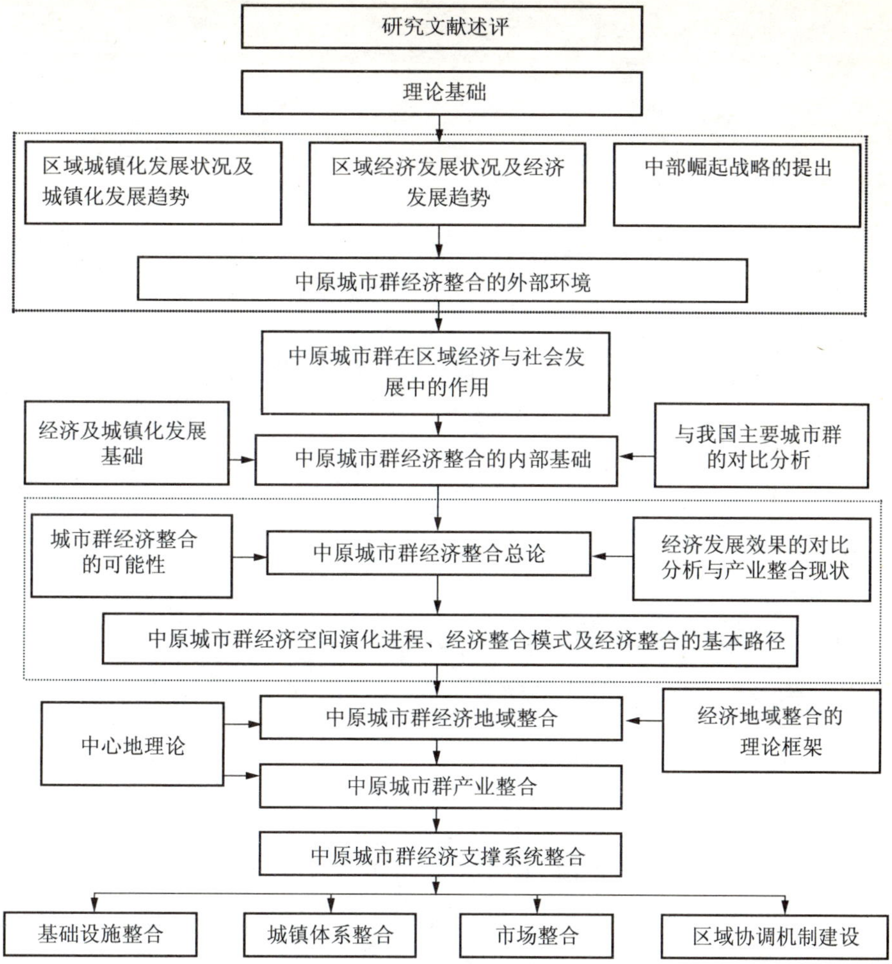


**图 0－2　论文研究的基本思路**

# 第1章　文献综述

## 1.1　相关概念辨析

### 1.1.1　城市群

#### 1.1.1.1　城市群的概念及其源起

以埃比尼泽·霍华德（E. Howard）提出城市群的思想（埃比尼泽·霍华德，1898）为开端，城市群概念的研究可分为两个阶段：城市空间集聚形态的感性描述阶段和城市空间集聚形态的理性描述阶段。

（1）国外关于城市群概念的研究

①城市空间集聚形态的感性描述阶段。城市群的概念首先由英国的格迪斯（Robert Dickinson，1915）提出来。格迪斯研究发现英国城市的扩展使其诸多功能跨越了城市边界，众多的城市影响范围相互重叠产生了“城市区域”（City Region），他将之命名为“集合城市”（Conurbation）。他认为，英国已有七大城市群和大伦敦城市群，法国的大巴黎、德国的柏林—鲁尔区、美国匹兹堡、芝加哥、纽约等地区亦已形成城市群；并提出了城市演化的形态：城市地区（City Region）、集合城市（Conurbation）和世界城市（World City）（胡伟，1999）。英国学者 C. B. Fawcett 将城市群限制在

城市建城区的范围（Built-up Area），认为城市群是一片城市功能用地占据的连续区域（C. B. Fawcett，1932）。同时，美国统计部门用“标准都市区”的概念来界定城市群；英国统计部门将城市群定义为 Aggregates of Local Authority Area（地方行政区域结合体）。前苏联学者在二十世纪一二十年代提出了一些类似城市群的概念，如“城市经济区”、“经济城”、“规划区”等（夏安桃，2004）。上述研究，主要基于对城市群空间分布形态的感性认识，来界定城市群。研究认为不能仅从人口密度、空间景观等感性角度界定城市群，应该从城市和区域的功能联系和可达性等角度理性的层面来研究城市群。

②城市群空间集聚形态的理性描述阶段。法国地理学家戈特曼 J. Gottmann 发表了对城市群研究的开拓性成果——《大都市带：东北海岸的城市化》（Jean Gottmann，1957），认为大都市带（Megalopolis）是由许多都市区连成一体，在经济、社会、文化等方面存在密切交互作用的巨大城市地域。1960 年日本提出了“大都市圈”的概念，1970 年代戈里科曼（Glickman，N. J.）研究日本城市时提出了区域经济集块（REC）的概念，克拉森（Klassen，L. H.）也提出了类似的功能城市群的概念（富田和晓，1995）。这两个概念对中心城市和外围单元的定义指标基本一致，后者还考虑到中心城市的行政地位，这两者均脱胎于美国都市区的概念（史育龙等，1997）。加拿大的麦吉（McGee）通过对亚洲的研究提出了 Desakota（城乡融合区或灰色区域）的概念，来描述同一地域上同时发生农村性和城市性的行为；麦吉又将 Desakota 发展成为超级都市区（Mega urban Region，MR）（McGee，1989；McGee，1991）。1988 年在夏威夷国际讨论会上，各国学者提出了和麦吉的 MR 相类似的概念，如扩展大都市区（Extended Metropolis Area，EMA）（Ginsburg，N.，1991）、分散的大都市（Dispersed Metropolis，DM）（Jamieson，N.，1991）和都市连绵区（MIR）（Zhou Yixing，1991）。此外，还有“城市场”（Urban Field）（Friedman and Miller，1965）、“城市功能经济区”（City-Region）（Robert. Dickinson，1967）、“城市通勤区”（Daily Urban System）（Berry and Honton，1970）。一些西方国家从统计的角度调整原有统计单元，提出了“城市化地区”（Urbanized Area，U. S. Census，1950）、“标准都市统计区”（The Standard

Metropolitan Statistical Area，SMSA，U. S. Census，1960）、“标准整合区域”（Standard Consolidated Area，SCA，U. S. Census，1960）、“统计都市区”（Census Metropolitan，C. M. A，Canada）、“标准都市就业区”（Standard Metropolitan Labor Area，England）等概念。

（2）国内关于城市群概念的研究

我国城市群研究始于20世纪八十年代。1983年于洪俊、宁越敏首次用“巨大都市带”的译名向国内介绍戈特曼的思想（于洪俊，宁越敏，1983）。董黎明等（1989）认为城市群等同于城镇密集区，它是指在社会生产力水平较高、商品经济比较发达、相应的城镇化水平较高的区域内，形成由若干个大中小不同等级、不同类型、各具特点的城镇集聚而成的城镇体系。周一星提出了对应于国外大都市带的中国都市连绵区（Metropolitan Inter-locking Region，MIR）的概念、标准和分布格局，前瞻性地预见到改革开放和全球化背景下中国人口与经济向沿海6个城市密集区集聚的趋势（周一星，1988；周一星，1991）。周一星都市连绵区的概念在某种程度上反映了城市群的一大特征，即城市间、城乡间强烈的相互作用、区域一体化的特征（Zhou Yixing，1991）。周一星的都市连绵区概念是其建立城市地域实体概念的重要一环，为我国城市群地域范围的划分奠定了基础。肖枫等认为城市群是由若干个中心城市在各自的基础设施和具有亲和力的结构方面，发展特有的经济社会功能，而形成的一个社会、经济、技术一体的具有亲和力的有机网络（肖枫，张俊江，1990）。这一概念强调了城市群的网络结构，但是对城市群的地域概念考虑较少。姚士谋等认为城市群（Urban Agglomeration）是在特定的地域范围内具有相当数量的，不同性质、不同类型和等级规模的城市，依托一定的自然环境条件，以一个或两个特大或大城市作为地区经济的核心，借助于综合运输网的通达性，发生与发展着纯属个体之间的内在联系，共同构成一个相对完整的城市集合体；他认为中国目前有5个超大型城市群和8个城镇密集区（姚士谋，朱英明，陈振光等，2001）。显然，姚士谋等给出了城市群和城镇密集区的等级界定，并进一步强调了城市群的地域空间概念。侯启章认为城市群和城市带的不同之处在于城市带是城市群的更高层次，当城市群逐渐发展到一定阶段，则演变成城市带（侯启章，1993）。在此，侯启章也将城市群和都市连绵带的等级进行了界定。孙一飞将与城市群类似的城镇密集区定义为在一定地域范围内，以多个大中城市为核心，城市之间、城市与区域之间发生着密切联系，城市化水平较高，城镇连续性分布的密集城镇地域（孙一飞，1994）。孙一飞强调了区域之间的相互联系和城镇空间分布状态。代合治则认为城市群是由若干基本地域单元构成的连续区域，城市群区域应具有较高的城市化水平，并构造基本指标体系来确定城市群的基本地域单元（代合治，1998）。顾朝林认为城市群是由若干个中心城市在各自的基础设施和具有个性的经济结构方面，发挥特有的经济社会功能，而形成一个社会、经济、技术一体化的具有亲和力的有机网络；认为中国正在形成11个城镇集聚区，他把辽中南、首都、长江三角洲、珠江三角洲称作块状城市集聚区，其余7个表述为线状城镇密集区（顾朝林，1995；顾朝林，1999）。顾朝林强调了城市群的社会经济功能及其网络结构。陈凡等认为城市群是指在一定地区范围内，由各类不同等级规模的城市依托交通网络所组成的一个相互制约、相互依存的一体化城市网络（陈凡，胡涓，1997）。李迅认为中国城市群的分布存在空间差异，沿海地区自北向南存在辽中南、京津唐、长江三角洲、闽东南、珠江三角洲等六个城市群，而中西部地区分布着松嫩平原、中原、江汉平原、湘中、四川、关中平原等六个正在发展的城市群（李讯，2000）。在李讯的表述中没有对处于不同发展阶段的城市群进行等级划分。刘荣增认为城镇密集区是在一定地域范围内，以多个大中城市为核心，城市之间和城市区域之间发生着密切联系，城市化水平较高，城镇连续性分布的密集城镇地域，且城镇密集区应该包括节点、网络和基质等3个方面（刘荣增，2003）。吴传清等认为城市群是指在城市化过程中，在特定地域范围内，若干不同性质、类型和等级规模的城市基于区域经济发展和市场纽带联系而形成的城市网络群体（Urban Network System）（吴传清，李季，2003）。夏安桃认为城市群有狭义和广义之分，广义的城市群包括处于不同发展阶段的城市群，只要达到一定指标，就可以称为城市群；狭义的城市群只能是那些类似于沪宁杭、珠三角这样高度发达的城市群才能称为城市群；她又认为广义的城市群是不同层次各种城镇的集合；是一个区域空间、自然和社会经济等要素组成的有机体；是一个无论在区域层次上还是相互联系的空间上均具有网络性的基本特征，由包含若干个具有较强活力的子系统构成的大系统，是一个区域经济发展的实体（夏安桃，2004）。

（3）对国内外城市群概念研究的理解

国外城市群概念的研究从对空间集聚形态的感性认识上升到理性认识，从外在形态的研究走向内在联系的分析。我国的相关研究吸收了国外的研究成果，理性成分居多，但争议较多，尚未形成共识。城市连绵区或城市带（Megalopolis）凸显了城市连绵相接的整体性，却忽略了城市的独立性；都市区（Metropolis）或都市圈局限于大城市及其周边地区，多着眼于单个城市；而对于城镇体系，则强调全面性分布的地域概念，对聚集特征和整体性描述不足；联合国人类聚落中心用城市聚集区（Urban agglomeration）作为衡量城市规模的标准，认为城市群将一定地域范围内城市的聚集性和相互独立性涵盖进来，更为恰当地反映了我国城市密集的客观特征（刘玉劲，2004）。可见国内外相关研究对城市群本质的把握却有很多相同之处，承认城市群一个由不同层次城市组成的集合体，在不同层面上存在着相互作用和密切联系，具有网络性特征，是一个城市化水平较高的城镇密集分布区域。

城市群是在区域城镇化进程中社会经济发展到一定阶段的产物，以相应时期区域社会、经济、历史、文化等因素为基础，受集聚与扩散效应的驱动，区域内部的人口、企业、功能等通过迁移、选址、转移等一系列的微观运动，引致区域内部城镇密集分布而形成的城镇密集分布区。城市群的发育状况取决于它所处的发展阶段，针对处于不同发展阶段城市群的研究，会产生不同的结论，也许这是城市群概念存在分歧的一个重要原因。同时，通过剖析城市群的形成过程，发现其形成过程是其内部不同层次的地域单元间的空间相互作用产生并被持续强化的过程，是相互间的经济联系不断被强化的过程。

（4）城市群的概念

作者认为城市群（Urban Agglomeration）是在一定的地域空间上，以物质性网络（交通运输、通讯、电力等）和非物质性网络（市场网络、社会网络）组成的网络化组织为纽带，在一个或几个核心城市的组织协调下，由若干个不同规模等级、城市化水平较高、空间上呈密集分布的城镇通过空间相互作用而形成的相互联系密切，城镇体系和区域分工与合作体系逐步完善的城市（镇）区域系统。

1.1.1.2 城市群的基本特点

作者认为城市群具有如下特征：

（1）城市群是具有一定结构和功能的开放性巨系统

城市群内的每个城镇、乡村构成一个子系统，城镇之间、乡村之间、城乡之间相互联系、相互作用、相互制约共同构成一个具有一定结构和功能的、开放、复杂的城市（镇）区域巨系统。城市群是社会经济发展的产物，城市群系统的开放性决定了它与外部区域之间不断发生相互联系，这是城市群对外具有“扩张性”的根源，城市群通过它的辐射和带动作用将外围的区域系统纳入自己这个巨系统，实现自身的增长。

（2）城市群的发展具有动态性特征

城市群是区域内部各种要素集聚与扩散的产物，区域内部城镇之间、城乡之间、乡村之间活跃着不同流向的人流、物流、信息流——这些“流”使城市群不同地域单元间的相互联系不断密切。城市群内部的城镇经历着兴起、发展、繁荣、衰老的“新陈代谢”过程，使得城镇分布格局不断发生变化。城市群的“扩张性”使得其外部的地域单元不断被吸纳进来，从而打破了原来的城镇发展平衡，之后，新的平衡关系再逐渐建立起来；城市群内这种新旧平衡关系的“破立”过程不断重复。

（3）城市群的区域分工与合作体系逐步走向成熟

在城市群核心城市的组织带动、区域间的空间相互作用下，城市群内部不同地域单元间的功能联系不断强化，不同地域单元间基于发挥优势、优势互补的分工与合作不断深化，城市群内部的区域分工与合作体系不断完善。

（4）城市群具有网络性特征

第一，网络化组织是城市群形成发展的纽带和支撑。城市群内部不同区域之间相互联系的需要与人流、物流、信息流的不断密集导致了城市群地区的网络化组织比较发育，而城市群内部社会经济的发展又为网络化组织的发育提供了坚实的物质基础。因此，城市群由交通运输和电力通讯等物质性网络和通过要素资源流动而形成的非物质性网络组成的区域网络化组织发育。

第二，城市群的各级城市、内部的网络化组织、运行于其中的各种流、不同地域单元之间的复杂联系将城市群构建成了一个复杂的网络化组织。

（5）集聚与扩散是城市群形成与发展的主要驱动机制

城市群内部的不同要素，通过驱动与扩散机制的作用，在城市群形成发展的某一时期，形成某一或几个要素呈集聚状态分布；在城市群形成发展的另一时期，某一要素或几个要素则会成扩散状态分布。当然，城市群内部不同要素的集聚与扩散是同时进行的，只是在某一时期集聚占据主导地位，而另一时期扩散占据主导地位，要素的分布状态就会呈现出不同的空间分布形式。

（6）城市群的内在有机性（夏安桃，2004）

城市群作为经济社会有机体，是城市地域空间形态和规模的变化，更是一种新型的生产力布局形式。内在有机性是各类资源在区域内的特定分布形式，具有新的不同于各城市简单相和的整体特征与功能。主要表现在四个方面。①产业协作网络：合理配套的产业分工与协作网络是城市群发展的基础和动力。城市群体发展可使区域经济在生产要素的组织与创新方面具有较强的可更新性和自主性，同时有利用于基础设施共享、区域资源合理开发、环境污染的地区性治理、地区性防灾等。②整体功能强：城市群的功能远远超出相同规模的多个孤立城市的功能之和，并有可能取代传统城市中心的功能。③产业经济的客观取向：有利于生态环境的保护，更易于区域生态系统与经济系统的匹配和平衡。更可从宏观、系统和远景上把握区域社会经济发展的秩序，在自身协调发展被打破后有理想的恢复能力，具有适应发展趋势做出积极响应的能力，从而为城市群的可持续发展提供保障。④城乡趋于融合：城市经济与文化的辐射加速了乡村城市化进程和城市文明的普及。在较成熟的城市群内部，乡村虽然仍存在，但在生产方式、居住方式、生活方式、交往方式、思维方式等方面城市文明的比重大幅度增加。

#### 1.1.1.3 概念辨析

（1）城市群与城镇体系

城镇体系（City System）是指一定地域范围内，以中心城市为核心，以广大乡村为基础，若干规模不等、职能各异的城镇居民点组成的相互制约、分工合理的有机整体（杨万钟，1994）。姚士谋等认为城市群和城镇体系之间在本质上有许多相同之处，是一个同质的地域概念，仍属于区域城镇体系的范畴（姚士谋，朱英明，陈振光等，2001）。董黎明等认为城市群是一种特殊类型的城镇体系（董黎明等，1989）。城镇体系是高一层次、全面性城镇分布的地域概念，等级规模和横向联系较强；而城市群是局部地区城镇集聚的概念，呈有序与无序的分布状态，但分布地区经济发展水平较高（姚士谋，2001）。城镇密集区（城市群）虽然也注重联系性、层次性和动态性，但它更强调了一定范围内高密度、高城市化水平的区域，这是城市群与城镇体系的本质区别（刘荣增，2003）。作者认为，城镇体系着眼于区域内部的城镇关系：等级规模、职能和空间分布，但它不要求城镇密集度。城市群是一个城市区域的概念，它强调区域内部城镇的密集分布，它着眼于区域，反映区域内部的城乡联系、城镇联系和乡村联系，即两者最明显的区别在于城市群强调其内部城镇分布的密集程度和城镇之间和城乡之间社会经济联系强度。城镇体系具有一定的等级层次结构，城市群是具有成熟的城镇体系地域单元。因此，城市群会和某一等级的城镇体系在空间上重合，同时，城市群的地域空间可包含几个级别较低的城镇体系，较高级别的城镇体系也可包含几个城市群。

（2）城市群与城镇密集区

国外对城市群和城镇密集区没有严格区分，国内却存在着不同的观点。董黎明等（1989）认为城市群等同于城镇密集区。姚士谋等认为我国存在着5个城市群和8个类似城市群的城镇密集区（姚士谋，朱英明，陈振光等，2001）。崔功豪认为城镇群体空间和一般的人口稠密、城镇群体分布的空间形态有着质的区别，前者是在工业社会，以城市为核心的区域发展过程中，有着主次序列、相互分工协作的城镇有机系统；而后者，是在区域经济处于低层次发展阶段，城镇自发形成、孤立发展、缺乏内在联系的无序状态（张京祥，2000）。胡序威等认为城镇密集区和城市群相比，前者强调了区域的概念，研究重点在于以城镇为中心的区域整体，不仅重视城镇之间的相互作用，而且重视城乡之间的相互作用，而城市群则更侧重城市之间的联系与作用（胡序威，周一星，顾朝林等，2000）。刘荣增认为如果将城市群视为一个区域的概念，也强调城乡相互作用，那么城市群和城镇密集区是相同的（刘荣增，2003）。作者认为，和城镇密集区一样，城市群是一个城市区域的概念，它既重视城乡相互作用，又重视城市间的相互作用，还正视乡村之间的相互作用。从一些研究成果来看，同一地域空间只是称呼不同，如长三角、珠三角城镇密集分布的区域，有称为城镇密集区，也有称为城市群。那么，城市群和城镇密集区至多在发展时序上存在区别，即认为城市群是城镇密集区的高一级发展阶段。如果采用夏安桃广义城市群的概念，两者就是相同的。

（3）城市群与都市区

西方学者将都市区（Metropolitan Area，MA）称为城市地域（Urban Region）、大都市地区等，日本学者则称为都市圈。美国在1910年首先定义了都市区（Metropolitan District，MD）的概念，规定每个MD内有一个至少20万人口的城市，并附加了其他一些指标。之后又做了多次补充修订，1990年后正式定义为都市区（Metropolitan Area，MA），规定每个都市区应以一个人口5万以上的城市化地区（Urban Area，UA）作为核心，围绕这一核心是中心县（Central County）和外围县（Outer County）。中心县是该城市化地区的中心市所在的县，外围县则与中心县相邻且需满足一些条件。城市功能地域与美国的都市区相似，如法国的ZPIU（Zone de peuplement Industriel ou urbain）、德国的Stadtregionen、加拿大的CMA（Census Metropolitan Area）和SMLA（Standard Metropolitan Labor Area）、英国的MELA（Metropolitan Economic Labor Area）、日本的都市圈等。这些城市功能地域指标的设置与美国都市区的指标相似，同时又增加了国情特色指标。西方的都市区设计基于中心城市对周围地区的影响，这种影响通过城乡之间各种形式的社会经济联系来体现。西方国家对都市区界定的基本思路是：首先，设定中心县（或中心城市）；其次，制定相应的指标体系来选择外围县。中心城市（或中心县）与外围县组成都市区。周一星对都市区的界定和西方国家相似，认为都市区是由中心城市和外围非农化水平较高、与中心城市存在着密切社会经济联系的、与中心城市或外围县（与中心城市相邻的外围县）相邻的外围县组成。但是，外围县指标的选取存在差异。

可见，都市区主要着眼于城乡之间、城镇之间基于中心城市的联系，缺乏反映区域城镇化发展程度的概念；城市群则着眼于整体，侧重于其内部不同地域单元间的相互联系和作用，强调城镇化发育程度的概念。显然，城市群与都市区是不同的，但它们之间又存在一定的联系（夏安桃，2004）。本质上，它们都是区域的概念，都是社会经济发展水平和非农化水平较高的地域单元，都反映城乡之间的联系和城镇之间的联系，具有深刻的城乡一体化倾向的城市功能地域单元。作者认为都市区是组成城市群的地域单元，史育龙等人也持这样的观点（史育龙，周一星，1997）。可将孙一飞的大都市区是单中心城镇密集区的观点（孙一飞，1994）解释为大都市区是城市群的一个特例。

（4）城市群与城市带

城市带（Megalopolis）也称作都市带、绵延大都市带（Extended Metropolitan）、分散大都市带（Dispersed Metropolitan）、都市连绵区（Metropolitan Interlocking Regions）等，是法国著名地理学家戈特曼提出来的。他认为城市带是多中心的城市体系，具有高度的连续性和较强的内部相互作用，具有门户位置、发展的枢纽、高密度的聚落等特点（Jean Gottomann，1957）。姚士谋等认为城市群是由若干城市区域的空间组合的多极城市形式出现的特殊城市化空间概念，一般指几个大都市区连成一片的地带，它具有高度的连续性和较强的内部相互作用，具有发展枢纽、高密度的聚落特征（姚士谋，朱英明，陈振光等，2001）。城市群和城市带在本质上都是高度城镇化的区域概念，这是两者的相同之处；区别在于城市群是一个系统的概念，具有层次性特征（夏安桃，2004），城市带是城市群（城镇密集区）发展的一种高级形式（侯启章，1993；夏安桃，2004）。当城市带中的都市区按照一定的指标形成一个连续的整体时，城市带就是城镇密集区（城市群）；但当城市带由多个都市区松散地连接在一起，中间有缓冲地带，城市化水平不高，达不到一定指标时，城市带就不能称为城镇密集区（刘荣增，2003；夏安桃，2004）。显然，城市群是比城市带更为高级的发展形式，但是，并没有给出明确、具体的指标标准。实际上，城市带没有严格的界定，也没有典型的模式可循，刘荣增和胡序威等在相关研究（刘荣增，2003；胡序威，周一星，顾朝林等，2000）中，对城镇密集区（城市群）的界定都采用了周一星对都市连绵区界定的方法。姚士谋等认为城市群和城市带是同一个概念（姚士谋，朱英明，陈振光等，2001）。作者认为，城市带和城市群是描述城市化进程中出现的城镇密集分布的空间分布形态的概念，两者都属于城市区域系统的概念；城市带是戈特曼对北美的城镇密集分布区研究时提出的概念，而我国则习惯用城市群（城镇密集区）来描述我国的城镇密集分布区，显然，城市带和城市群是对不同地区城镇分布现象的各自表述。

### 1.1.2 城市群经济整合

#### 1.1.2.1 区域经济整合

"整合" （Concordance 或 Integration （Jerry Patchell，Kaleidoscope，1996））源于地质学中的地层整合。"integration" 导源于拉丁文 "integratio"，原意为"更新"。在英语词典里，integration 有两层意思：合作或组成一个联盟的行动（act）或程序（process），即平等地合并为一个社会（society）或由不同的集团（different groups）组成的特殊组织；指一种已知区别职能的判定行动①。"integration" 在港台被译作"整合"，在日文中被译作"统合"，在中国大陆则被译为"一体化"；但 integration 的内在含义为：将各个部分结合为一个整体（湛柏明，1999）。虽然"协调"和"一体化"在很多情况下可代替"整合"一词，但"整合"更具有包容力、灵活性和力度，整合包括被整合者的相互协调、磨合、调控、约束和限制（王士君，高群，王丹，2001）。作者认为，作为动词"整合"更好地表达了不同部分结合为一个整体的行为和过程，体现了不同部分之间相互作用、相互影响、相互博弈的过程；而作为名词"一体化"更多地表达了不同部分相互作用、相互影响、相互博弈的结果，因此，"integration" 译作"整合"更为恰当。"整合"二字可以这样理解："整"是"合"的前提，"合"是"整"的结果，必须从"整"字入手；而"整"与"合"所产生的效应即是"发展"，发展是最终的目标（高群，2000）。

---

① Merriam Webster's Collegiate Dictionary，Merriam-Webster. Incorporated Springfield，Massachusetts，USA，10thed，1993，p608；Oxford Dictionary，Thesaurus，and Wordpower Guide. Oxford：Oxford University Press，2001，2nd，p676.

研究经济整合思想史的专家弗里茨·麦克路帕（Fritz Machlup）指出，“integration”作为经济学意义的术语，与经济相连的历史并不长，而被赋予将分散的经济合并成一个较大的经济区域含义的历史则更短（Fritz Machlup，1977）。整合（integration）经历了经济学家的探究和政治家采用与实践的过程。在经济学家研究的基础上，1947 年美国的官方文件中首次采用了“economic integration”的术语（Fritz Machlup，1977）。此后，“economic integration”更多的出现在美国官方高层的绝密文件中；1948 年“integration”在西方演讲和文件中的使用逐渐增加，并被赋予新的含义（杨丽艳，2003）。波尔·霍夫曼认为“整合（integration）”的实质是一个单一大市场的构建，其中将永久地消除包括货物数量的限制，货币支付流通的障碍，乃至所有的关税在内的日常障碍（Fritz Machlup，1977）。实际上，在 1950 年以前，“经济整合（economic integration）”的提法只是偶然出现在个别场合（伍贻康，周建平，1994）。20 世纪 50 年代以后，西欧统一（union）运动迅速发展，但很快就由统一主义者或联邦主义者中分化出来的“职能主义”派所主张的“整合（integration）”取代。职能主义派认为整合（一体化）是欧洲统一运动的一个阶段，在该阶段首先是局部的“整合（integration）”。当局部一体化职能的溢出逐步扩及各个领域时，欧洲统一就有可能实现（伍贻康，周建平，1994）。二战以后，区域经济整合在世界各地迅速涌现，并出现了一些区域经济合作组织，如欧共体（欧盟）、东盟等。

从 20 世纪 50 年代初至 90 年代，有近 20 位经济学家对经济整合下定义（Miroslav N. Jovanovic，1998），但至今尚没有一致的定义（尤先迅，1999）。如比拉·巴沙拉（Bela Balassa）认为：经济整合应该是指不同的国家参加一个区域集团的过程或状态；简·廷倍基（Jan Tinbergen）认为，国际经济整合可以指通过人员、资金及产品的流动而实现的一种广泛一致的现实存在；也有认为经济整合表示一种事务的状态或一个进程，即包括一个分散的经济联合成为一个更大的自由贸易区域（Fritz Machlup，1977）；或认为它至少在两个参加国之间除去所有的贸易障碍、干预、差别待遇以及在它们之间建立诸个因素的一定合作，后者完全依赖于一体化所采取的实际形式（li M. EI-Agraa，1997）；或各国经济之间的贸易关系像在一个国家那样自由和有利可图；或在两个或两个以上的国家，不仅允许商品自由流动，而且还必须消除各国在这些方面存在的各种歧视，做出一定程度的政策协调；或实现市场一体化和生产、发展一体化（伍贻康，周建平，1994）。可见，国外认为经济整合的主要特征是：参与的地域单元跨越国境；经济整合的经济活动范围包括商品、人员和资金的流动；具有一定的协调规则；一般都有永久性的协调机构。庞效民认为区域一体化的概念首先包括四个假设：主权国家是国际一体化的主体；国家一般都倾向于通过进行集团性的区域内部贸易来提高本国的经济福利水平，伙伴国家都看中以区内贸易利益为主的集团利益；参与一体化集团的伙伴国家在国家体制和经济发展阶段水平等方面具有一定相似性，共同构成具有一定排他性的利益集团；一体化是一个有明确顺序的阶段性发展过程。基于此，区域经济一体化是指伙伴国家间逐步加强经济合作联系、结合成为范围更大的区域经济实体的过程，它主要包括自由贸易区、关税同盟、共同市场、经济联盟和和货币联盟等5个发展阶段，并认为是有关经济层面的区域一体化，即区域经济合作的实质进展的概念使用灵活化；在一般性论及区域化、集团化的区域经济合作关系时，对于欧盟的经济合作，使用“区域经济一体化”，其他多采用“区域经济合作”，以明确大多数区域集团在区域经济联系紧密程度和协调发展方面与欧盟的差距（庞效民，1997a）。我国对区域经济整合的研究也持相似的观点，但在我国区域经济整合实践和相关研究中，区域经济整合的认识被不断地扩展。湛柏明认为经济一体化分为3个层次：国内经济一体化、国际经济一体化、世界经济一体化（湛柏明，1999）。

庞效民区域经济整合（区域经济一体化）的定义过于严格，此后，他多采用区域经济合作（庞效民，1997b，1998）；湛柏明的区域经济整合（区域经济一体化）的范畴可以扩展到一个国家内部更小的地域范围内的经济合作活动。本文的区域经济整合是指在一个国家的一定区域范围内，将更小的经济地域单元合并为一个整体，实现区域内部产业结构及其空间布局的优化，商品、资本、劳动力等生产要素在区域市场内自由流通。

1.1.2.2 城市群经济整合

城市是由自然、经济、文化、社会等组合成的复合体，是复杂开放的巨系统，城市与其外围腹地相互影响、相互作用构成城市区域系统。城市群是由数个城市区域系统构成的更加复杂、开放的、级别更高的城市区域系统（图1－1）。夏安桃认为由于城市社会经济结构及人文类型的多样性，

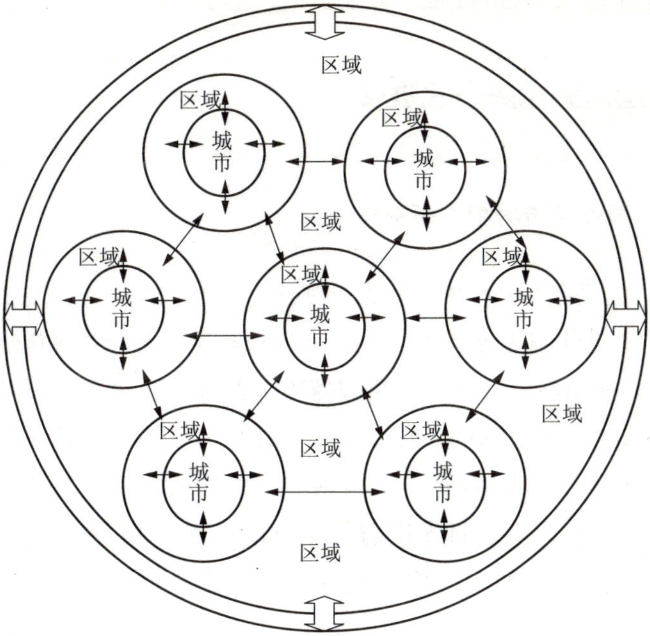


**图1－1　城市群系统**

塑造出许多异质性特征，城市群中的城市彼此都存在差异和不协调，而这些差异和不协调的存在为整合提供了必然的要求，是整合的内在基础（夏安桃，2004）。城市群整合包括经济整合、社会整合、文化整合等。由于经济在城市群发展中的重要作用，城市群经济整合引起了人们更多的关注。高群认为经济整合即是对产业结构、经济的组织结构、产业空间结构等进行战略性的调整和重组，提高产业的集约化程度、扩大经营规模，实现资源的有效配置、优势互补，从而增强竞争力（高群，2000）。林先扬认为城市群经济整合就是指在城市群经济发展中，为提高产业的集约化程度、扩大经营规模，达到有效配置经济资源和城市群内优势互补，增强经济竞争力，对其经济的组织结构、产业组织、发展模式、经济资源利用等进行战略性重组和调整的过程（林先扬，2004）。可见，很多研究者认为，城市群经济整合的目的就是通过产业结构和空间布局的优化，通过理顺要

素资源流动的渠道，提高城市群经济运行的效率。作者认为城市群经济整合是指在城市群内部借助政府的宏观调控和市场力量，形成区域内部的互补与协调，实现生产要素、商品等的合理、有序流动和高效配置，实现区域产业结构和空间结构的优化。

## 1.2 国内外相关研究进展

### 1.2.1 国外城市群相关研究进展

#### 1.2.1.1 西方城市群研究的兴起阶段（1945 年以前）

18 世纪下半叶始于英国的工业革命使社会经济生活领域出现了新的变化：工业成为城市的主导功能，新的城市不断涌现，城市的空间规模不断扩大，城市之间、城市区域之间的联系日趋紧密，城市的社会经济结构日趋复杂化，并随之“城市病”：人口问题、交通问题、环境污染等一系列问题出现。这迫使人们把目光投射到城市以外的区域（Lewis. Mumofd 著，倪文彦、宁俊岭译，1999）。埃比尼泽·霍华德（Ebenezer Howard）试图以“田园城市”模式来达到城市生活和乡村生活的有机结合，显现把城市和区域作为整体研究的思想（张京祥，1999）。其后 R. 恩温（R. Unwin，1922）将“田园城市”模式发展为“卫星城”理论，并付诸实践。1915 年格迪斯（P. Geddes）发表了《Cities in Evolution》一文，强调将自然区域作为规划的基本构架，应分析区域的潜力和容量的限度对城镇发展的影响；并预见性地提出城市扩散到更大范围内而集聚、连绵形成新的群体形态：城市地区（City Region）、集合城市（Conurbation）、世界城市（World City），提出“城市地区”（City Region）和“集合城市”（Conurbation）的概念（Robert Dickinson，1915）。格迪斯的区域规划综合研究的方法，将具有开拓意义的霍华德的“城镇群体”思想进一步充实，从而使西方城市科学从分散和互不关联走向综合。将西方城市发展的这一重要思想付诸实践是芬兰的沙里宁。1918 年芬兰的规划师沙里宁（E. Saarinen）提出“有机分散”理论，并拟定了大赫尔辛基规划方案。受此影响，西方许多大城市（如，伦敦、巴黎、莫斯科、堪培拉等）的规划研究都已拓展到城市区域层次。

这一时期，理论研究上也取得了较大的成就。1933 年德国的克里斯泰勒（W. Christaller）提出“中心地理论”，他通过对德国南部区域内城镇分布的研究，提出城镇分布的六边形组织模式，被后人公认为城市群体研究的基础理论。杰弗逊（M. Jefferson）和哲夫（Zipf）分别对城镇群体的规模分布进行了理论分析。美国的帕克（E. Park）和沃尔思（L. Wirth）等学者借助生态学方法，从社会学角度研究城市空间结构，形成了有名的“芝加哥城市生态学派”；1925 年该学派的代表人物 E. W. 伯吉斯（W. Burgess）提出了城市地域结构的同心圆理论；1939 年美国的 H. 霍伊特（H. Hoyt）提出了扇形理论；1945 年 C. D. 哈里斯（C. D. Harris）和 E. L. 乌尔曼（E. L. Ullman）在前人理论研究的基础上提出多核心理论（杨万钟，1994）。

这一时期是西方城市群研究的萌芽阶段，该时期的突出特点是城市研究的视野由单体城市转向城市区域转向城市群体，但绝大多数研究侧重于静态研究。

1.2.1.2 城市群研究的兴盛阶段（二战以后至 1980 年代末）

二战后，城镇体系研究取得了很大的发展，R. 维宁（R. Wining）从经济学角度研究了城镇体系对城市发展的意义，从理论上论证了城镇体系的合理性。邓肯（O. Duncan）在其著作《大都市与区域》首次引入“城市体系”的观点，并阐述了城市体系（Urban System）研究的实际意义（周一星，1995）。1954 年贝里（B. Berry）用系统化的观点研究了城市人口分布与服务中心等级体系的关系。1977 年哈格特（P. Hagget，1977）从相互作用（interaction）、网络（networks）、节点（nodes）、等级（hierarchies）、面（surfaces）、扩散（diffusion）等 6 个角度研究区域城镇群体的演化过程（Haggett. p. and Cliff A. D. ，1977）。弗里德曼对城市体系的等级网络进行研究，划分了城市等级，指出城市体系的等级关系将成为跨国公司纵向生产地域分工的体现（J. Friedmann，1982；J. Friedmann，1986）。贝里（B. Berry）和豪顿（F. Horton）的《城镇体系的地理学透视》及鲍恩（L. Bourne）和西蒙斯（J. Simmons）的《城镇体系：结构发展与政策》对 70 年代后已相对成熟的城镇体系理论进行了系统总结。战后经济学理论达到了充分的发展，50 年代哈格斯特朗（T. Hagerstrand）在熊彼德（J. Schumpeter）提出的“创新”（Innovation）学说的基础上提出了现代空间扩散理论，建立了其与城镇体系形成阶段的对应关系。1958 年赫希曼（艾伯特·赫希曼，1991）等人提出了“极化增长学说（极化 - 涓滴效应学说）”。1960 年罗斯托（W. W. Rostow）提出了“经济增长阶段学说”。1964 年弗里德曼（Friedmann）和阿隆索（Alonso）提出了“核心 - 边缘模式”，并模拟城镇群体发展过程（Friedman，J. and Alolso，1964）。1955 年 F·佩鲁（F. Perroux,）提出了“增长极理论”。城镇体系理论和战后的经济学理论为城市群的研究奠定了良好的理论基础。

戈特曼对城市群的研究具有重要意义。他通过对美国东北海岸城镇化地区的考察，于 1957 年发表了著名的论文 *Megalopolis: or the Urbanization of the Northeastern Seaboard*；“Megalopolis（大都市带）”不是简单指一个很大的城市或大都市地区，而是指一个范围广大的、有多个大都市连结而成的城市化区域，戈特曼提出了大都市带空间范围界定的指标体系（Gotmann，1957；Gotmann，1961）。此后，戈特曼深入探讨了都市带的特征、功能、形成的影响因素和发展阶段等。周干峙认为大都市带等同于以特大城市为中心的城镇稠密地区（周干峙，1997）；王雅娟认为大都市带是一种有序化了的城镇密集区（王雅娟，1994）。

戈特曼关于“大都市带”的观点在学术界引起了很大的反响。希腊学者杜克西亚迪斯（C. R. Doxiadis）、帕佩约阿鲁（J. G. Papaioannou）、加拿大地理学家纳什（P. H. Nash）以及美国学者墨菲（E. F. Murphy）、海切尔等都是戈特曼观点的热情支持者。杜克西亚迪斯等认为无论是形式还是功能，大都市带与单个都市区都有显著不同的特征。都市区间各种“流”的强烈交互作用促成了当代最大尺度的人类居住地域空间形式的形成。系统内部的多核心结构、高度密集的人口和城市经济活动以及各个核心之间的联系强度等是大都市带和都市区明显不同的基本特征。因此，同都市区相比，大都市带是一种全新的地域空间组织形态（Leman and Leman ed.，1976，转引自史育龙，周一星，1997）。希腊学者道克萨斯进一步指出一个国家城市体系演变的最终结果会成为连结成一个整体的聚落形式，并进一步连片成一个包罗世界人口大部分的全球城市网络（Doxiadis，1970）。

另一方面，戈特曼的理论招致了严厉的批判。刘易斯·芒福德（Lewis Mumford）认为大都市带并非一种新型的城市空间形态，而是一种“类城市混杂体”（Urbanoid Mishmash），认为这种发展是人类无视自身作为有机体的生命价值，甚至认为这种发展可能最终将给人类自身带来毁灭性灾难（刘易斯·芒福德，1989）。他赞成英国社会学家格迪斯（（Robert. Dickinson）早在1915年提出的集合城市（Conurbation）和世界城市（World City）的概念。加拿大学者布鲁门菲尔德（H. Blumenfeld）和耶茨（M. Yeates）等学者认为，大都市带与都市区概念并无本质差别。英国著名历史学家汤因比将从大都市带到世界大都市带的各种超越单个城市的空间形式看作是集合城市的一种类型（Toynbee，A.，1970，转引自史育龙，周一星，1997）。

美国学者金斯伯格在研究中发展了戈特曼的大都市带思想。金斯伯格注意到美国大都市带间的空隙地带人口密度稀疏，而日本这类地带人口稠密，他认为日本的郊区城市化（Suburbanization）和向外城市化（Esurbanization）过程是与主导产业部门的分散相联系的，美国大都市带增长的主导因素是人们居住地的分散；他提出了“分散大都市带”（dispersed metropolis）的概念，认为分散的大都市带是指一个由许多专门化职能的城市中心组成的多核系统（Ginsburg，1961；1991）。库默斯（I. B F. Kormoss）和霍尔（P. Hall）分别对西北欧城市群和英格兰大都市带进行了研究（Hall P.，1971）。哈盖特（P. Haggett）和克里夫（A. D. Cliff）提出了区域城市群空间演化过程模式（Haggett P，Cliff A. D.，1977）。林奇构建了扩展大都市（Dispersed Metropolis）模式（K. Lynch，1980）。卢德耐里总结了区域城市群体相互联系的7种类型（D. A. Rondinelli，1985）。麦克尔劳林强调城市群应当通过理性规划的约束达到空间持续平衡发展（J. B. Mcloughlin，1985）。联合国人类聚落中心使用Urban Agglomeration来定义城市群（刘玉劲，2004）。

加拿大地理学家麦吉（J. G. McGee）对发展中国家的城市群展开了研究。他用Desa-kota（印尼语中，desa表示乡村，kota表示城市）来表示高强度、高频率的城乡间相互作用，混合的农业和非农业活动，淡化了城乡区别的城乡一体化区域；他认为在亚洲发展中国家经济发达区域出现了不同于西方都市带的具有城乡一体化特征的Desa-kota区域，他认为，城乡一体化是特殊区域的增长过程，这种区域的农业和非农业活动的特征是商品和人频繁的相互作用（McGee，1985）。后来，麦吉又将 Desa-kota 发展成为类似西方大都市带的超级都市区（Megaurban Region，MR）的概念，认为超级都市区的范围包括两个或两个以上由发达交通联系起来的核心城市、当天可通勤的城市外围区及核心城市之间的 Desa-kota 区域（Mcgee，1989）。麦吉将的 Desa-kota 区域划分为三种类型：第一种是国家拥有强有力的政府，可以颁布有效的土地和农业保护政策，如日本和韩国；第二种多见于人口稠密的大都市周围地区，表现为农业向非农业活动的转变，如中国的沿海地区、印度的加尔各答地区等；第三种是经济增长缓慢而人口密度很高的区域，如中国的四川盆地（McGee，1991）。布赖恩特等考察了"城市乡村"地区变化的动力，研究了与"区域性城市"结构有关的城市周围乡村地区的类型以及这种聚落形成发展的特殊机制（Bryant etal，1982）。

日本对大都市带进行了一系列研究。日本学者在官方定义的"标准都市地区"概念的基础上，于 1960 年提出了"大都市圈"的概念，并制定了一定的指标体系来确定其空间范围。石水照雄（1965）对东京大都市圈人口集聚与扩散过程进行了研究，桧垣松夫（1965）对北九州工业区进行了研究，板仓胜高等（1968）通过对阪神都市圈内工业企业分布的研究，推翻了日本都市圈都是有大型重化企业控制的观点；研究表明由一系列规模不等、产业性质各异的企业组成的工业聚集体是都市圈的产业基本特点（史育龙，周一星，1997）。20 世纪七十年代，小林博氏在对东京大都市圈进行研究，归纳并强化了城市群发展过程的 3 个概念：大都市地区（Metropolitan Region）、大城市区（Metropolitan Area）、城市化地带（Urbanized Area）（林先扬，陈忠暖，2003）。1980 年代后日本的都市带研究转向都市圈空间结构变化方面。津川康雄（1982）通过研究京阪神都市圈内部三大城市的人口和零售商业分布以及由此决定的城市中心性的空间变化，发现在城市核心地区中心性降低的同时，都市圈逐渐走向均衡发展。富田和晓（1988）从批发、服务业的区位动向入手对东京、阪神、名古屋三大都市圈结构变化作了对比研究，认为集中分布相对减少，多中心成为普遍现象（史育龙，周一星，1997）。

此外，学者们开始把注意力转向大都市外围地区以及大都市间的区域发展问题，并取得了一定的成就。惠贝尔提出了“走廊理论”（Theory of corridors）（Whebell，1969），道克萨迪斯提出了巨型大都会区（Ecumenopolis）的理论（Doxiadis，1970），布赖恩特等提出了城市乡村（City's countryside）理论（Bryant etal，1982），布鲁恩和威廉斯提出了城市系统（System of cities）理论（Brunn，Willians，1983），怀特汉德提出了城市边缘带（Urban fringe belts）理论（Whitehand，1988）。

二战后至20世纪八十年代末期，城市群及其相关理论的研究取得了巨大的进展。这一时期，城市群的研究表现出多元化的倾向，针对戈特曼的“大都市带”概念进行了激烈的争论，支持者和反对者分别提出了不同的论点，从而推进了城市群的研究。同时，针对城市群的相关研究在更广泛的范围、在更广阔的地域空间展开，从基本概念到研究对象空间范围的确定再到驱动机制的研究，从美洲大陆到亚洲大陆，从经济发达区域到发展中区域，从西方学者到东方学者，人们针对工业化进程中出现的这一地理现象进行了广泛而深入地研究，产生了一系列的研究成果，为进一步的研究奠定了坚实的基础。这一时期城市群研究的突出特点表现为：研究的多元性，研究已经由静态走向了动态、由结构研究为主转向机制研究为主，研究中的人本主义呼声日趋高涨。

#### 1.2.1.3 城市群研究的成熟阶段（1990年代以来）

1990年代后，西方发达国家步入信息经济社会。技术进步、产业结构高度化和经济组织方式的转变使城市群体呈现出新的特征（胡伟，1999）。人们广泛开展了关于世界城市和世界城市体系的研究，在英国学者彼特·霍尔提出世界城市的概念（P. Hall，1966）之后，弗里德曼（Fridndmann，1982，1985，1995）、萨森（Sassen，1991）等人进一步提出了世界城市体系的假说，范吉提斯、昆曼与魏格纳都对经济全球化与区域经济一体化背景下跨国网络化城市体系的研究，认为大城市带实际上是产业空间整合的产物，作为新的地域空间组织形式，将占据全球经济的核心位置，认为经济全球化和集团化双轨并行形成了跨国网络化城市体系（Y. N. Pyrgiotis，1991；K. R. Kunzmann & M. Wegener，1991）。这样，城市群不仅仅代表了一种新的空间居住形式，更反映了生产力布局的新形式。道格拉斯则以亚太地区为例，探讨了在全球化和经济危机背景下，巨型城市区域和世界城市的形成和发展（Douglass，M.，2000）。

在空间尺度上，城市群的研究开始出现微观化的趋势。瓦恩斯通过对20世纪六十年代以来大伦敦地区人口发展过程的研究表明，城市人口的集聚与扩散、郊区化的出现使得大伦敦地区的城市发展逐渐超出都市区范围而成为英格兰东南大都市带的核心部分（瓦恩斯，1991，引自：刘荣增，2003）。富田禾晓（1995）则以都市空间为经、结构演变为纬，从人口、第三产业、居住、消费、通勤、中心地等级和职能对日本的城市群深入研究（富田和晓，1995）。Barch探讨了全球经济一体化背景下，以色列大都市带的集约化土地利用、高效率的经济活动以及人口、商品和信息流动的相互联系与大都市带形成机制的关系（Barch，1997）。James从国际移民角度阐述了1965－1990年美国大都市带的发展情况（James，1997）。John等人研究了资金流动对城市体系空间结构的影响，他认为计划经济时期形成的城市体系比较符合中心地理论；而在市场经济体制下，由于资金流动的不规则性，会对城市体系的重构产生重大影响（John，2000）。

面对技术进步、工业化、信息经济带来的一系列影响，人们开始思考自身的价值。美国学者芒福德在20世纪六十年代，就呼吁城市规划中的人本主义。从20世纪80年代起，新制度学派的制度变迁和人类行为的经济学分析理论的相继出现终于使得经济发展中的价值观念、文化特质等非正规制度范畴正式成为经济学家的研究的对象（殷德生，2001）。城市规划理论研究也逐渐由着重生产到关怀人文，提倡消费者城市、高舒适度城市（Glasser E L，Kolko J，Saiz A，2001）和适宜居住的城市。城市应从“淘金场”变为真正的人类居所，在实现经济追求的同时，实现“关怀人、陶冶人”的功能（祝影，2002）。美国规划师提出了人与自然生存空间相融洽的“区域城市”（Region City），欧盟15国1993年开始了“欧洲空间开发展望”的跨国空间规划工作。历经城市群的形成、演变的西方逐步返璞归真，探讨现有技术条件下人、空间、自然的和谐共生（夏安桃，2004）。

进入20世纪九十年代以来，城市群研究由系统研究逐步走向了系统调控研究，城市群研究中的人本主义倾向呈现出来，城市群研究中的微观倾向给城市群研究提供了一条新的思路，这标志着城市群研究逐渐呈现出新的风景。

### 1.2.2 国内城市群相关研究进展

我国城市群的研究始于20世纪七十年代，通过借鉴国外城市群发展的相关理论，结合我国国情，我国城市群研究走出了一条具有中国特色的道路。

#### 1.2.2.1 城市群空间范围的界定

城市群空间范围的变化体现了其成长历程和发育现状。西方国家通过都市区来确定都市连绵区（城市群）的范围，并且建立了较完整的指标体系（胡序威，周一星，顾朝林等，2000）。我国在这一方面也进行了许多有益的尝试。

陈田对影响城市经济影响能力的15个经济变量进行主因子分析，将全国城市划分出了等级体系（陈田，1987）。顾朝林借鉴经济区划的$d_\Delta$系理论和$R_d$链方法提出将中国划分为两大经济地带、三条经济开发轴线和九大城市经济区的城市经济区区划体系的设想（顾朝林，1991）。姚士谋等认为界定城市群空间范围的方法有四种：①依据城市场引力公式，计算城市群内部各类城市综合实力的辐射范围；②依照经济区划的方法，界定城市群的区域范围；③按照行政区划的方法进行划分；④按照城市群的人流、物流、信息流、资金流的规模、流向、疏密程度进行划分（姚士谋，朱英明，陈振光等，2001）。周一星等人用城市的地域实体概念建立了界定我国城市地域范围的指标体系（周一星，史育龙，1995）。孙胤社认为人流可以作为衡量城市对外联系的指标，我国可以用周围县的非农业人口比重和非农产业劳动力比重等指标来衡量城市的对外联系（孙撤社，1992）。胡序威等提出了我国都市区的界定方案（胡序威，周一星，顾朝林，2000）。①都市区由中心城市和外围非农化水平比较高、与中心城市存在着密切社会经济联系的邻接县（市）两部分组成；②凡城市实体地域非农业人口20万以上的地级市可以视为中心城市，有资格设立都市区；③都市区的外围地域以县级区域为基本单元，外围地区必须满足以下基本条件：第一，全县（或是县级市）的GDP中来自非农产业的部分在75%

以上；第二，全县社会劳动力总量中从事非农经济活动的占60%以上；第三，与中心市直接毗邻或已列入都市区的县市毗邻；④当中心城市为小郊区城市时，中心城市的非农化水平一定能满足第③条规定的非农化水平，当中心城市为大郊区城市时（一般为“整县设市”的市），整个市域还必须满足第③条规定的非农化水平指标，方可设立都市区；⑤如果一县（市）能同时划入两个都市区则依照行政原则确定其归属，在行政原则存在明显不合理的现象时，采用联系强度原则。刘荣增采用了胡序威等界定城市群空间范围的理论框架，但外围县的具体指标体系及其标准进行了调整，认为外围县市的条件为人均 GDP 在 5000 元以上，非农产业比重在70%以上或者非农产业劳动力比重在40%以上（两条件满足其一）（刘荣增，2003）。乔家君借用密度分析理论，运用各级城镇节点的发育状况、城镇网络联系强度、基质的发展水平等 3 个指标，借助 GIS 软件来研究河南省域范围内城市群的空间范围（乔家君，2005）。

我国对城市群空间范围的界定还采用时间距离法或空间距离法。程大林等通过一定的指标确定一定空间距离和时间距离范围内的南京城市群的通勤圈、紧密联系圈和经济协作圈（程大林，李侃桢，张京祥，2003）。王德等定义“一日都市圈”：以任意中心为起点，采用公共交通方式出行，单程 2.5 小时内可到达范围（王德，刘锴，耿慧志，2001）。谭成文等利用人口和国民生产总值、时间距离、场强与引力、北京政治文化可达性和接受程度系数等来确定我国首都圈的空间范围（谭成文，杨开忠，谭遂，2000）。孙娟提出采用空间因素、时间因素、引力因素和流量因素等分别确定城市群的不同层次的范围，然后通过这几个空间范围的交集、并集、补集来确定不同含义的城市群空间范围（孙娟，2003）。利用时间距离或空间距离来确定城市群的空间范围，操作非常方便，但空间范围的确定很大程度上依赖城市群交通网络发育状况和现代交通运输技术的发展，实际计算中主观性较强。

#### 1.2.2.2 城市群的形成发展机制研究

长期以来，城市群的形成发展机制为国内外的学者所关注，我国学者对此展开了一系列研究。李世超认为城市带由产业带转化而来，但转化过程取决于位置条件的优越程度（李世超，1989）。崔功豪认为城市带的形成应具备特定的区位、一定的历史演化过程、人口的聚集、产业的转换以及便捷的交通通讯条件等；认为根据不同发展阶段和水平，可将城市群体结构分为不同的类型（崔功豪，1992a；崔功豪，1992b）。许学强等从劳动分工和工业生产的角度分析珠江三角洲大都会区形成的原理（许学强，周春山，1994）。王雅娟从社会、经济、文化等方面分析国外城市密集区形成的影响因素（王雅娟，1994）。史育龙等提出形成都市连绵区的五个必要条件和都市区成型的五个基本条件（史育龙，周一星，1997）。宋伟、孙胤社、赵新平、赵永革等学者分别探讨了长江三角洲、北京地区、山东半岛和辽中南地区城市群的形成机制。阎晓培等认为有利的国际环境、地区条件良好、资金集聚、技术和人才集中、弱化的行政联系、快速非农化、城乡一体化以及综合交通网络是珠江三角洲城市群形成的主要驱动机制（阎小培，郭建国，胡宇冰，1997）。段进提出城市群发展应遵循规划管理协调化、公共设施区域化、区域交通快速化、开发资源合作化、规模生产分工化等原则（段进，1997）。胡序威以宏观前景分析、都市区与都市连绵区、大中城市的集聚与扩散、乡村地区的城市化、区域发展各具特色五个方面对沿海城镇密集地区空间集聚与扩散进行了详尽研究（胡序威，1998）。吴启焰分析了城市群向大都市带演变的机制（吴启焰，1999）。顾朝林等探讨了长江三角洲城市群动力机制（顾朝林，张敏，2000）。徐永健从政策制度和跨国资本流动角度探讨了中国典型大都市区形成的基本原理（徐永健，2000）。邢怀滨论述了城市群的形成与演进的历史必然性（邢怀滨，2001）。薛东前等从城市群体结构、空间拓展和土地利用等方面讨论了城市群空间演化过程、动力机制等问题（薛东前，王传胜，2002）。刘荣增（2002）对我国城镇密集区的形成与发展机制的历史演变进行了比较深刻与详尽的研究。林先扬等认为珠三角城市群经济整合机制的关键是构建统一的经济运行和管理机制，包括公共资源利用与管理、基础设施建设以及产业互动发展机制（林先扬，陈忠暖，2004a）。薛东前从城市群体结构、城市群空间、城市土地利用三方面，分析了城市群演化的空间过程（薛东前，2002）。刘静玉等认为产业集聚效应的驱动、产业扩散效应的驱动、区域网络化组织的驱动、企业区位选择行为的驱动、政府宏观调控行为的驱动和城市功能集聚与扩散的驱动是城市群形成的主要动力机制（刘静玉，王发曾，2004）。

1.2.2.3　城市群经济整合

通过中国知网和万方数据库检索，目前对城市群的整合研究主要包括整体整合研究（刘荣增，2003；左正，2004；北京国际城市发展研究院战略研究部城市一体化课题组，2004a；侯学钢，2001；吕拉昌，2000）、经济整合研究（陈存友，汤建中，2003；林先扬，陈忠暖，2001；北京国际城市发展研究院战略研究部城市一体化课题组，2004b；王树功，周永章，2004；陈叔红，2004；倪树高，2004；林先扬，2004）、文化整合研究（钟韵，阎晓培，2003；李彦宏，2004）、近域城市整合研究（王士君，高群，王丹，2001；南开大学京津经济一体化研究课题组，2002）、交通整合研究（杜德斌，黄吉乔，1999）、物流整合研究（黄福华，2002）、行政资源整合研究（邓志阳．大珠三角城市群经济圈区域化行政资源的整合．南方经济，2004，2）、资源环境一体化问题（王树功，周永章，2004）、制度整合研究（葛卫芬，2004）、腹地整合研究（刘蓉，李津逵，2004；吕拉昌，2000）等方面。经济整合研究主要包括以下四方面的内容：

（1）不同区域的城市群经济整合研究

姚士谋认为我国存在着5个超大型城市群和8个近似城市群的城镇密集区（姚士谋，朱英明，陈振光，2001），在城市群经济整合的研究中基本上都涉及到了这些区域。王一鸣认为区域经济整合是长江三角洲经济发展的内在要求，分析了长江三角洲经济整合的条件及面临的体制与经济问题（王一鸣，2004）。陈存友等分析了长江三角洲城市经济联系度及外向竞争力测度，分析了其经济整合的模式（陈存友，汤建中，2003）。倪树高分析了长江三角洲制造业发展现状，提出了推进其产业集群扩展与整合建设先进制造业基地的主要途径（倪树高，2004）。林初昇以东莞为例，探讨中国南部区域一体化发展的过程和影响，认为制造业由香港向广东转移，并未表现出向大城市中心空间集聚的倾向（林初昇，1997）。左连村分析了在CEPA框架下，港粤内部的区域经济整合（左连村，2003）。林先扬等探讨了珠江三角洲城市群经济整合的机制与模式（林先扬，陈忠暖，2001；林先扬，2004）。胡靖探讨了珠江三角洲城市群经济整合中的龙头城市问题（胡靖，2004）。有关学者分析了实施京津经济一体化的可行性，提出了实施京津一体化的指导方针（南开大学京津经济一体化研究课题组，2002）。相关研究认为京津双核是一体化的基础和关键，提出在现有体制中培育区域协调机制、建立共同市场，促进区域经济发展，并提出在“京津双子型”战略下北京城市空间发展规划（北京国际城市发展研究院战略研究部城市一体化课题组，2004a）；并认为产业整合是京三角（京津唐城市群）城市一体化的战略突破口（北京国际城市发展研究院战略研究部城市一体化课题组，2004c）；通过对京津唐城市群经济发展现状的分析，提出了京三角经济整合的路径选择（北京国际城市发展研究院战略研究部城市一体化课题组，2004b）。戴学珍从一体化的角度深入探讨了京津空间相互作用，包括市场一体化和生产一体化，最后分析了京津空间相互作用与一体化的空间形态及影响（戴学珍，1999）；同时剖析了距离、规模、互补性及介入机会等因素对京津空间相互作用的影响，并将具有中国特色的制度因素引入空间相互作用来研究京津之间的关系（戴学珍，2002）。张京祥提出了城镇群体空间建构的基本理念与原则，把群体空间发展作为一个自构与被构相复合作用的过程，从区域与圈域两个层面对空间的演化机制进行了深入探讨（张京祥，2000）。陈叔红提出了长株潭城市群经济整合的目标和实现的主要途径（陈叔红，2004）。黄福华提出了长株潭城市群物流一体化发展的规划目标、区域规划、布局规划、设施规划及规划中应该注意的问题（黄福华，2002）。席荣珖等认为国家、河南省应该加快建设以郑州为中心的中原城市群，构筑中原都会带，催育大郑州（席荣珖，张丹，王建军等，1997）。冯德显等对中原城市群城镇体系结构、产业互动发展、产业空间布局、基础设施建设、大郑州都市区构建等进行了研究，提出了中原城市群一体化发展的构想和解决方案（冯德显，贾晶，杨延哲等，2003）。杜晓如等（杜晓茹，徐振武，2001）提出了辽中南城市群的经济发展构想。薛东前等对关中城市群的经济发展进行了更多的关注（薛东前，姚士谋，张红，2000；姚士谋，张红，2000）。张月华则提出通过关中城市群地建设推进陕西省的工业化和城市化进程（张月华，2003）。

（2）不同角度的城市群经济整合研究

左连村认为应从观念（区域经济一体化观念和贸易自由化观念）、市场制度（具体的市场经济运作制度）、协调机制、基础设施、构筑区域信息网络平台、产业（产业集群的发展）、转变政府职能和发展战略整合等八个方面进行粤港澳区域（泛珠江三角洲城市群）的经济整合（左连村，2003）。陈叔红提出了长株潭经济一体化的目标和方式（陈叔红，2004）。有学者探讨了北京和天津实现经济一体化的可行性及其途径（南开大学京津经济一体化研究课题组，2002）。在更深层次上，倪树高提出了构造统一的要素市场、加强生产系统的扩展与整合、加强创新系统的整合和加强支撑系统的联合等推进长江三角洲产业集群扩展和整合的主要途径（倪树高，2004）。黄福华探讨了长株潭城市群的物流一体化规划（黄福华，2002）。叶依广认为南京都市圈与长江三角洲一体化的实质是南京都市圈与长江三角洲接轨，融入长江三角洲一体化中，达到各方产业、市场、资源的互补（叶依广，周蕾，2004）。徐剑明运用博弈理论分析了长江三角洲区域经济协调发展的基本现状及对策（徐剑明，2004）。刘则渊根据辽宁带状城市群产业结构现状提出了引导产业结构进行战略重组的基本思路（刘则渊，1999）。黄莉萍等结合长株潭城市群所处的经济发展阶段和区域特殊性，提出了其经济可持续发展的新内涵及调控方向（黄莉萍，侯学钢，1999）。曹扶生从城市群与核心城市的相互作用角度分析了长江三角洲城市群对上海市崛起的重要作用，并提出了促进长江三角洲城市群经济发展的基本对策（曹扶生，1995）。蔡人群等揭示了粤东沿海城市群的内在规律性、共性、特殊性，多层次综合研究了其未来15年经济社会发展战略重点、目标、对策（蔡人群，曾永浩，蔡克光，1997）。钟韵等研究粤港澳三地文化整合对区域经济发展的促进作用，并提出目前粤港澳三地文化整合中存在的主要问题及对策（钟韵，阎晓培，2003）。

（3）城市群经济整合模式研究

陈存友等提出从网络城市和跨国型城市等两个方面进行长江三角洲大

都市区城市经济整合的模式（陈存友，汤建中，2003）。林先扬等提出包括产业转移与互补整合模式、点轴联网辐射整合模式、城市职能分工整合模式、集群化整合模式等4种大珠江三角洲城市群经济整合模式（林先扬，陈忠暖，2001；林先扬，陈忠暖，2004a；林先扬，2004）。有课题组提出了包括各地产业分工与布局、政府要有所为有所不为、以市场整合促进产业链的形成等京津一体化的城市群产业整合的方式（北京国际城市发展研究院战略研究部城市一体化课题组，2004c）。

（4）城市群经济整合机制研究

王一鸣探讨了长江三角洲城市群经济整合面临的体制和机制问题，提出了推进区域经济整合的体制和机制创新的相关对策（王一鸣，2004）。林先扬等对我国城市群经济整合机制进行了系统分析，认为城市群经济整合机制包括刚性的行政型跨区行政组织和柔性的协商型非行政组织，提出了大珠江三角洲城市群经济整合的主要内容（林先扬，陈忠暖，2004b；林先扬，2004）。胡靖论述了珠三角城市群经济整合中的核心城市问题（胡靖，2004）。王贻志等提出了长江三角洲城市群产业整合的基本思路，阐述了推动区域产业整合的对策及制度创新的内容（王贻志，王振，顾丽英，2000）。

（5）其他方面的研究

张虹鸥等依据城市流强度值，确定珠江三角洲城市群各城市在区域中的联系地位，并依据各城市的城市流强度结构，提出珠江三角洲城市群城市流强化的基本对策（张虹鸥，叶玉瑶，罗晓云等，2004）。Andrew M. Marton 以我国长江三角洲的昆山的工业发展为例，对长江三角洲南部空间经济转变的“大城市圈振兴”理论进行了批判性的评论，根据调查数据，从根本上对“转变过程”的假说提出质疑，并且提出了适当的区域发展战略（Andrew M. Marton，1996）。高汝熹从加强中心城市建设、地区间产业结构调整和内部区域之间的相互博弈等角度分析了上海都市圈的经济发展问题（高汝熹，2004）。郑吉春等以珠江三角洲城市群为例分析评价其区域发展战略，从经济一体化的角度，建议强化开放型经济，实施人才战略和可持续发展战略（郑吉春，赵天杨，朱余旺，2003）。

## 1.3 国内外城市群研究的主要特点及存在的问题

### 1.3.1 国内外城市群研究的主要特点

#### 1.3.1.1 国外城市群研究的主要特点

国外城市群研究表现出来的主要特点是：首先，借助人口、产业分布、居住、消费、通勤等一些指标研究城市群的空间结构问题，这有利于发现和解决城市群发展中出现的问题。第二，城市群驱动机制的研究中，影响因素的选取逐渐由宏观尺度走向微观尺度，这有利于对城市群的扩展进行具体而微的把握。第三，进行城市群相关概念的研究，通过这些研究探讨合适的城市区域发展模式；国外城市群的有关概念在区域的管理中被广泛应用；通过研究与实践的互动，城市群的概念更为符合现实国情。第四，进行区域整合的测度研究，如美国的 Yi Feng 和 Gaspare M. Genna 等两位学者提出了运用 Trade in Goods and Services（商品服务贸易）、Degree of Capital Mobility（资本流动程度）、Degree of Labor Mobility（劳动力流动程度）、Level of Supranational Institution Importance（国际组织的重要性水平）、Degree of Monetary Policy Coordination（货币政策整合程度）、Degree of Fiscal Policy Coordination（金融政策整合程度）等六项指标组成的指标体系测度区域的整合程度，并对一些区域进行了实证研究①；借助具体客观的指标，可以让人们明白城市群的发展状况。第五，无论是区域整合研究还是经济整合研究，国外整合研究的对象都更为宏观，它们更多地关注国家之间的合作，即国外整合研究的对象主要是不同国家之间形成的国际合作组织，如对欧盟的研究。第六，区域整合特别是区域经济整合的研究主要侧重于区域贸易共同体、区域协调机制等两个方面。第七，国外开始较多地关注发展中国家的经济整合问题。

#### 1.3.1.2 国内城市群研究的主要特点

我国城市群研究的主要特点为：首先，城市群研究具有明显的阶段性

① http：//lowe. claremontmckenna. edu/events/pdf/FengGenna022505. pdf

特征。20世纪八十年代以前以结构研究为主，主要偏重于与城市群密切相关的城镇体系的研究；此后，研究倾向于城市群的形成演化机制、空间结构特征等方面，也包括城市群的整合研究。第二，实证研究立足于所在区域。国内大学、研究机构、科研院所纷纷针对自己所在区域的城市群展开研究。如，中山大学和港澳学者更多地关注珠江三角洲城市群；京津学者更多地关注于京津冀城市群；长江三角洲的学者则立足于对长江三角洲城市群地研究。第三，研究存在一定的区域差异。在针对城市群的研究中，更多的研究成果是针对长江三角洲城市群、京津冀城市群、珠江三角洲城市群等比较发育的城市群；而针对其他不发育城市群的研究则相对较少。第四，城市群研究理论尚嫌不足。我国城市群的研究根植于西方的相关研究，以此为基础，提出相关理论，但是缺乏深入反映我国城市化特色和城市群地域结构的基础性理论。第五，城市群整合的理论特别是经济整合的理论研究还存在一定的不足，我国城市群经济整合的理论体系还有待进一步地完善。

### 1.3.2 国内外城市群研究中存在的问题

国内外展开城市群的研究由来已久，也取得了诸多理论与实践成果，基本规范了城市群研究的理论体系。但是，国内外特别是我国有关城市群的研究尚存在一些不足。首先，城市群是在城镇化进程中出现的一种城市化空间形态表现形式。但是，人们对城市群的基本概念还存在一定的争议。求同存异地进行城市群相关概念的研究与应用是未来相关研究的必然。其次，经济是城市群发展的主要目标和重要动力，又是城市群发展的社会、文化等目标得以实现的基础和动力；文化、社会等因素则对城市群经济的发展具有重要的支撑作用；因此，城市群经济整合研究应该更多地为人们所关注。第三，城市群是具有功能地域概念的地域单元，城市群经济整合是更深层次上的经济整合，这是进行城市群经济整合研究容易忽略的地方。第四，通过对城市群的自然基础、历史基础、经济基础等进行分析进而提出城市群经济整合的模式，是目前城市群经济整合研究的基本思路，但研究成果的实用性却值得商榷，为此，应通过某方面的突破，增强城市群经济整合成果的实用性。第五，城市群成长的动力可分为自主推动的内力和外部促进的外力。城市群经济整合研究首先应认真分析城市群经济整合的内、外力，遵循内外力相互作用的辩证规律，才能真正实现城市群的经济整合，这是当前城市群经济整合研究所欠缺的。第六，目前，城市群经济整合的研究多集中于长江三角洲城市群、珠江三角洲城市群和京津冀城市群等东部沿海区域的城市群，而对中西部、东北地区的城市群如中原城市群、长株潭城市群、武汉城市圈、哈大城市群等的关注尚不够。第七，在当前的城市群经济整合研究中，传统的定性、定量分析方法运用较多，而如GIS、分形理论、数学模拟等地理信息系统工具和计量经济学工具等现代技术方法的运用还比较少，这是未来研究在技术方法上应该有所突破的地方。第八，在宏观尺度上，国内外区域经济整合研究最大的区别在于，国外较少涉及经济系统本身，如产业等的整合研究，他们更多地探讨经济支撑系统的整合；而我国则涉及到了经济系统本身的整合问题，这与国内外经济体制的差别具有很大的关系。在城市群的研究上也是如此。第九，国外的产业整合主要通过相关产业政策对企业行为施加影响来实现；国内行政力量在产业整合中具有重要甚至决定性的作用；在我国，如何通过市场的主导和政府的引导，提高市场的作用，减少行政力量的影响，实现城市群经济整合，是城市群研究的一个重要课题。第十，在城市群经济整合研究中，较为完善的城市群经济系统的概念及其理论体系尚未建立，这不利于城市群经济整合的研究；利用系统理论建立城市群经济系统及其子系统的相关理论是我国城市群研究及城市群经济整合研究中应该解决的一个重要问题。第十一，城市群经济整合的理论框架尚未建立，不利于进行城市群经济整合的规范性分析，不利于进行城市群经济整合的实证研究。第十二，产业整合的研究以我国居多，但是，我国城市群产业整合的研究尚不多见；产业整合是城市群经济整合的重要内容，这是在未来的城市群经济整合中应该加强的内容。

# 第2章　理论基础与研究方法

## 2.1　基础性理论

### 2.1.1　系统论及其应用

系统思想是一种哲学思想；系统论（System Theory）对一切学科研究和社会实践具有普遍指导意义（袁嘉新，何伦志，1997）。系统是由若干要素以一定结构形式联结构成的具有某种功能的有机整体。整体性、关联性、等级结构性、动态平衡性、时序性等是其基本特征。系统论的核心思想是整体观念，任何系统都是由其各个部分组成的有机整体，系统整体功能大于部分功能之和；系统各个要素处于相应的特定位置，起着特定的作用，各要素间相互关联，构成了不可分割的有机整体①。系统论的基本思想是把研究对象当作一个系统，从系统的角度分析其结构和功能，研究系统、要素、环境三者的相互关系和变动的规律性。

城市群地区分布着各种自然、经济、社会、文化等要素，这些要素相互作用相互制约，构成了城市群经济系统、社会系统、文化系统。这些子

① 系统论 . http：//www. gzii. gov. cn

系统相互影响、相互作用、相互制约，共同组成一个开放的、复杂的，具有一定结构和功能的城市区域巨系统。在地域空间上，城市群又可以分为若干个空间地域系统。

和其他系统一样，城市群系统具有自我组织能力和自我发展能力，但是，城市群系统的开放性，使得外界的干扰增多而影响了系统本身的整合与完善，为此，需要通过施加一定的影响来减弱外界的负干扰，使城市群走向整合与完善。

### 2.1.2 区域分工理论与区域合作理论

社会劳动地域分工是指相互关联的社会生产体系在地理空间上的分异，它是社会分工的空间表现形式（高洪深，2002）。在资源和要素不能完全、自由流动的情况下，为满足各自生产、生活方面的需求，提高经济效益，各区域在经济交往中就必然按照比较利益的原则，选择和发展具有优势的产业（李小建，李国平，曾刚等，1999）。从而建立面向国内及国际市场、充分发挥区域优势的地域分工体系，形成了优化的经济结构。

在区域分工深化过程中，各区域经济发展的专业化倾向日益突出，伴随着区域间竞争的加剧，相互间的依赖程度不断加深；在区域分工基础上的合作成为必然（李小建，李国平，曾刚，覃成林等，1999）。区域合作是区域分工的前提和保障，区域合作是区域分工得以持续进行的必要条件。区域合作使得区域间通过优势互补、优势共享或优势叠加，将分散的经济活动组织起来，把潜在的经济活力激发出来，形成一种合作生产力；通过合作所产生的经济效益是分散条件下所难以取得的（李小建，李国平，曾刚等，1999）。

区域要素资源禀赋、技术及历史文化基础等自然、经济、社会、文化条件的差异性和互补性，是城市群形成和发展的前提和动力，是区域分工的重要基础和促进因素。在城市群发展过程中，城市群内的各个地域单元通过区域分工形成基于区域优势的产业结构，显现富有地域特色的区域经济职能；通过区域合作，各区域间的经济联系不断强化，产业结构及布局不断优化，城市群经济网络逐步形成，分散的经济活动被赋予有序、合理的组织与管理，城市群经济系统逐步走向整合。

### 2.1.3　增长极理论及其应用

增长极是具有推动性的经济单位，或是具有空间集聚特点的推动性单位的集合体，在产业方面，增长极通过与周围地区的经济技术联系而成为区域产业发展的组织核心；在空间上，增长极通过与周围地区的空间关系而成为支配经济活动空间分布与组合的重心；在物质形态上，增长极是区域中的中心城市（李小建，李国平，曾刚等，1999）。区域经济的发展应充分发挥增长极的扩散和辐射效应，增长极周围地区的经济布局应以发展增长极的上、下游产业，为其配套、服务为主，增长极的扩散过程应成为周围地区与增长极进行产业融合的过程。

当国家经济发展转向现代化、多元化、全球化时，其经济发展战略必然为外向、开放，出口指向明显，世界经济全球化趋势日趋强化（吴传钧，甘国辉，刘建一，1997）。经济全球化将引致全球分工体系的完善与深化，国家间的依赖性增强，国际竞争环境日趋严峻。城市群对地区乃至国家经济增长的贡献率逐渐增大，并以其日渐增长的对国家经济的重要支撑和辐射带动逐渐取代单个城市成长为新的区域经济增长极。世界经济发展的实践表明，区域经济增长极的角色正在发生转变，城市群已逐渐成为区域经济增长极。

### 2.1.4　中心地理论

克里斯塔勒认为经济活动是城市形成、发展的主要因素；他关注城市的位置、形成条件，更为关注区域的城市总体数量、区位、发展和空间结构，其目标是通过寻找基本的和起主导作用的因素建立解释区域城镇空间结构的理论模式（周一星，1995；李小建，李国平，曾刚等，1999）。中心性是中心地发挥中心职能的程度；中心地的等级表现为每个高级中心地都附属有几个中级中心地和更多的低级中心地。随着中心地等级提高，中心地数量愈来愈少，服务半径逐渐增大，提供的商品和服务种类也随之增加；决定各级中心地商品和服务提供范围大小的重要因素是经济距离。基于一系列假设，克里斯塔勒认为中心地的空间分布形态受市场因素、交通因素和行政因素的制约，形成三种空间模型：基于市场原则的 $K=3$ 中心地系统、基于交通原则的 $K=4$ 中心地系统、基于行政原则的 $K=7$ 中心地系统。其中，市场原则是基础，交通原则和行政原则是对市场原则形成的中心地系统的修正。克里斯特勒认为高级中心地遵循交通原则，中级中心地多遵循行政原则，低级中心地布局依市场原则较好。此后，廖什、贝里和加里森等学者又做了进一步完善。

中心地理论是城市群研究的基本理论。在城市群发育的过程中，城市群内不同地域单元形成了一定的等级体系。在城市群研究中，可以依据一定的原则和指标体系辨析城市群内的城镇等级体系，明晰不同地域单元间的等级关系，以利于城市群整合特别是经济整合的研究。

### 2.1.5 成长三角理论

(1) 成长三角的重要意义

在区域经济发展的不同阶段，增长极所起的作用是不同的，在发达区域扩散效应显著，在发展中区域极化效应显著，因此，在不发达区域，为了实现经济增长极的一般目标，增长战略的真正问题在于引进一个完全的活动矩阵而非单一活动；从空间结构角度考虑，应该实施区域经济的成长三角发展战略（陆玉麒，1998）。成长三角也是区域经济发展由极核发展阶段向扩散阶段过渡的持续、稳定、协调的空间保证（赵旭，1994；周圣葵，1994；陆玉麒，1996）。以城镇为极点的城镇“三角增长极”突破了单一“增长极”的理论的局限，对不发达地区的开发起着举足轻重的作用（高志刚，陈斐，韩德麟，1998；宫新荷，王云才，1994；陈斐，高志刚，2003；陈学刚，李晓东，夏富强，2004；韩延玲，2004；高志刚，2004；徐美卿，杨德刚，周艳时，2004；王斌，张小雷，2004；邓锋，张小雷，杨德刚，刘海燕，2005）。成长三角理论是我国城市群经济整合的指导性理论，成长三角是城市群经济地域系统整合的重要模式。在我国经济发展水平相对较低、单个增长极实力相对较弱的城市群，利用成长三角模式构建新的经济增长区，使之成为新的区域经济增长点和更大区域范围的增长极，对区域经济、社会发展意义重大。

(2) 成长三角的内涵

成长三角最早由新加坡前总理李光耀在提议建立新柔廖成长三角时提

出的。斯卡拉匹诺认为成长三角是一种“自然形成的经济地带”或者“次经济区域”，亚洲开发银行的经济学家认为它是“几个地域上邻近的国家或地区进行合作，以利用互补的资源和取得比较利益的跨国经济区”（曹云华，1995）。在区域实践中，成长三角也开始在国家内部应用。成长三角是由若干个（3 个或更多）在地理位置上相近、生产要素上具有互补优势的国家、地域或者城市构成的跨国或国内的经济合作开发区，区内国家、地区或者城市通过开展投资、贸易和技术转让，在互利的基础上进行合作，达到共同发展的目的（陆玉麒，1998）。

（3）成长三角的立论依据

成长三角构建的理论基础广泛（陆玉麒，1998）。首先，从几何学的角度，成长三角在空间上形成一个面而具有稳定性，既具有数学上的美感，在空间上三个增长极又可包括更大的范围。其次，从发展经济学的角度，增长极经济发展至少需要人力、资本、资源三个基本要素的长期持久的投入潜力和相当的经济规模，否则，就难以维持下去。单一的增长极较难满足这种要求；而成长三角由于其经济互补的特征，已扩展为经济带（区），从而扩大了经济规模，因而得以维持区域经济的发展。第三，从协同学的角度，一个区域，在一定条件下，三个增长极之间通过非线性相互作用就能够产生协同现象和相干现象，从而在宏观上就能够产生特定的时间结构和空间结构，形成具有一定功能的自组织结构，表现出一种有序状态。各个城市通过商品流、信息流、资金流、人口流和技术流等发生空间相互作用，从而产生凝聚力、协同力，形成相当稳定的状态。第四，从耗散结构论的角度，一般的成长三角处于国家或地区的交界处，往往会由于在地理、经济发展水平的差异而导致要素、禀赋甚至思想观念、文化背景、政策体制上各具特色，这样就会超越增长极点处于同一个国家或地区的限制，从而该系统经常是一个远离平衡的开放系统。当外力的注入（如资金、技术）达到一定的阈值时，系统就会由不稳定的无序状态向稳定的有序状态转变，从而形成一种稳定有序的结构。

（4）成长三角的基本特征与构建条件

成长三角的主要特征表现为：首先，在地理位置上，相互合作的地区或国家毗邻或接近；其次，合作对象的多样性，参加者可以是一个国家也可以是一个国家的部分地区；第三，经济上的互补性；第四，适合亚太区情的区域一体化的特有方式（黄震方，储九志，1999；陆玉麒，1998）。

构建成长三角的基本条件为：地理上的邻近性、经济上的互补性、政府间相互协调的可能性等。在诸多可考虑的因素中，有3点显得尤为重要：第一，该成长三角地区的对外资金的吸引力；第二，各点腹地对成长三角地区的潜在与现实的支持程度；第三，参与各方利益协调机制的建立（杨忠臣，陆玉麒，2003）。

## 2.2 城市群经济系统构建

### 2.2.1 区域经济系统的内涵

#### 2.2.1.1 经济系统的定义及特征

系统是指相互作用、相互联系、相互依赖的若干组成部分结合起来的具有某种或几种特定功能的有机整体（袁嘉新，何伦志，1997）。系统具有整体性、层次性、结构性、开放性、相关性、适应性等特征。

经济系统是由劳动力、资本、原材料等物质性经济要素和技术、政策等非物质性经济要素组成的，相互作用、相互依赖、相互联系的，具有一定结构和功能的有机整体。经济系统的主要特点是：系统的复杂性、系统的动态性、系统的开放性、系统目标的多样性、系统是有人直接参与的系统（王翼，2001）。经济系统是一个包含着诸多生产者和经济主体的特大系统，它在本质上是一个开放的非平衡的且有进化功能的有序结构（袁嘉新，何伦志，1997）。

#### 2.2.1.2 区域经济系统的内涵及其特征

区域经济系统是指存在于一定区域范围内的各种经济要素相互联系、相互作用、相互依赖，共同组成一个具有一定结构和功能的有机整体。区域经济系统是一个更为复杂的、开放的、人类干预更为明显的系统，是一个半自然、半人工的复合系统。区域经济系统在空间上表现为邻接、从属或分离关系。区域经济系统表现出一定的等级关系，某一级别的区域经济系统是较高级别区域经济系统的子系统（它们之间在空间从属上表现为隶属关系)，它又由较低级别的区域经济系统组成，同等级别的区域经济系统在空间从属上表现为对等关系。城市经济系统、城市群经济系统是区域经济系统的重要表现形式，城市经济系统与城市群经济系统形成空间上的隶属关系。

### 2.2.2 城市经济系统的内涵及其特征

城市经济系统是指在城市内部由物质性的和非物质性的经济要素组成的，各组成要素之间相互联系、相互依赖、相互作用的有机整体。城市与其腹地密不可分，城市经济的发展离不开其腹地的支持，因此，城市经济系统研究的地域范围必须包含城市的腹地范围。

城市是一个复杂的巨系统，城市系统可分为社会系统、经济系统和自然系统。城市经济系统是在社会系统和自然环境系统间起联系和转换作用的系统；城市经济系统是城市得以存在和运行的关键系统（沈清基，2001）。从城市经济学的角度，城市是一个特定环境中相对独立的经济系统，具有吸引、集聚资本、技术、人才、信息等生产要素，结合自身的环境条件，并依靠这些生产要素及生产要素的配置和组合，生产、创造社会经济财富的功能（徐康宁，2002）。城市经济系统的内部功能主要体现为三种经济过程：①吸引外部生产要素并结合自身环境条件形成总生产要素的过程；②资源优化、组合的生产过程；③创造财富满足市场需求的服务过程（吴超，刘春，2004）。其中，创造财富满足市场需求的服务过程又可分为为城市外部需求服务的基本部分和为城市内部需求服务的非基本部分（许学强，周一星，宁越敏，1997）。城市经济系统的主要特征是：①开放性，城市经济系统既从外部输入又向外部输出各种要素；②复杂性，人类的参与使得本来已经很复杂的系统变得更加复杂多变；③动态性，城市经济系统不停的输入和输出各种要素，城市系统将其扩张性向城市经济系统传递。

### 2.2.3 城市群经济系统

#### 2.2.3.1 城市群经济系统的概念

城市群经济系统是指在城市群地区的劳动力、资本、原材料等物质性经济要素和技术、政策等非物质性经济要素等各种经济要素之间相互联系、相互作用、相互依赖，而组成的具有一定结构和功能的经济有机体。

2.2.3.2　城市群经济系统的架构

城市群经济系统和城市群经济支撑系统具有很强的内在关联性，两者密不可分（图2-1）。宏观尺度上，基点城镇及其腹地组成基点经济系统，基点经济系统组成城市经济系统，地域邻近和存在密切经济联系的城市经济系统组成亚城市群经济系统，亚城市群经济系统组成城市群经济系统。地域空间上，城市群经济系统、亚城市群经济系统、城市经济系统及基点经济系统分别和城市群地域系统、亚城市群地域系统、城市地域系统和基点地域系统等相关联。城市群不同等级的经济系统整合即在同等级的地域系统间展开。城市群内的交通运输设施、通信设施、城市基础设施、市场体系、城镇体系、区域协调机制等共同组成城市群经济支撑系统。微观尺度上城市群内的企业及其他经济因素组成基点经济系统，它们组成城市经济系统、亚城市群经济系统和城市群经济系统；宏观尺度上城市群经系统、亚城市群经济系统、城市经济系统、基点经济系统等经济系统的空间结构（产业结构和空间布局）通过企业的个体行为（企业通过选址与迁址、兴衰与死亡等个体行为）来实现。在城市群内通过不同层次、不同形式的市场实现众多企业间不同层次、不同方面的经济联系，保证了城市群经济的良好运转。城市群内的各种基础设施为企业的生产、销售等经济活动提供必要的支撑，它们也是市场保持良好运行的保证。城市群不同等级的经济系统及其子系统之间、企业之间、市场之间等宏观或微观经济要素之间，以及城市群各个经济支撑系统及其子系统之间，通过城市群内部的区域协调机制协调、维护相互之间的各种经济关系或非经济关系，实现城市群经济系统的正常运行。

2.2.3.3　城市群经济系统的基本特征

城市群经济系统是一种特殊类型的区域经济系统，除了具有区域经济系统的一般特征外，还具有其显著的特征。

（1）复杂性

首先，城市群空间范围大，多跨数市、数个省区；不同区域间存在较大的差异。其次，各经济系统内部有不同的利益主体。第三，城市群具有开放性特征，内外因素相互作用加重了城市群经济系统的复杂性。第四，城市群地域空间存在扩张性，新的空间、新的要素不断融入。第五，城市群内不同地域单元形成复杂的区域关系。

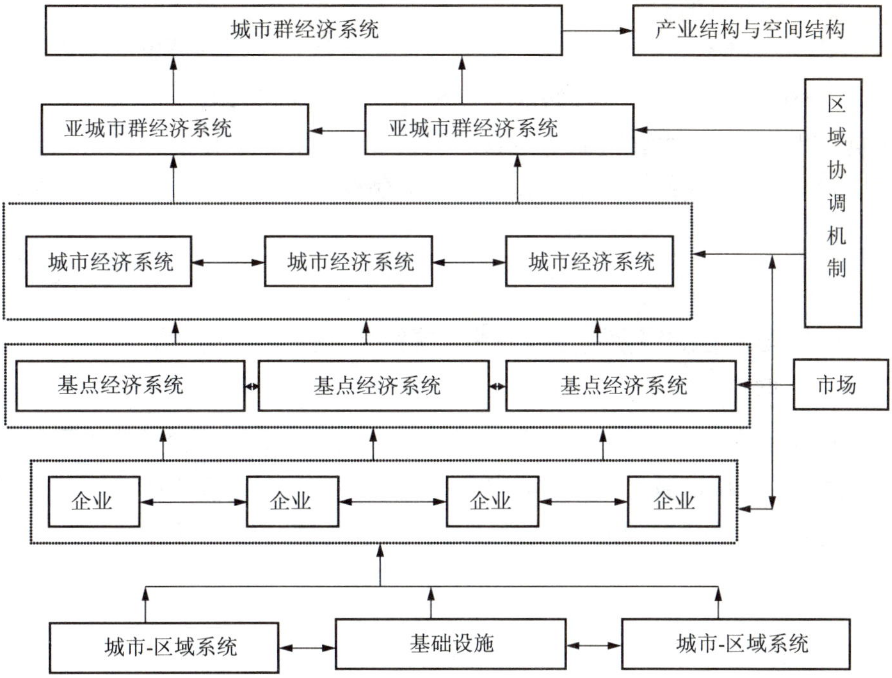


**图 2－1 城市群经济及其经济支撑系统的结构**

（2）联系的密切性

首先，城市群不同等级经济地域系统之间存在着密切的社会、经济联系。其次，随着城市群内部区域分工的深化、区域合作的发展，相应地域系统间经济联系的强度在不断加大。

（3）区域协调的必要性

首先，城市群存在不同的利益主体，由此引致的矛盾和分力易使城市群经济系统偏离正确发展方向。其次，由于障碍性因素的存在，城市群内的商品、资本、劳动力、技术等各种要素资源难以顺畅流通。第三，由于行政分割等因素的作用，城市群内的基础设施未实现共享和共建，城市体系发展还存在一定的问题，这会制约城市群经济的整合发展。

（4）开放性

首先，城市群经济系统是一个开放的区域经济系统，既存在内部的分工与合作，也存在与外部的分工与合作，并向外部输出或者输入各种经济要素。其次，在城市群发展过程中，其地域空间成长存在外向扩张的倾向。

(5) 动态性

城市群经济系统的开放性与其动态性相关联。首先，城市群经济系统与外部不同等级经济系统之间、城市群各经济系统间存在着物质与能量的交换。其次，城市群经济系统与其他子系统之间相互影响、相互制约。第三，城市群经济系统空间范围外向扩张的倾向，导致原平衡被打破和新平衡的确立。

## 2.3 城市群经济整合与城市群经济支撑系统整合

城市群经济整合离不开经济支撑系统。经济整合包括经济地域整合和产业整合，经济地域整合是产业整合的前提和基础。经济支撑系统整合主要包括市场整合、区域协调机制建设、区域基础设施整合和城镇体系整合等。

### 2.3.1 基本概念界定

从要素资源流通的角度，城市群经济整合是指通过政府的宏观调控和市场力量形成城市群内部的互补与协调，实现其生产要素的合理、有序流动和高效配置，达到产业结构和空间布局的优化。基于经济系统角度，城市群经济整合是指依托政府的宏观调控和市场力量，借助区域协调机制，使城市群经济系统各子系统间良性互动，城市群经济系统和支撑系统间关系融洽。

产业整合是基于中国产业系统失灵的现实提出的一种克服市场失灵和内部组织失灵的制度安排与调整的过程，以塑造产业系统自我激励和控制的内生机制（朱瑞博，2004）。产业整合是指为了谋求长远的竞争优势，按产业发展规律，以企业为整合对象，跨空间、地域、行业和所有制重新配置生产要素，调整和构筑新的资本组织，从而形成以大企业和企业集团为核心的优势主导产业和相应产业结构的过程（吕拉昌，2004）。区域层面的产业整合分为企业整合、产业内部整合和产业系统整合等三个层次；

企业整合是指企业内部各构成要素的相互关系的有机整合，企业整合是产业整合的基础和前提；产业内部整合则是指某一具体产业的整体化和有序性；产业系统整合是指理顺产业之间的经济技术关联，通过制度安排重塑产业系统内部的主导产业、基础产业和配套产业之间的关系，以提高产业系统的聚合质量（杨建文，周冯琦，胡晓鹏，2004）。

### 2.3.2 城市群经济整合的主要内容

#### 2.3.2.1 经济地域整合

经济地域整合是产业整合的基础。城市群内存在不同等级的经济系统（城市群经济系统、亚城市群经济系统、城市经济系统、基点经济系统）及与其相对应的地域系统（城市群经济地域系统、亚城市群经济地域系统、城市经济地域系统和基点经济地域系统）。依据某一等级地域系统之间的经济联系强度和它们间的空间距离，将该地域系统组合成较高级别的地域系统，即为城市群经济地域整合。

#### 2.3.2.2 产业整合

产业整合包括产业结构合理化和空间布局优化，城市群产业整合即在不同层次的空间范围内实现产业结构和空间布局优化。产业结构合理化即在某一层次的区域内形成基于区域优势的基本产业和非基本产业。空间结构优化即在不同层次的区域内部形成基于区域基础的产业结构，相同层次的区域间形成基于其比较优势的产业结构。

产业整合的主要模式包括产业融合、产业集群、产融结合等。产业整合根据各地的资源禀赋、经济基础、社会条件、历史文化环境等状况，遵循优势互补和最大限度发挥各区域比较优势的原则进行。产业整合的外在动力有两种：市场和政府。产业结构调整是以市场为主导，通过政府的宏观调控来实现。产业整合的内在动力是围绕主导产业在它和支柱产业及其他产业之间形成存在的相互影响、相互促进的产业关联。通过产业关联城市群内部的各种产业依据区域总体发展的内在需求自觉进行调整，最终形成合理的产业结构与布局。

产业整合主要通过两种途径实现（薛家骥，2004）：第一，组建区域企业集群；第二，组建区域企业集团。企业集团通过市场化运作，可更好地规避地区分割，突破行政壁垒，在区域内自行优化资源配置，建立产业组织体系，并以企业集团为龙头，组成产业集群。作者认为，城市群产业整合要研究产业整合区域的产业发展现状、区域资源条件、区域经济社会发展战略，选择区域的基本产业和非基本产业。基本产业和非基本产业的选择是组建区域企业集团或区域企业集群的前提和基础。

### 2.3.3 城市群经济支撑系统整合的主要内容

（1）区域协调机制

城市群内易形成内部产业结构和空间布局不合理的情况，也易造成经济支撑系统，如市场、基础设施等的不整合。地方政府的不合理干预和市场失灵是城市群经济不整合的主要原因，区域协调机制是解决这一问题的关键手段。区域协调机制是城市群经济整合的重要支撑系统，本书主要对中原城市群区域协调机制建设的必要性和基本途径进行研究。

（2）基础设施整合

区域基础设施是城市群内各种生产要素、商品要素顺畅流通和社会经济活动得以顺利进行的必要保障。中原城市群基础设施整合就是借助市场和政府宏观调控的合力，以区域协调思想为指导，在科学分析区域自然、社会、经济发展现实及未来发展需求的基础之上，制定切实可行的、面向未来的城市群基础设施建设规划，以实现城市群基础设施的共筹、共建、共享，为各种要素的顺畅流动提供可靠的物质支撑平台。

（3）市场整合

市场整合的目的是通过协调各地区的竞争规则，建立一个不被行政关系和垄断力量扭曲的共同市场，实现区域生产要素的高效配置。城市群市场的表现形式多种多样，市场整合的形式也多种多样，但市场整合的基本途径都是通过消除区域市场间的贸易壁垒，形成合理的价格运动机制。区域协调是城市群市场整合的基本指导思想和原则。本书研究的思路是：分析中原城市群市场整合的必要性，分析城市群市场整合的主要驱动力及相互关系，最后提出市场整合的主要举措。

（4）城镇体系整合

城镇体系是城市区域系统的基本骨架，是城市群经济整合发展的关键。城镇体系等级规模结构和空间结构不合理是城市群不整合的表现，它不利于城市群经济的整合。城市（镇）体系整合是指以区域协调思想为指导，借助政府和市场的合力，通过城镇发展规划的制定与实施，实现城市群地区城镇等级规模结构协调、城镇职能合理、空间结构优化及城镇与区域关系的协调发展。本书的主要内容是分析中原城市群地区城镇体系的空间结构和等级规模结构现状，提出中原城市群城市体系整合的基本举措。

## 2.4　基本技术方法

### 2.4.1　地图制图与可视化

地图制图与可视化方法用来分析区域经济地理现象的时空演变规律。在经济社会现象的研究中，单靠数字很难简单明了地说明数字背后隐藏的规律性东西，特别是涉及到区域间经济社会现象的比较分析时更是如此。借助 GIS 的空间分析工具可以实现空间位置数据与空间属性数据的匹配，实现空间属性数据的可视化表达，有助于进行属性数据的空间分析。将繁琐的属性数据特别是社会经济数据在地域空间上表达，则容易说明对比区域之间的差异；借助 GIS 软件的运算工具，将区域属性数据进行相应的运算分析，再将运算结果通过空间可视化的方式表现出来，则易说明对比区域之间的差异。如果选取研究区域较长时间序列的属性数据，通过对一定时间序列属性数据的运算分析和空间可视化表达，就容易发现某一经济地理现象的变化规律。

### 2.4.2　GIS 空间分析方法

在研究中，获取的测量数据多为离散的点状数据，它不能反映测量数据在空间上的连续变化过程。空间插值法是利用已知点的值求未知点的值的一种方法，常用于将离散点的测量数据转换为连续的数据曲面，以便对其空间结构模式进行研究或与其它空间现象的分布模式进行比较。空间插值理论的假设依据是：空间位置越靠近的点，越可能具有相似的特征值。常用的空间数据内插方法有反距离加权平均法（IDW）、样条函数方法

(Spline)、趋势面分析法（TSA：trend surface analysis)、克立格方法(Kriging)；而由样条函数方法和趋势面分析法所产生的数字地面模型(DTM)，几乎无法反映真实地形起伏的特性（赖进贵，王慧勋，1996)，可采用 IDW 和 Kriging 方法来反映区域的地形起伏状况。Kriging 方法的计算量颇大，且计算结果的品质并不明显优于 IDW 方法，故 Kriging 方法在内插作业中的实用不高（赖进贵，王慧勋，1996)，有关区域经济空间结构研究的实践也证明了这点（陈小素，乔旭宁，2005)，本文采用 IDW 方法。

IDW（Inverse Distance Weighted，IDW）方法（反距离加权方法）是最常用的表面插值工具。它认为与未采样点距离最近的若干个点对未采样点值的贡献最大，其贡献与距离成反比。IDW 方法的表达式为：

$$Z = \frac{\sum_{i=1}^{n} \frac{1}{(D_i)^p} Z_i}{\sum_{i=1}^{n} \frac{1}{(D_i)^p}},$$

式中：$Z$ 是估计值；$Z_i$ 是第 $i$ 个样本的值；$D_i$ 是点之间距离；$p$ 是距离的幂；$i(i=1, 2, 3, \cdots, n)$ 表示样本的数量（李新，程国栋，卢玲，2000)。

具体做法是：将每一个县域的经济数据（本书采用人均 GDP 数据）赋予其县域中心点，利用由研究区域如河南省或中原城市群地图生成的 GRID 图为分析屏蔽掩模图，采用 IDW 方法，生成人均 GDP 的趋势面，并生成相对于县域中心点的、以人均 GDP 为高程值的等值线图。

### 2.4.3 线性回归模型

线性回归模型是属于单方程计量经济学模型，它的数学基础是回归分析，即用回归分析方法建立的线性模型，用以揭示经济现象中的因果关系（李子奈，2000)。单方程线性回归模型的一般形式为：

$$y_i = \beta_0 + \beta_1 x_{1i} + \beta_2 x_{2i} + \cdots + \beta_k x_{ki} + \mu_i,$$

式中：$y$ 为被解释变量；$x_1$，$x_2$，$x_3$，…，$x_k$ 为解释变量；$(k+1)$ 为解释变量的数目；$i$ 为观测值下标；$\mu$ 为随机误差项；$n$ 为样本容量；$\beta_0$，$\beta_1$，$\beta_2$，…，$\beta_k$ 为待估参数；$i(i=1, 2, 3, \cdots, n)$ 为被解释变量的数目。

地理要素回归分析就是处理地理要素之间具有相互关系的一种数理统计方法（张超，杨秉赓，1985）。一元线性地理回归模型如下：

$$y_a = A + Bx_a + \varepsilon_a,$$

式中：$A$、$B$ 为待定参数；$a(a=1, 2, \cdots, n)$ 为观测数据数目；$(x_a, y_a)$ 为 $n$ 组观测数据 $(x_1, y_1)$，$(x_2, y_2)$，…，$(x_n, y_n)$；$\varepsilon_a$ 为随机变量。参数 $A$、$B$ 一般根据 $y_a$ 与 $x_a$ 的观测值采用最小二乘法来估计。设 $a$ 和 $b$ 分别为参数 $A$ 和 $B$ 的最小估计二乘值，于是可以得到一元线性回归模型为：

$$\bar{y} = a + bx,$$

这一模型表示 $x$ 和 $y$ 之间的最佳拟合直线，通常称为回归直线。这一方法可以分析城市群经济社会现象之间的相互关系。

### 2.4.4　分形理论方法

分形理论（Mandelbrot B B，1982；艾南山，1992）是近年发展起来的非线性科学之一。曼德布罗特提出了分维的概念，认为那些外表极不规则与支离破碎的几何形体，有着自己内在的规律性和特性（张越川，张国祺，2005）。对称、均衡的对象和状态是少数和暂时的，不对称、不均衡的对象和状态才是多数和长期的，分形几何是描述大自然的几何学（陈运迪，2004）。在研究中可以将分形理论分为自然分形、社会分形、思维分形和时间分形等；将凡在人类社会活动和社会体系中客观存在及其表现出来的自相似现象，称为社会分形（张越川，张国祺，2005）。

自相似性或标度不变性是分形的重要特征，有自相似性的物体必定满足标度不变性。通常把具有自相似性的尺度范围称为无标度区，这个范围一般可用特征长度来标志；人们通常把标度不变性适用的空间范围称为该分形体的无标度空间。维数是描述几何对象的一个重要的特征量，在分形理论中，维数可以是整数，也可以是分数。豪斯道夫测度与豪斯道夫维数（Hausdorff）可以用来测度分形的维数，一般多采用相似维数；但是这些方法具有一定的限制（陈绍英，王启文，2005）。在实践中更多采用关联维（correlation dimension），它基于从时间序列向空间重构技术，是对时间序列意义更明确的分维（郝柏林，1993）。目前，人们将注意力集中到大量的宏观经济数据上，用时间序列分析的方法计算经济数据的关联维数（G－P算法）、李雅普洛夫指数K熵和Hurst指数等，试图提炼出隐藏在复杂经济背后的某些规律，从而达到非线性解释和预测的目的（张小涛，张维，熊熊，李翠玉，2005）。

区域城镇体系的空间分布、具有无标度性，显示出统计分形特征（陈彦光，刘继生，1994）。城市体系的自相似性意味着人文地理系统的自组织演化受到某种隐含规则的支配，具有优化趋向，城镇体系具有分形的特征；城镇体系的空间结构可以用聚集维数（也称为半径维数（Frankhouser P，1990））、网格维数和空间关联维数等三种基本分维来表示（刘继生，陈彦光，1999）。这三种维数将与城镇体系结构的分形维数一起构成城镇体系理论的基本特征向量（刘继生，陈彦光，1998）。刘继生等（刘继生，陈彦光，1998；刘继生，陈彦光，1999）、凌怡莹等（凌怡莹，徐建华，岳文泽等，2004）分别就城镇体系空间结构和等级规模结构分形特征的计算进行界定。

# 第 3 章　中原城市群经济整合的外部环境

## 3.1　国际经济发展环境

### 3.1.1　世界工业化发展现状存在较大的区域差异

工业化是一国经济发展和社会进步的必经阶段，也是社会生产力发展到一定水平的重要标志（徐林发，1998）。工业革命推动着工业化从低级阶段向高级阶段发展，但是，世界工业化进程存在着一定的区域差异，最为明显的就是不同发展程度的国家之间的差别。世界上大多数国家已经实现工业化，有些国家甚至已经步入后工业社会；而广大发展中国家则存在一定的差异，某些国家刚刚进入工业化社会，有些已经进入工业化中后期。当然，经济发展比较落后的国家可以通过“后起者优势”（Advantage Backwardness）实现跨越式发展，二战以来的世界经济发展形式也证明了这一点。显然，不同国情、具备不同发展优势的国家，受不同因素的影响，正在进行着各具特色的工业化进程，从而使世界的工业化进程呈现出错综复杂的状态。

### 3.1.2　经济全球化趋势突出

经济全球化是指世界各国、各地区之间经济联系日益紧密的现象（李小建，1999）。经济全球化意味着全球产品生产和内在关联的战略区位的重组，它加深了全球城市之间、区域之间和国家之间的交流与合作，导致全球地域分工体系更趋成熟，区域之间的竞争也更趋激烈。全球化的两个重要影响是：区域经济之间的竞争程度更加激烈；催生了经济发展地域单元的集团化趋势，城市群经济是经济发展地域单元集团化趋势的一种重要表现形式。跨国公司是全球化的最重要力量。由于跨国公司总部向少数世界城市集中，制造业向世界各地分散，使世界经济格局发生重要变化：发达国家或一些重要的世界城市成为国际先进技术和管理经验的策源地，而发展中国家成为世界工厂，成为能源和原材料基地。这种世界经济格局导致了不同区域之间的贸易摩擦和冲突不断出现。

### 3.1.3 区域经济一体化趋势日渐明显

区域经济一体化是指地理上邻近的国家或地区，为维护共同的经济利益和加强经济联系与合作，相互间通过契约和协定，在区域内逐步消除成员国间的贸易和非贸易壁垒，协调成员国之间的社会经济政策，形成一个跨越国界的商品、资本、人员和劳务等自由流通的统一的经济区域的过程（高洪深，2002）。世界经济一体化是指世界各国通过一定的协议、规则使其经济活动组合成一个相互联系、相互制约的整体（李小建，1999），它和区域经济一体化是两个相似的概念。区域经济一体化为要素资源的顺畅流动提供了基本的保障，有利于各组织成员之间进行有效的分工与合作。近半个世纪以来，世界经济一体化组织不断增多。有些区域经济组织互相重叠，或者大区域组织包容次区域组织，关系错综复杂（高洪深，2002）。由于西欧、北美、东亚这三个地区经济发达、地域广阔，已形成了三足鼎立的局面，奠定了世界经济的地区化和地区一体化的基础（李琮，1995）。

### 3.1.4 城市群在区域经济发展中的地位日益突出

城市群是在经济全球化和区域经济一体化背景下出现的新的经济发展单元，其在区域经济发展中的优势正在逐步显现出来。世界经济已经呈现向城市群地区集聚的现象，世界上的很多城市群已经分别成为所在国家、区域的经济极核，其经济总量、影响力对所在区域、国家乃至世界经济产生了重要影响。20世纪下半叶，美国GDP总量的67%、80%的人口分布在东部大西洋沿岸城市群、五大湖城市群和太平洋沿岸城市群等三大城市群（张东操，冯茵，2004）。战后日本经济高速增长，城市化进程加速，产业和人口不断集聚，形成了大东京城市群、阪神城市群和名古屋城市群等三大城市群，2002年占全国国土面积34.3%的三大城市群，人口占到全国的67%，产出的GDP总量占到全国的71.7%。可以预见，城市群将成为未来区域经济发展的重要载体。

## 3.2　国内经济发展环境

### 3.2.1　我国经济发展区域差异明显

人均GDP是生产发展、技术水平和新的生产组合方式的具体表现，能较好地揭示经济发展的内涵（高洪深，2002）。由于人均GDP可以较好地反映区域经济发展水平，而被广泛应用区域经济差异和经济空间结构中（王绍光，胡鞍钢，1999；李小建，乔家君，2001；吴殿廷，宋金平，孙久文，2003）。选取2010年全国31个省区（香港、澳门和台湾没有列入）的人均GDP作为原始数据，计算它们占全国平均水平的比重，以100%为阈值分为两类：一类地区（≥100%）、二类地区（<100%）（图3-1）。一类地区绝大部分分布在我国东部沿海和东北大部，包括上海、北京、天津、浙江、江苏、广东、山东、辽宁、福建、内蒙古和吉林等11个省区，其余的20个省区为二类地区，主要分布在我国中西部地区。

### 3.2.2　我国经济发展呈现新的趋势

（1）城市群经济逐渐壮大

我国经济发展已呈现出团块状趋势，城市群已经成为我国经济发展的主要组织形式。据《2010中国城市群发展报告》称，我国现存15个达标的城市群：长江三角洲、珠江三角洲、京津冀、山东半岛、辽东半岛、海峡西岸、长株潭、武汉、成渝、环鄱阳湖、中原、哈大长、江淮、关中、天山北坡；另外还有8个未达标的城市群。2010年长江三角洲城市群、珠江三角洲城市群和京津冀城市群等三大城市群 GDP 总量占到我国 GDP 总量的 43.88% 多①。2000 年长江三角洲城市群、珠江三角洲城市群、京津冀城市群等三大城市群 GDP 总量占到我国 GDP 总量比重的 39.13%。

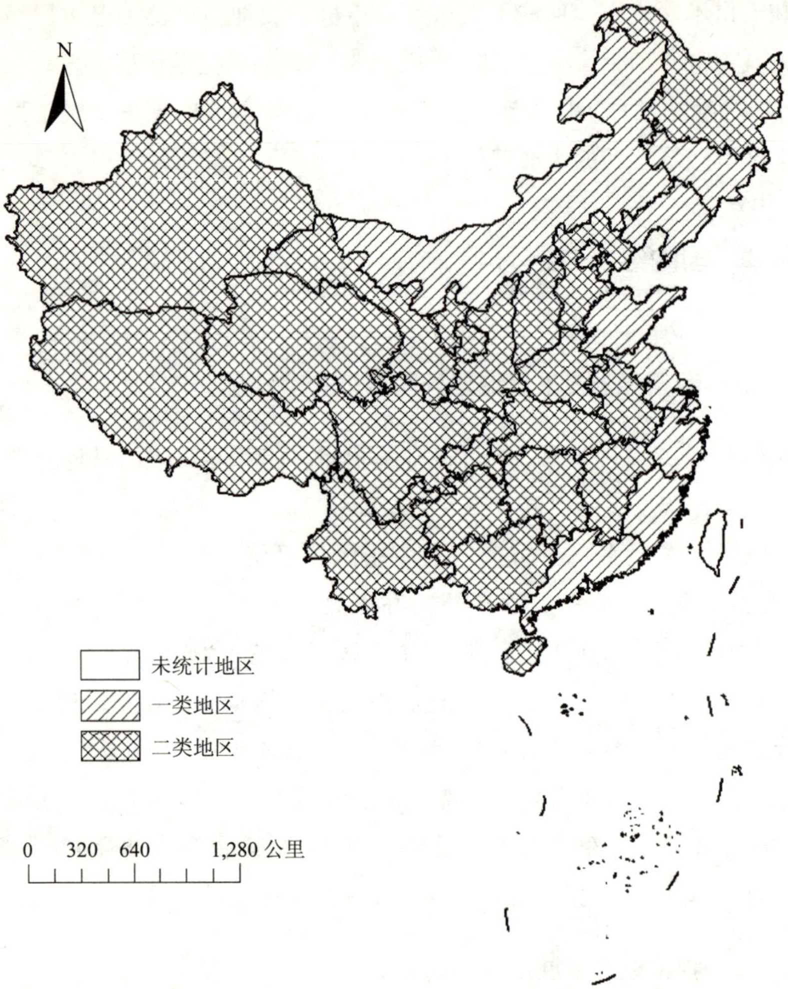


**图 3-1 2010 年我国区域经济发展空间差异**

(2) 我国经济增长极的角色正在发生转换

长期以来，单个城市是国家经济增长极、区域性经济增长极或地方性

---

① 基于数据获取的考虑，长江三角洲城市群的地域范围为上海市、江苏省、浙江省；珠江三角洲城市群的地域范围为广东省；京津冀城市群的地域范围为北京市、天津市和河北省，以下同。

经济增长极，如上海、北京等成为全国性的经济增长极，郑州市、武汉市等城市则分别是所在省域的经济增长极，洛阳、安阳等城市则是地方性的经济增长极。随着国内外经济发展形势的转变，单个城市越来越难以承担区域性的特别是全国性的经济增长极的重任，城市群的出现为解决这一问题提供了契机。随着城市群的逐渐成熟，经济实力的不断增长，对区域经济的辐射力不断增强，正逐渐取代单个城市成长为区域性的或者全国性的经济增长极。

### 3.2.3　城市群在我国经济发展中具有重要作用

未来中国将形成三大组团式城市群（面）、七大城市带（线）和若干中心城市（点）组成的“三维”分布格局。届时全国将有55%的人口、80%的GDP、90%的工业总产值和95%的进出口额分布于这些地域①。国家“十一五”规划提出要形成以沿海及京广、京哈线为纵轴、长江及陇海线为横轴、若干城市群为主体的全国城镇空间格局，这是我国经济发展格局的基础。三大城市群、七大城市带是这一“格网状”经济格局的重要结点，中原城市群也是其中的结点。长江三角洲城市群、珠江三角洲城市群、京津冀城市群正在成长为国家级经济增长极，辽中南城市群、哈大城市群、成渝城市群、武汉城市圈、中原城市群、长株潭城市群、山东半岛城市群正在成长为区域性经济增长极。

选取1985—2010年的中原城市群、全国和河南省的人均GDP，对比分析发现近二十多年来中原城市群人均GDP增速为17.16%，高出全国1.88个百分点，高出河南1.02个百分点；从绝对数字比较发现，1985年中原城市群人均GDP比全国平均水平低245.00元，2010年已高出全国平均水平2145.00元，高出河南省7714元。选取1985—2010年的GDP数据，计算中原城市群对河南省GDP增长的贡献率发现：1985年贡献率为42.61%，2010年达到57.92%（表3-1）。说明中原城市群正在成长为我国重要的经济增长极之一，成为未来河南省新型的经济增长极。

---

① 中国市长协会.《中国城市发展报告2003-2004卷》：http：//www.dangdangbook.com.

表3-1　1985—2010年间中原城市群GDP占河南省GDP总量的比重（%）

| 年份 | 1985 | 1986 | 1987 | 1988 | 1989 | 1990 | 1991 | 1992 | 1993 | 1994 | 1995 | 1996 | 1997 |
|---|---|---|---|---|---|---|---|---|---|---|---|---|---|
| 比重 | 42.61 | 41.24 | 41.62 | 43.78 | 44.06 | 42.72 | 43.35 | 50.59 | 53.42 | 54.69 | 53.28 | 55.27 | 54.09 |
| 年份 | 1998 | 1999 | 2000 | 2001 | 2002 | 2003 | 2004 | 2005 | 2006 | 2007 | 2008 | 2009 | 2010 |
| 比重 | 54.04 | 52.38 | 52.32 | 52.89 | 53.92 | 55.11 | 55.95 | 56.12 | 57.57 | 54.36 | 58.64 | 53.01 | 57.92 |

## 3.3　中部崛起战略的提出

### 3.3.1　中部地区的社会与经济发展现状

中部地区包括湖南、湖北、河南、陕西、江西、安徽等六省，面积102.7万平方公里，占我国国土总面积的10.7%。2010年人口3.5673亿，占全国总人口的比重为26.63%；GDP为86109.38亿元，占全国GDP总量的比重为21.46%；人均GDP为24138元，占全国人均GDP的比重为80.48%。就GDP总量而言，中部六省并不落后，河南省和湖南省的GDP总量排在全国前十名的位置。而从人均GDP来看，中部六省则比较差，湖北省人均GDP在中部是最高的，但它仅排在全国第13的位置上（表3-2）。

表3-2　2010年中部六省区GDP和人均GDP在全国的排序

| 省区 | 河南省 | 湖北省 | 湖南省 | 安徽省 | 江西省 | 山西省 |
|---|---|---|---|---|---|---|
| GDP在全国排序 | 5 | 11 | 10 | 14 | 19 | 21 |
| GDP在中部地区排序 | 1 | 3 | 2 | 4 | 5 | 6 |
| 人均GDP在全国排序 | 21 | 13 | 20 | 26 | 24 | 18 |
| 人均GDP在中部地区排序 | 4 | 1 | 3 | 6 | 5 | 2 |

### 3.3.2　中部地区在我国社会经济发展中具有重要作用

中部地区在我国经济社会发展中占据重要地位。第一，中部地处内陆，具有承东启西、联南贯北的区位和吸引四面、辐射八方的功能；区域内部交通发达，形成了包含铁路、公路、水路、航空、管道运输在内的发达的交通运输体系。第二，中部是我国重要的粮食生产基地和能源原材料基地，其能源原材料生产和粮食生产对于提高我国的粮食和能源保障能力、缓解资源约束具有重要作用。第三，中部矿产资源种类齐全、储量丰富，约占全国矿产资源总量的30%左右，已形成了以机电制造业、材料制造业、轻纺工业、能源工业等为支柱的、主业突出、门类齐全的工业体系，是全国重要的重工业生产基地。第四，随着世界经济竞争程度的加剧，我国正在形成东中西互动、优势互补、相互促进、共同发展的新格局，而中部地区是我国实现这一经济发展新格局的重要组成部分。

### 3.3.3 中部崛起战略的实施

2004 年我国《政府工作报告》提出"促进中部地区崛起"的战略构想。《中华人民共和国国民经济和社会发展第十二个五年计划纲要》提出推进新一轮西部大开发，全面振兴东北地区等老工业基地，大力促进中部地区崛起，积极支持东部地区率先发展的区域发展总体战略；中部地区要加快构建沿陇海、沿京广、沿京九和沿长江中游经济带，促进人口和产业的集聚，加强与周边城市群的对接和联系①。中央政治局于 2006 年 3 月 27 日召开会议专门研究部署中部崛起工作。中部地区各级地方政府纷纷提出自己的社会经济发展战略，河南省提出实现跨越式发展实现中部崛起(2012 年制定《中原经济区规划》)，湖南提出走创新之路实现中部崛起，山西省提出加快建设新型工业化特色城镇化进程，湖北省通过加大改革的力度与深度努力缩小与东部省区的差距，江西省通过转变经济增长方式和大力推进创新创业等方式促进省域经济的发展，安徽省通过优化结构、提高效益、降低消耗来促进区域经济的发展②。

### 3.3.4 城市群在中部崛起中扮演的角色

《中华人民共和国国民经济和社会发展第十二个五年计划纲要》提出，构建以陆桥通道、沿长江通道为两条横轴，以沿海、京哈京广、包昆通道为三条纵轴，以轴线上若干城市群为依托、其他城市化地区和城市为重要组成部分的城市化战略格局，促进经济增长和市场空间由东向西、由南向北拓展。中部地区已经或正在形成的城市群有武汉城市圈、中原城市群、

---

① 中华人民共和国国民经济和社会发展第十二个五年计划纲要 . http：//www. sdpc. gov. cn/fzgh/ghwb/gjjh/P020110919592208575015. pdf.

② "六省提出发展新思路" 栏目 . http：//zhongbu. cnhubei. com. "中部领导话崛起" 栏目. http：//www. zbjqw. cn.

长株潭城市群、皖江城市带、环鄱阳湖城市群、太原城市圈等。城市群发展战略已经成为中部各省共同的战略选择，城市群已经成为区域发展的主角，现存的和即将形成的城市群将成为实施中部崛起战略的重要支点，将成为中部地区乃至更大范围内部的经济增长极，它们将在中部经济的崛起中发挥至关重要的也是决定性的作用。

## 3.4 省域经济发展环境

### 3.4.1 河南省经济发展的空间结构演变

近几年，研究省域乃至全国区域经济空间结构研究多以县域为基本单元（李小建，乔家君，2001；胡良民，苗长虹，乔家君，2002；樊新生，李小建，2005；陈小素，乔旭宁，2005），以河南省为研究对象、选取县域为研究的地域单元的成果也有一些（胡良民，苗长虹，乔家君，2002；樊新生，李小建，2005；陈小素，乔旭宁，2005）。由于人均 GDP 可以较好地反映区域经济发展水平，多被用于区域经济差异和经济空间结构研究（王绍光，胡鞍钢，1999；吴殿廷，宋金平，孙久文，2003）。对河南省区域经济空间结构的研究以县域为基本单位，2004 年郾城县撤县建区，河南省基本地域单元为 126 个。选取 1980、1990、2000 和 2010 年等不同时间截面的数据，数据来源于相应年份的统计年鉴。

3.4.1.1 中原城市群在河南省内存在明显的经济增长优势

研究中，计算出各个县域单元人均 GDP 占河南省人均 GDP 的比重（可以消除价格的影响），以 100% 为界将河南省的基本地域单元分为两类：一类区域（≥100%）和二类区域（<100%）。选取河南省各个基本地域单元相关年份的有关数据，将数据进行相应的处理，再将基本地域单元的分类结果用地图制图与可视化的方法表示出来，具体结果如图 3-2（1980 年）、3-3（1990 年）、3-4（2000 年）、3-5（2010 年）。

图 3-2 中 1980 年 24 个一类区域分布较为松散，其中 15 个分布在中原城市群。图 3-3 中 1990 年变化较大，一类区域有 36 个，其中 27 个分布在中原城市群（呈现块状区域），郑州市区、焦作市区、济源市、新乡市区、洛阳市区、许昌市区已连在一起，但尚未与洛阳市区、平顶山市区、许昌市区、漯河市区还没有连在一起。图 3-4 中 2000 年有 46 个一类

区域，在中原城市群和其他地区的数量不变，但是，分布地域出现变化；中原城市群内许昌市区、漯河市区和北部的郑州市区、洛阳市区、开封市区、济源市、焦作市区等连成一体，在西北—东南一线上贯通，形成面积更大的块状区域。图 3 - 5 中 2010 年一类区域有 52 个，其中 32 个分布在中原城市群，中原城市群中焦作、郑州、洛阳、新乡、许昌的大部分县市组成的块状区域不断扩大。

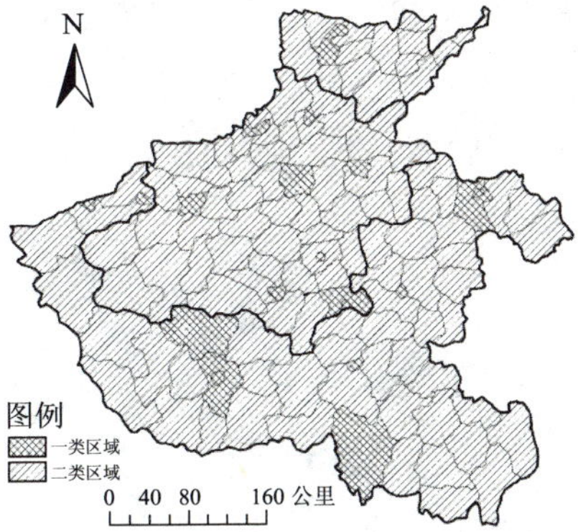


**图 3 - 2　1980 年河南省人均 GDP 空间分布**

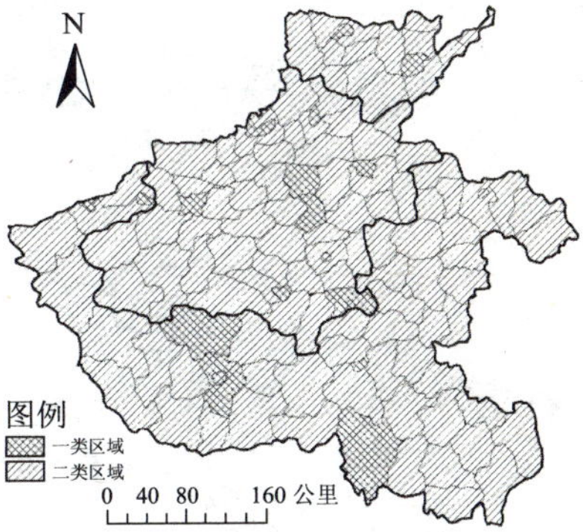


**图 3 - 3　1990 年河南省人均 GDP 空间分布**

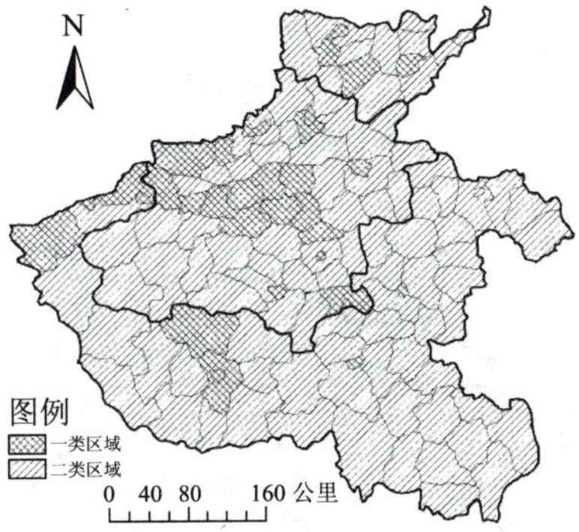


**图 3 - 4　2000 年河南省人均 GDP 空间分布**

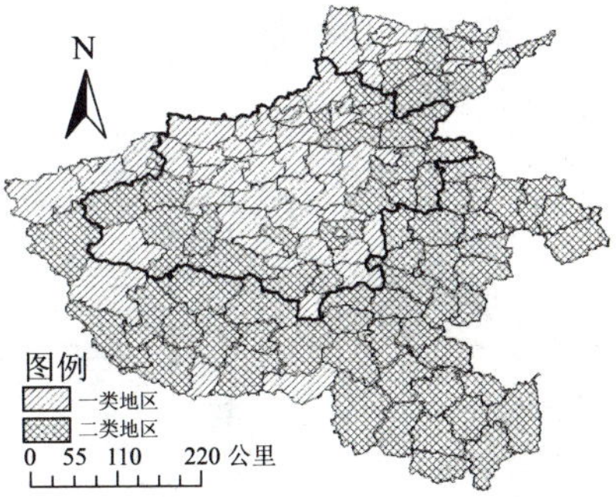


**图 3 - 5　2010 年河南省人均 GDP 空间分布**

近三十年来，一类区域的范围不断扩大，新增的地域单元多围绕在省辖市的外围，大部分集中于中原城市群内。在中原城市群内部，一类区域的空间范围不断扩展，已成联通东西、贯穿南北的空间格局。显然，河南省经济发展呈现集中趋势，最为明显的区域是中原城市群。

#### 3.4.1.2 中原城市群正在成长为河南省新型的经济增长极

将河南省各个基本地域单元有关年份的人均GDP数据利用IDW空间插值法生成相应年份的人均GDP等值线①，具体结果见图3－6（1980年）、3－7（1990年a、b）、3－8（2000年）、3－9（2010年）。

图3－6中1980年人均GDP等值线分布比较稀疏，闭合的谷峰较少，主要在一些省辖市区形成谷峰。图3－7（a）中1990年等值线（200元等值线）的分布非常密集，闭合的谷峰密集，多个谷峰通过闭合的鞍部连接在一起开始出现块状的经济高速增长区域（河南省中部偏北）。2000年（图3－8）人均GDP等值线分布更为密集，新的谷峰出现在旧谷峰外围，

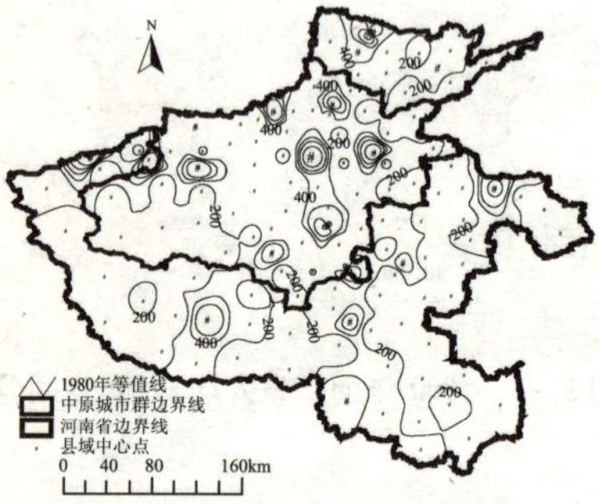


**图3－6 1980年河南省人均GDP空间等值线分布**

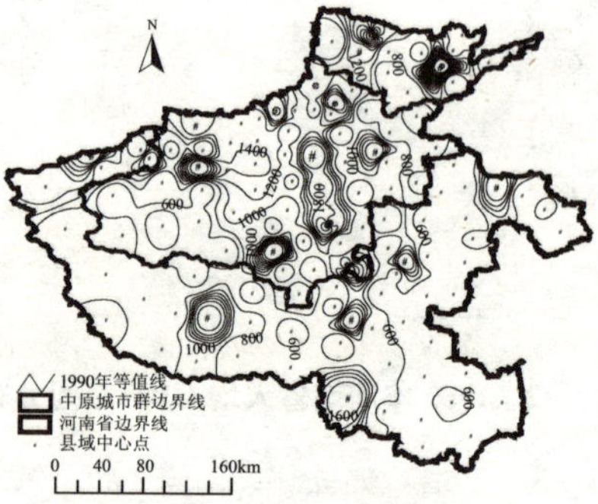


**图3－7(a) 1990年河南省人均GDP等高线空间分布**

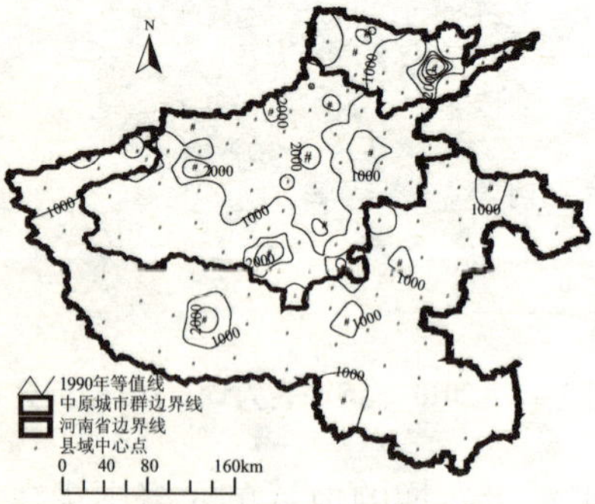


**图3－7(b) 1990年河南省人均GDP等高线空间分布**

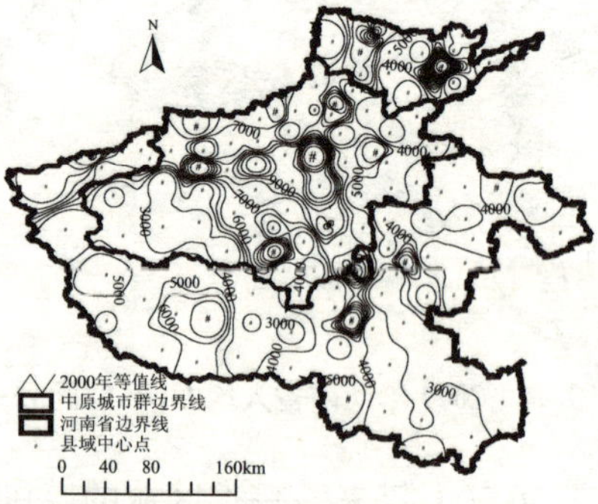


**图3－8 2000年河南省人均GDP空间等值线分布**

---

① 图3－6、3－7（a）等4个图的等值线间隔为200元，3－7（b）、3－8等3个图的等值线间隔为1000元。

闭合谷峰连接的块状区域在河南的中部和西北部。图3－9中2010年的人均GDP等值线分布的集中性被进一步强化，空间上，高峰值闭合谷峰连接成的块状经济高速增长区域的范围进一步扩大，这些高速增长区域表现为沿陇海一线和京广沿线分布，并进一步连接成三角状的块状区域。

近三十年来，人均GDP的等值线分布逐渐密集，并在旧的谷峰周围出现新的谷峰，谷峰组成的块状区域逐渐增大。中原城市群内部人均等值线的谷峰增加的更快，等值线的增加更为密集。显然，经济增长点首先出现省辖市区及其附近，这些城镇的增长又是比较快的。

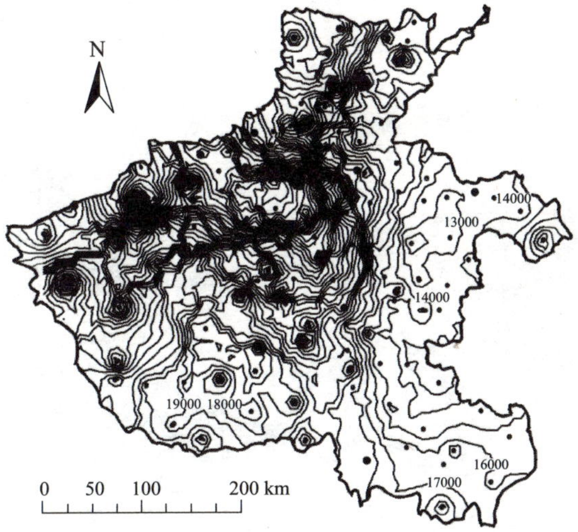


**图3－9 2010年河南省人均GDP空间等值线分布**

3.4.1.3 中原城市群对河南省经济增长的贡献在不断增加

选取相应年份各基本地域单元的GDP总量按照从高到低的标准排序，按照从高到低的顺序累计相加，取GDP之和占到河南省GDP总量50%的基本地域单元为一类区域，其余的基本地域单元为二类区域，其空间分布如图3－10（1980年）、3－11（1990年）、3－12（2000年）和3－13（2010年）[①]。1980年

---

① 在分类中，由于将跨越GDP比重50%的县域统计为一类地区，所以一类区域的比重一般都大于50%。

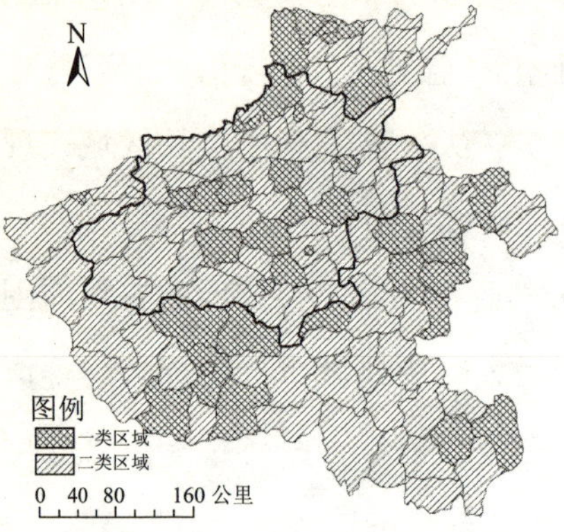


**图 3－10　1980 年河南省 GDP 空间分布**

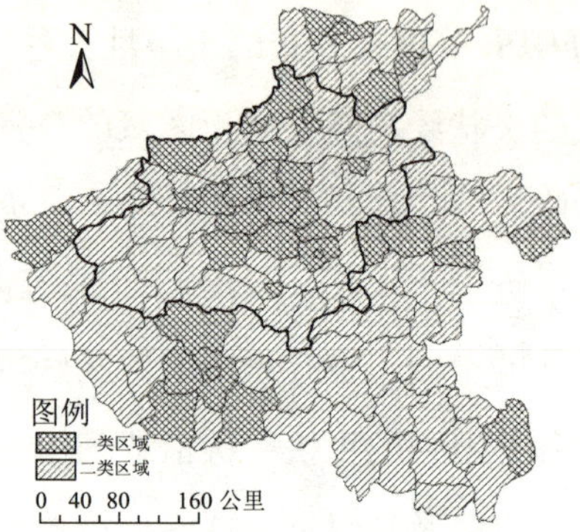


**图 3－11　1990 年河南省 GDP 空间分布**

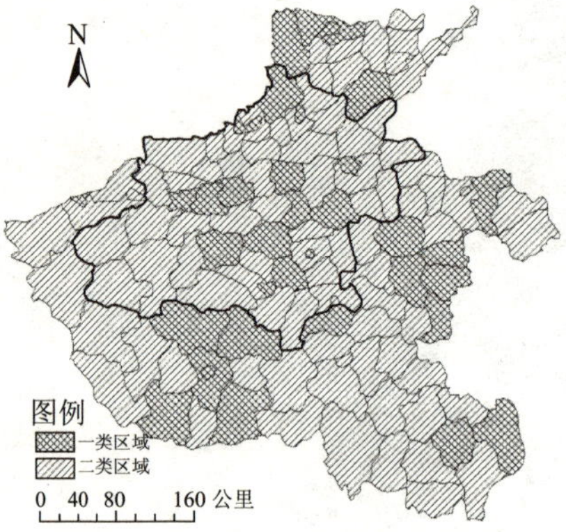


**图 3－12　2000 年河南省 GDP 空间分布**

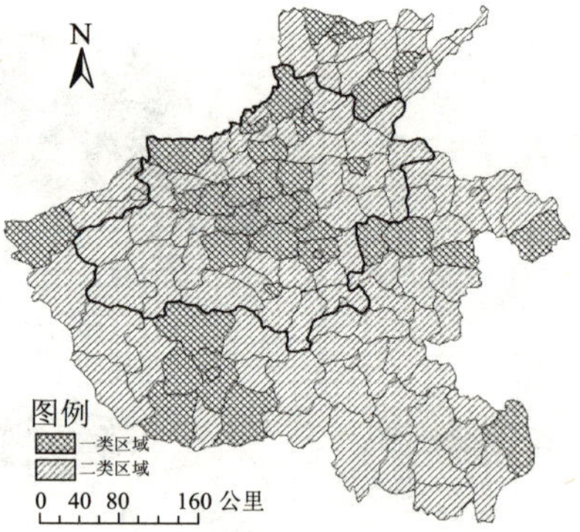


**图 3－13　2010 年河南省 GDP 空间分布**

一类区域有 33 个，中原城市群内有 15 个（图 3－10），空间分布相对均衡，形成几个小的连片区域。1990 年一类区域有 36 个，中原城市群内有 22 个（图 3－11），在中原城市群内的郑州市区—洛阳市区—许昌市区—平顶山市区出现连片区域。2000 年一类区域有 31 个，中原城市群内有 20 个（图 3－12），空间上郑州市区—洛阳市区—平顶山市区—许昌市区—漯河市区形成块状区域，外围的一类区域分布分散。2010 年一类区域共有 31 个，其中中原城市群内有 20 个（图 3－13），并在中原城市群形成较大的区域，这些区域连绵成块状。

近三十年来，一类区域由原来的分散布局，逐渐集中，向中原城市群的集中更明显。一类区域在数量上变化不大，但中原城市群占有一定的优势。

### 3.4.2　河南省经济发展存在的问题

3.4.2.1　经济增长效率偏低

由表3－3，河南省GDP占全国GDP的比重达到百分之五以上，且比重不断增大，河南对全国的经济贡献明显较大。但是，1978年以来，河南省人均GDP的增长一直慢于全国，1996年以来河南省人均GDP占全国的比重为60～82%之间，表明河南经济增长的效率相对偏低。

**表3－3　1996～2010年河南省GDP及人均GDP占全国比重（%）**

| 年份 | 1996 | 1997 | 1998 | 1999 | 2000 | 2001 | 2002 | 2003 | 2004 | 2005 | 2006 | 2007 | 2008 | 2009 | 2010 |
|---|---|---|---|---|---|---|---|---|---|---|---|---|---|---|---|
| GDP | 5.11 | 5.12 | 5.10 | 5.04 | 5.09 | 5.05 | 5.02 | 5.06 | 5.35 | 5.72 | 5.72 | 5.65 | 5.74 | 5.71 | 5.76 |
| 人均GDP | 68.05 | 68.36 | 68.32 | 67.49 | 69.36 | 69.12 | 69.02 | 69.97 | 74.59 | 79.99 | 79.83 | 79.39 | 80.91 | 80.43 | 81.51 |

3.4.2.2　河南省经济增长效率空间差异明显

分析河南省经济增长效率空间差异的做法是：求出每一基本地域单元人均GDP占河南人均GDP的比重，将比重大于等于100%的列为一类地区，其余的列为二类地区（图3－14）。2010年全省有52个一类区域占河南省基本地域单元总数的41.27%。其中中原城市群内部有32个，形成一个较大的块状区域；其余20个在全省其他地域呈现分散分布。二类区域有74个，在河南省内呈大面积块状分布。同时，一、二类区域内部也存在较大的差异，这些说明河南经济增长效率在空间上存在较大的差异。

3.4.2.3　经济增长极不突出

研究表明：河南省经济增长呈现向中原城市群集中的趋势，但是，这样的发展势头尚不够强大。2010年中原城市群对河南经济增长的贡献率为57.92%，和中原城市群拥有的经济发展资源、经济发展基础相比，中原城市群没有达到相应的经济实力。显然，在河南经济增长进程中，中原城市群板块发展的优势没有体现出来，这是河南区域经济增长面临的巨大挑战。

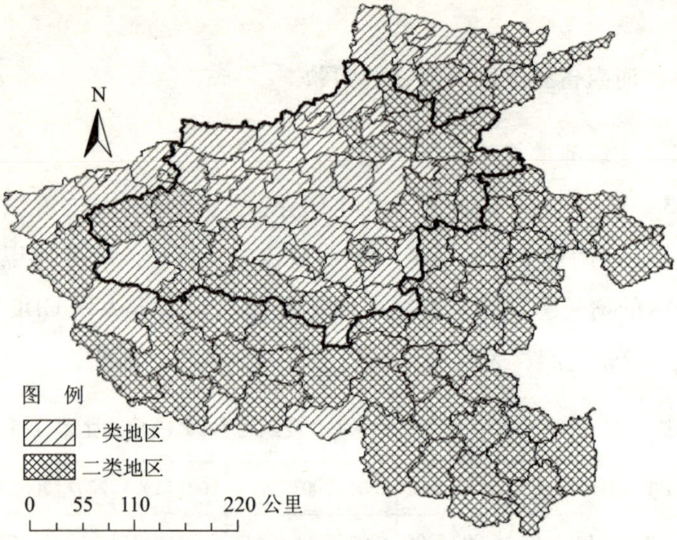


**图 3-14 2010 年人均 GDP 表达的经济增长效率差异**

## 3.5 城镇化发展环境

### 3.5.1 国内外城镇化发展环境

3.5.1.1 城市镇进程呈现阶段性特征

(1) 世界城镇化进程呈现阶段性特征

1950 年以来世界已进入城镇化普及阶段（第三阶段），世界城镇化水平由 1950 年的 28.4%，上升到 1990 年的 50% 以上，是世界城镇化空前发展、加快扩散和迅速普及的阶段（侯百镇，2005）。由表 3-4，1800—1900 年世界城镇化进程缓慢，100 年时间城镇化率增加了 8.2 个百分点；1900—2000 年城镇化进程加速，100 年时间城镇化率增加了 33.7 个百分点。以 50 年为间隔，从 1800 年开始，城镇化年均增长百分点呈上升趋势。

**表 3-4　世界城镇化发展进程（1800~2000 年）①**

| 年份 | 城镇化率（%） | 年份 | 年均增长百分点（%） |
|---|---|---|---|
| 1800 | 5.1 | 1800-1850 | 0.024 |
| 1825 | 5.4 | | |
| 1850 | 6.3 | | |
| 1875 | 8.8 | 1850-1900 | 0.14 |
| 1900 | 13.3 | | |
| 1925 | 20.5 | 1900-1950 | 0.314 |
| 1950 | 29 | | |
| 1960 | 33.9 | 1950-1990 | 0.34 |
| 1970 | 37.1 | | |
| 1975 | 38.4 | | |
| 1980 | 39.6 | | |
| 1985 | 41.0 | | |
| 1990 | 43.4 | | |
| 1996 | 45.5 | 1990-2000 | 0.36 |
| 2000 | 47.0 | | |

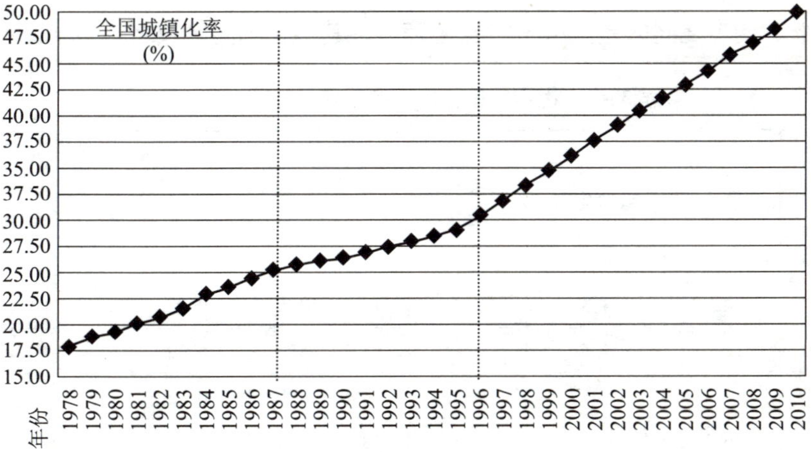


**图 3-15　1978~2010 年我国城镇化发展状况**

① 数据来源：1980—1990 数据来源于：周一星．城市地理学．北京：商务印书馆，1995；1900 括号中的数据 1996，2000 来源于：国际统计年鉴 2002. http：//www. bjinfobank. com/IrisBin. 年均增长率和年均增长百分点数据根据表中数据计算获得。1990—2000 的计算数据，括号中的数据根据国际统计年鉴的相关数据计算而来，括号外的数据为根据表中引用的周一星的相关数据计算获得。

（2）我国城镇化发展进程呈现阶段性特征

由图3－15，1996年我国城镇化率为30.48%，我国进入城镇化发展的中期阶段。1978年以来我国城镇化进程可分为三个阶段：第一个阶段（1978—1987年），城镇化发展出现较快增长，城镇化率年均增长速度为3.92%，年均增长0.822个百分点。第二个阶段（1987—1996年），城镇化进程速度有所放缓，城镇化率年均增长速度为2.082%，年均增长0.573个百分点。第三个阶段（1996—2010年），城镇化发展进入高速增长期，城镇化率年均增长速度3.59%，年均增长1.39个百分点。我国城镇化率曲线虽然有波动，但是呈现持续增长的趋势。

### 3.5.2 城镇化进程区域差异明显

（1）世界城镇化进程区域差异明显

首先，不同发展程度区域间的城镇化差异明显。1800—2000年发达区域的城镇化率由7.3%增加到74.4%，欠发达区域的城镇化率由4.3%增加到39.3%，两者之间的差值由3扩大到35.1。其次，不同区域之间的城镇

**表3－5 世界城镇化发展的区域性差异（%）①**

| 年份 | 发达区域城镇化率 | 欠发达区域城镇化率 | 区域差值 | 年份 | 发达区域年均增长百分点 | 欠发达区域年均增长百分点 |
|---|---|---|---|---|---|---|
| 1800 | 7.3 | 4.3 | 3 | | | |
| 1825 | 8.2 | 4.3 | 3.9 | 1800－1825 | 0.036 | 0 |
| 1850 | 11.4 | 4.4 | 7 | 1825－1850 | 0.128 | 0.004 |
| 1875 | 17.2 | 5 | 12.2 | 1850－1875 | 0.232 | 0.024 |
| 1900 | 26.1 | 6.5 | 19.6 | 1875－1900 | 0.356 | 0.06 |
| 1925 | 39.9 | 9.3 | 30.6 | 1900－1925 | 0.552 | 0.112 |
| 1950 | 52.5 | 16.7 | 35.8 | 1925－1950 | 0.504 | 0.296 |
| 1975 | 68.6 | 27.2 | 41.4 | 1950－1975 | 0.644 | 0.42 |
| 2000 | 74.4 | 39.3 | 35.1 | 1975－2000 | 0.232 | 0.484 |

① 数据来源于：周一星．城市地理学．北京：商务印书馆，1995. 年均增长百分点由表中数据计算获得。

化发展速度存在差异。以25年为间隔1800—2000年间城镇化率年均增长百分点，发达区域的值由0.036增加到最大值0.644，而欠发达区域由0增加到0.484。从1800年到1925年，同一时段两个指标的差值呈现扩大的趋势，由最初的0.036，增加到1900—1925年时段的0.44，之后两个指标的差值开始减小，1950—1975年间下降到0.224。1975—2000年城镇化率年均增长百分点欠发达区域比发达区域高0.252，表明世界城镇化的重心开始向欠发达区域即发展中国家倾斜，快速的城镇化进程将给发展中国家带来较大的压力。

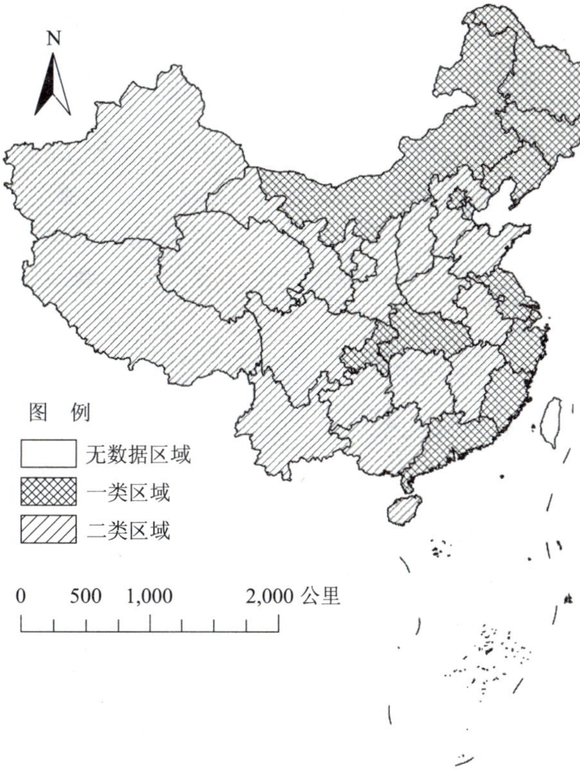


**图3-16 2011年我国区域城镇化发展空间结构**

（2）我国城镇化进程区域差异明显

将2011年全国31个省区（不包含台湾省、香港、澳门）城镇化率和全国的值相比，按照比值分为两类区域：一类区域（≥100%）和二类区域（<100）（图 3-16）。一类区域有 14 个，占 45.16% 的份额，主要分布在东部沿海和东北地区，一类区域内部也存在较大差异，上海、北京、天津居前列。17 个二类区域主要分布在我国的中西部地区，其内部也存在较大的差异，河南省城镇化率仅为 40.57%，仅为全国值的 79%，排在全国 31 个对比省区 27 位。

3.5.1.3 城镇化进程呈现新的特点和问题

（1）城市群发展与分布存在区域差异

在世界城镇化进程中，城镇空间布局形态逐渐由分散的、点状不均衡

**图 3-17 我国城市群空间分布**

布局走向集聚的面状不均衡布局，城市群开始出现。世界上陆续形成了包括美国波士顿—纽约—华盛顿城市群和五大湖城市群、日本东海道城市群、法国巴黎城市群、英国伦敦城市群、中国长江三角洲城市群等世界级城市群在内的发育程度各异的城市群。世界城市群的分布，欧洲有3个，北美地区有6个，南美地区有2个，亚洲地区有11个，非洲地区有3个，大洋洲地区有1个；1994年，前15个城市群中，发达国家有5个，发展中国家占到10个，预计到2015年，前15个城市群中，发达国家只有2个，其余13个均属于发展中国家（项光勤，2004）。我国城市群空间分布呈现不均衡状态（图3－17），16个城市群中的7个分布在东部沿海，中部有6个，西部仅3个。姚士谋等人认为现存的长江三角洲城市群、京津唐城市群、珠江三角洲城市群、辽中南城市群和四川盆地城市群等5个超大型城市群，其中4个分布在东部，只有四川盆地城市群分布在西部（姚士谋，朱英明，陈振光等，2001）。

（2）我国城镇化面临的形势比较严峻

我国已进入城镇化的高速发展阶段，城镇化水平将在较短的时间内大幅度的提升，21世纪的前50年将是我国城镇化的高速成长阶段（严正，2004）。随着我国社会生产力的发展，农村剩余劳动力不断增加，其中的大部分要转换为城镇人口。2010年我国农村人口6.7113亿，若以这一人口数据为基础，我国城镇人口机械增长率每增加一个百分点，就要有671.13万农村人口转变为城镇人口，就相当于我国增加6个百万以上人口的大城市。同时，我国城镇中还存在一定数量的失业人口，因此，农村剩余人口进城和失业人口再就业是我国城镇化进程中面临的重要问题。

### 3.5.3 中原城市群经济整合的省域城镇化发展环境

#### 3.5.2.1 河南省城镇化进程存在阶段性特征

选取1978—2010年河南省城镇化率，判断河南省的城镇化发展历程（图3－18）。2005年河南省城镇化率为30.65%，进入城镇化的高速发展阶段。由图3－18，以1995年为界将二十多年来的河南省城镇化进程分为两个阶段：城镇化的缓慢发展阶段（1978—1995年），城镇化水平由13.63%增加到17.19%，升高了3.56个百分点，年均增长0.209个百分点，年均增长率为1.374%；城镇化快速增长阶段（1995—2010年），城镇化水平由17.19%提高到38.80%，15年时间增加了21.61个百分点，年均增长1.44个百分点，年均增长率为5.577%。

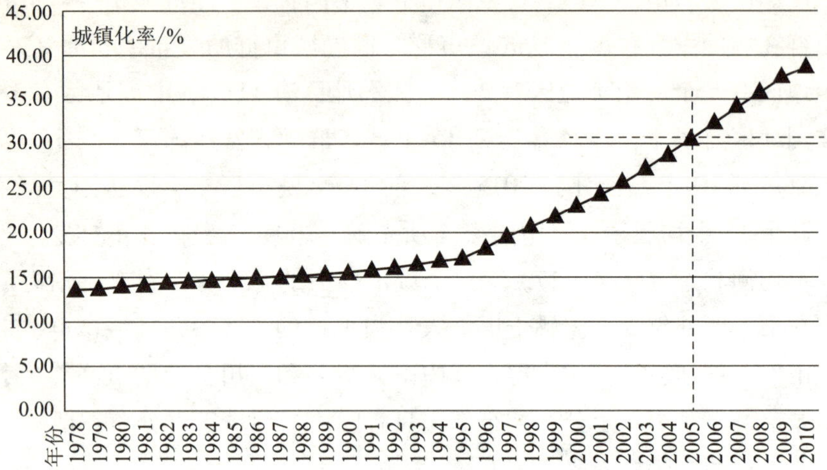


**图3-18 1978-2010年河南省城镇化进程判读①**

3.5.2.2 河南省城镇化发展存在空间集中现象

计算1980年、1990年、2000年、2010年等时间段的各县域单元非农业人口比重和河南省该数值的比重，据此河南省各县域单元分为两类区域：一类区域（≥100%）和二类区域（<100%）。一类区域是对全省城镇化的贡献区域，其结果如图3-19（1980年）、3-20（1990年）、3-21（2000年）、3-22（2010年）。

**图3-19 1980年河南省城镇化空间结构**

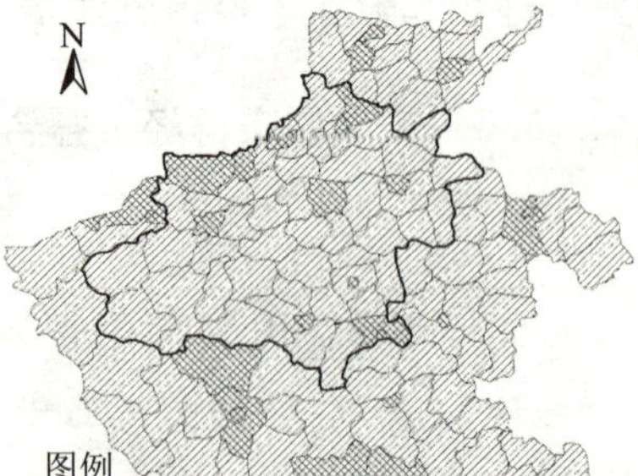


**图3-20 1990年河南省城镇化空间结构**

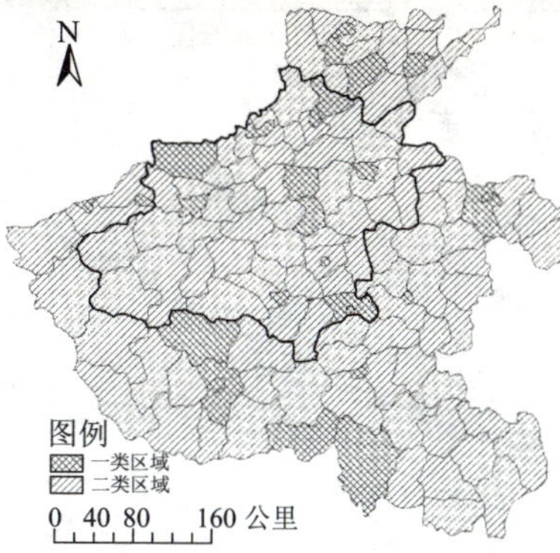


图 3-21 2000 年河南省城镇化空间结构

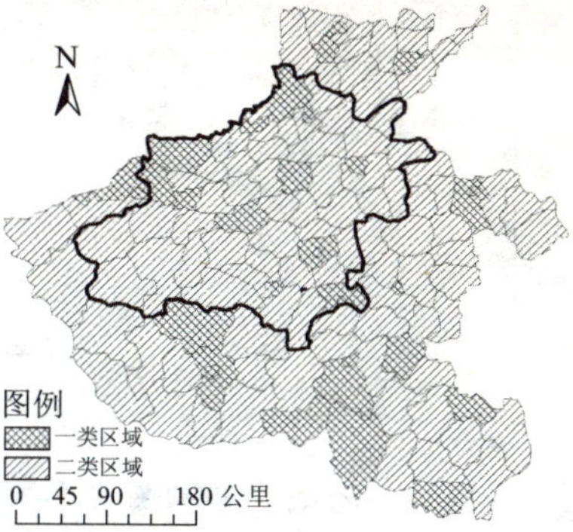


图 3-22 2010 年河南省城镇化空间结构

1980 年（图 3-19）一类区域有 23 个，其中省辖市占 18 个，中原城市群内有 11 个；20 个一类区域呈相对均衡的分散状态。1990 年（图 3-20）一类区域有 25 个，非省辖市增加到 7 个；25 个一类区域呈现相对均衡状态分布，中原城市群内增加到 12 个。2000 年（图 3-21）一类地区有 24 个，中原城市群有 12 个；空间分布上依旧保持分散状态。2010 年（图 3-22）一类区域有 30 个，其中中原城市群有 14 个，增加的 6 个非省辖市中，2 个分布在中原城市群；中原城市群内围绕新乡、洛阳、郑州出现块状区域，城市群外部分散较为松散。

近三十年来，河南省城镇化发展缓慢，一类区域的空间分布在较长时间内保持相对均衡状态，增长较为缓慢。增加的一类区域多处于省辖市区附近，中原城市群的一类区域多于其他区域。显然，河南省城镇化发展存在空间集中的现象。

3.5.2.3 河南城镇化进程长期落后于全国水平

1978 年以来河南省城镇化进程开始加速，2005 年进入城镇化的中期阶段（城镇化率为 30.65%），而我国在 1996 年已经进入城镇化发展的中期阶段。但 1978—2010 年间河南省城镇化率始终低于全国水平（见图 3-23），两者的差值到 2003 年达到最大（13.32），然后开始减少，但 2010 年依旧为 11.15。表明河南省城镇化发展开始加速，但是尚不尽人意。

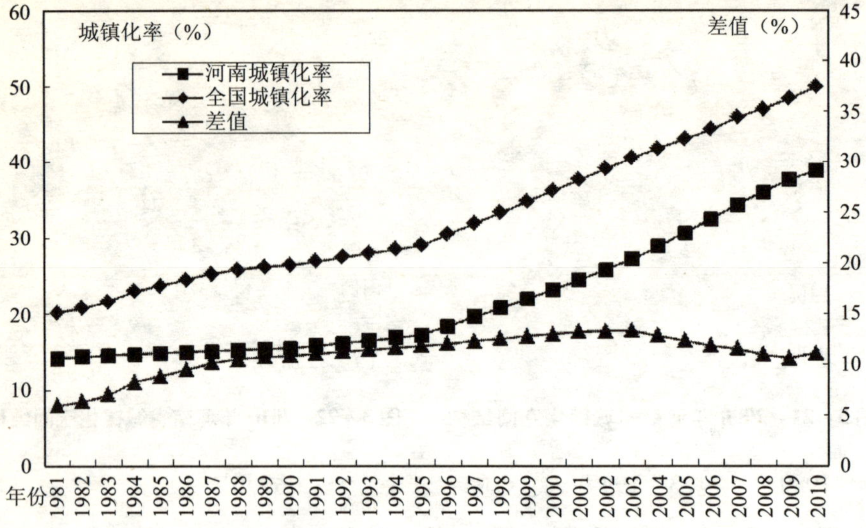


**图 3-23　1978—2010 年河南城镇化进程和全国的比较**

# 第4章　中原城市群经济整合的内部基础

## 4.1　中原城市群演化进程及形成发展条件

### 4.1.1　中原城市群演化进程

我国的城市最早诞生于中原地区（王发曾，1994），经过4000多年的发展，中原城市群已具雏形，它经历了城市群萌芽阶段、城市群缓慢发展阶段、城市群自然发展阶段、城市群组建发展阶段等四个发展阶段。

4.1.1.1　城市群萌芽阶段

据考古发掘，河南境内的偃师二里头文化遗址、登封王城岗遗址和淮阳平粮台城遗址是迄今我国最早的城镇，其出现的年代可以上溯至4000—4500年前夏代立国之初；公元前1056年周公旦营造洛邑，公元前770年东周迁都洛邑；公元前743—701年间，郑庄公“开拓封疆”，在今朱仙镇附近建“仓城”开封（王发曾，1994）。到春秋时期河南有大小城邑200多个，战国时期兼并至150多个，其分布以中原地区最为集中（王圣安，刘科伟，1995）。从秦汉到北宋是该地区城市高速发展的时期之一。西汉时期全国的19个都市中该区占有4个，东汉末年在全省范围内基本形成由都城、郡治、县城和小城邑组成的四级城镇网络，洛阳、郑州、开封则是这一网络的核心城市。隋唐时期，大运河的开凿，促进了洛阳和开封一带城镇的发展，洛阳成为唐朝的东都；开封自战国时期开通鸿沟水系后成为中原河网中心，唐时成为仅次于扬州的国际贸易中心；唐末开封成为五代的国都和历史上全国的第二个政治、经济中心（王圣安，刘科伟，1995）。隋唐特别是唐朝时期，相对稳定的国内环境和国内经济的迅速发展，促进了包括中原地区在内的城市的迅猛发展。洛阳和开封两个国都级城市在隋唐至北宋时期进入了全盛时期（王发曾，1994）。

#### 4.1.1.2 城市群缓慢发展阶段

北宋前期，河南城市得到快速发展，以洛阳、开封为中心的城镇体系渐趋成熟。但是，五代至元朝，由于政治、经济中心的转移以及战乱的影响，北宋时期城市发展的成果几乎被消耗殆尽，中原地区城市发展几乎处于停滞状态。近代以来，大运河水道淤堵、水量减少、黄河泛滥等导致水运地位的下降，铁路、公路运输的地位逐渐超过水运。随着铁路（陇海、道清、平汉铁路）和矿山（煤炭）的建设，古代封闭的城市结构、发展模式被打破，形成了一些新兴的运输枢纽城市（如郑州等）、工矿城市（如焦作、平顶山等）和商业城镇（如郑州等）。远离铁路、公路靠水路运输兴盛起来的城镇，由于交通运输条件的变化逐渐走向衰落，我国四大名镇之一朱仙镇的兴衰即是例证。在国内革命战争、抗日战争及解放战争时期，受战争等因素的影响，中原地区人口大量流失，区域城镇化发展缓慢。

#### 4.1.1.3 城市群自然发展阶段

建国初期，中原城市群地区只有郑州、开封、洛阳、许昌、漯河、新乡等6个城市，仅开封市是中等城市。“一五”时期河南作为重点建设和“三线”建设地区，工业和城市发展较快，矿业城市焦作和平顶山成为省辖市。1954年郑州成为省会城市，随着铁路枢纽和纺织工业基地的建设发展成为大城市；随着国家重点投资项目的实施，洛阳逐渐发展成为中等工业城市。20世纪六十至七十年代，城市布局变化比较小，城市数量基本稳定；随着一批骨干企业的投产，城市规模有所扩大，新乡和平顶山发展成为中等城市。改革开放以来，随着能源原材料工业的发展，中原地区成为国家重要能源化工基地，中原城市群的城市化进程开始加速。到1990年，中原城市群非农业人口比重达到17.52%，同期河南省非农业人口比重为12.86%，表明中原城市群城市发展化程度好于河南省。在城市群内部城镇数量不断增多、城区面积不断扩大的同时，城镇之间的联系也不断增强，城市群的雏形基本形成。在学术界开始关注中原地区城市群构建的同时（李润田，林富瑞，尚士英，1987），政府方面并没有明显的动作。这一时期，尽管城镇化发展受到国家及地方相关政策的影响，但是，中原城市群的发展基本上处于自然发展的状态。

4.1.1.4 城市群组建发展阶段

20世纪九十年代以来，中原城市群构建已成为学术界和政府部门的热点话题。1994年中国新亚欧大陆桥研究会联络处将中原城市群建设规划作为“十大”建设课题之一；1996年中原城市群建设被列入河南省“九五”规划和2010年远景建设规划。《河南省国民经济和社会发展第十个五年计划》和2003年的《河南省全面建设小康社会规划纲要》明确提出，今后若干年河南省经济空间结构布局和调整的重心是构建“中原城市群经济隆起带”。《河南省全面建设小康社会规划纲要》认定，空间上中原城市群包括郑州、洛阳、开封、新乡、焦作、许昌、平顶山、漯河、济源等9个省辖市市域，郑州为其中心。显然，随着政府行为的日渐凸显，中原城市群进入组建发展阶段。20世纪九十年代以来，中原城市群地区的社会与经济发展进入历史最好时期，1991—2010年间人均GDP增长速度为17.39%，2010年中原城市群城镇化率为46.07%，高于全省平均水平7.25个百分点。现在，中原城市群已经发展到相当的规模，2010年底中原城市群内部共有23个城市（占河南市总数的60.53%），371个镇（占河南镇总数的42.89%），城镇总量占到河南省总量的43.09%，城镇密度为72.74个/万$km^2$（河南当年的城镇密度为59.60个/万$km^2$）①。

① 数据来源：见参考文献［131］。

### 4.1.2 中原城市群形成发展的条件

4.1.2.1 优越的交通运输和区位优势

中原城市群北依京津冀城市群、东临长江三角洲城市群、南望珠江三角洲城市群、西接关中城市群，具有承东启西、连南通北之利。核心城市郑州是全国最大的铁路枢纽编组站，区内有河南公路港、郑州铁路东站、郑州航空港等三个一类口岸和6个二类口岸。京广、陇海、焦枝、新荷、深埠等铁路干线纵横分布，连霍高速、京珠高速、兰南高速、大广高速、郑民高速、107、106、310国道及省道、县乡道路等纵横交叉，密布其间。郑州至徐州、郑州至西安、郑州至北京、郑州至武汉铁路客运专线已经或即将开工建设。这些极大地提高了中原城市群的交通和区位优势。

4.1.2.2 丰富的自然资源

该区域已发现的矿产资源超过全省的60%，其中钼矿、铝土矿、铅锌矿、耐火粘土、水泥灰岩、煤炭等矿产资源储量在全国具有明显优势，主要矿产资源埋藏集中、品位较高，具备大规模开发的价值。煤炭资源储量在5亿吨以上的煤田主要分布在焦作、新安、偃师、荥阳、巩义、平顶山、禹州等地；铝土矿主要分布在新安、巩义、禹州、鲁山、宝丰，铝土矿矿质优，埋藏浅，为发展大型炼铝工业创造了优越的条件；栾川的钼矿为全国最大的钼矿之一；铅锌矿主要分布在洛阳一带；铁矿主要分布在平顶山一带（李润田，林富瑞，尚士英，1987）。粮食、油料、畜产品、花木、烟叶、中药材等农产品资源在全国也占有重要地位。

4.1.2.3 丰厚的历史文化底蕴

中原地区是华夏文明的发源地之一，历史上曾是中华民族的政治、经济、文化中心，是中原文化的发源地和主要分布区。洛阳、开封和郑州是我国八大古都和历史文化名城。区内科技教育文化事业发达，河南大学、郑州大学、解放军信息工程大学、解放军外国语学院等在全国具有一定影响力的河南省著名大学几乎全分布于该区；区内有普通高校62所，占全省普通高校总数的76.66%，2010年普通高等学校在校大学生有1116700人，占全省在校大学生总数的79.29%；专业技术人员有193779人，占到全省专业技术人员的73.93%①。

4.1.2.4　城镇化发展条件优越

中原城市群地区的城镇化发展基础较好、城镇体系较为完整。在以郑州为中心，距北京、南京、武汉、西安大体700公里的广大地域内，中原城市群地区的城镇分布最为密集、布局最为紧凑，是全省城镇化水平最高的地区，该区域城镇密度为72.74个/万$km^2$，是全省的1.22倍；2010年城镇化率为46.07%，高出全省平均水平8个百分点。郑东新区和洛阳新区建设已初具规模，一些城市通过老城改造和新区建设优化了原有的城市空间布局，为区域城市化发展奠定了基础。中原城市群地区的这些具有一定等级规模的、职能类型的城镇形成了较为完整的城镇体系。

4.1.2.5　综合经济实力突出

2010年中原城市群GDP总量为13375.36亿元，地方财政收入一般预算内收入为886.03亿元，分别占全省比重的57.92%和64.14%；全社会固定资产投资为9366.28亿元，社会消费品零售总额为4602.13亿元，外贸进出口总额为133.6765亿美元，分别占全省比重的56.47%、57.54%、75.13%；年末居民储蓄总额7355.75亿元，占全省比重的57.09%。2010年中原城市群人均GDP为32160元，人均财政收入2130元，分别高于全省平均水平31.56%和45.05%。城市群内部有一大批在全省、全国领先的骨干企业和产业群落，铝电、汽车、农机和电力成套设备、食品加工、纺织等在全国有重要地位；其商贸、金融、现代物流、房地产等服务业在全省处于领先地位。

4.1.2.6　市场发育状况较好

依托优越的交通区位条件，区内和区际的商品流动逐步增强，郑州商品交易所已经发展成为全国粮油信息中心、交易中心和价格中心。中华粮网集交易服务、信息服务、价格发布及社区服务四大功能于一体，是国内粮食行业最大的电子商务门户网站。郑州粮食批发市场、双汇连锁商业等大型企业辐射面已达全国大多数省市区，郑州银基商贸城名列全国服装单

① 数据来源：见参考文献［131］。

体市场第一。区内药材、服装、建材、花卉等一批大型商品批发交易市场在全国均有一定影响，基本形成了有形市场和无形市场、期货市场和现货市场、批发市场和零售市场相结合的多层次、多门类的商品市场体系。随着城乡居民收入的稳步提高、城镇化发展进程的加快以及现代物流设施的完善，巨大的潜在需求将逐步转化为现实购买力，有力地促进区域消费需求的快速增长，进而对经济发展产生持久的拉动作用。

## 4.2 中原城市群经济发展基础

### 4.2.1 中原城市群经济空间结构演变

将56个县域及省辖市区作为基本研究单元，分别选取1990年、2000年、2010年等3个年份各个基本地域单元的人均GDP数据，利用IDW空间插值法生成以1000元为间隔的人均GDP等高值图，其结果如图4－1（1990年）、4－2（2000年）、4－3（2010年）。

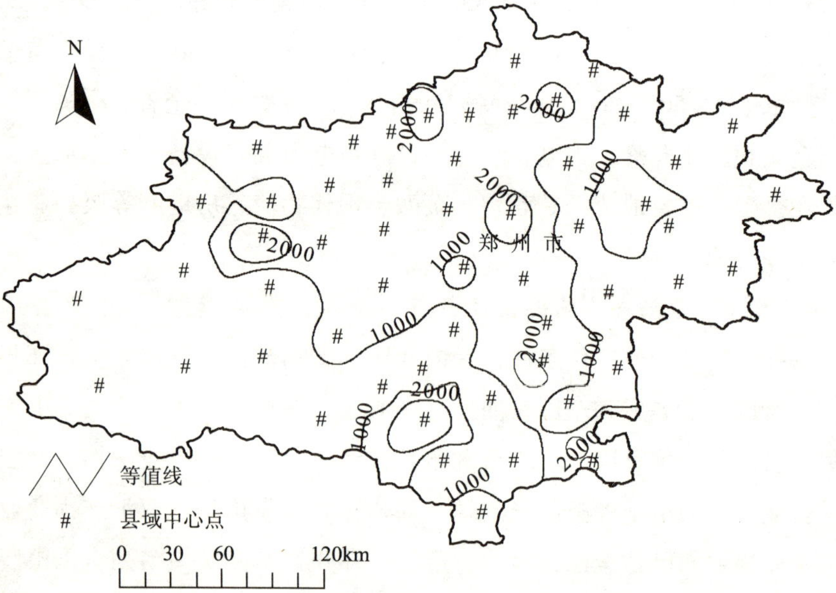


**图4－1 1990年中原城市群人均GDP的空间递变**

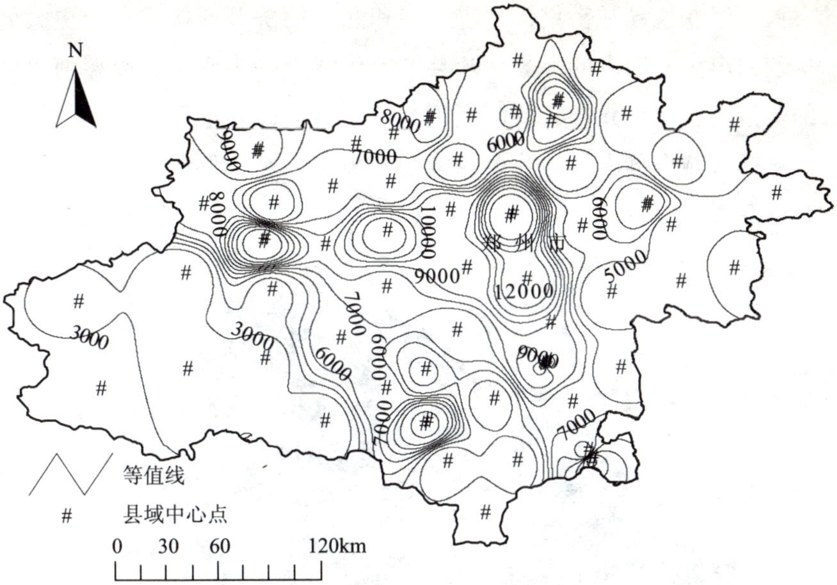


图 4-2 2000 年中原城市群人均 GDP 空间递变

由图 4-1，1990 年的人均 GDP 等值线图上，仅在郑州市区、洛阳市区、新乡市区、焦作市区、平顶山市区等中心点形成闭合的等值线，人均 GDP 的等值线分布稀疏，表明在中原城市群中各个基本地域单元中心点之间的经济差异不明显，还没有形成实力强大的区域经济中心，经济的空间集中也不明显。由图 4-2，人均 GDP 等值线的分布密集，在郑州市区、洛阳市区、平顶山市区、新乡市区等 4 个基本地域单元中心点形成明显的等值线密集区，并闭合形成谷峰。同时，在南北方向上，郑州市区-新郑市一线形成一个马鞍形的等值线密集区；在东西方向上，郑州市区-巩义市-洛阳市区一线形成一个马鞍形的等值线密集区，东西方向和南北方向上的马鞍形等值线密集区，南部的许昌市区加入，有发展为三角形等值线密集区的趋势。这表明中原城市群内"块状经济中心"正在形成，经济集中趋势开始显现。由图 4-3，2010 年中原城市群内部人均 GDP 的等值线分布更为密集，9 个省辖市区周边的等值线异常密集。2000 年于郑州市区—巩义市—洛阳市区一线形成的等值线密集带得到进一步强化，向北的新乡市区，向南的许昌市区、向东的开封市区逐渐加入这一板块。在城市群的西部，洛阳市区、孟津县、偃师市等之间的等值线密集区，经过近十年的发展已经变得异常密集，并进一步和北部的济源连接成一个更大的板块。平顶山市区和周围的郏县、叶县的等值线进一步密集，以漯河市区为中心的等值线也变得异常密集，平顶山、漯河、许昌正形成更大的经济密集区。这样，城市群内部的几个经济增长板块正逐步形成，新型经济增长极正在逐渐形成。

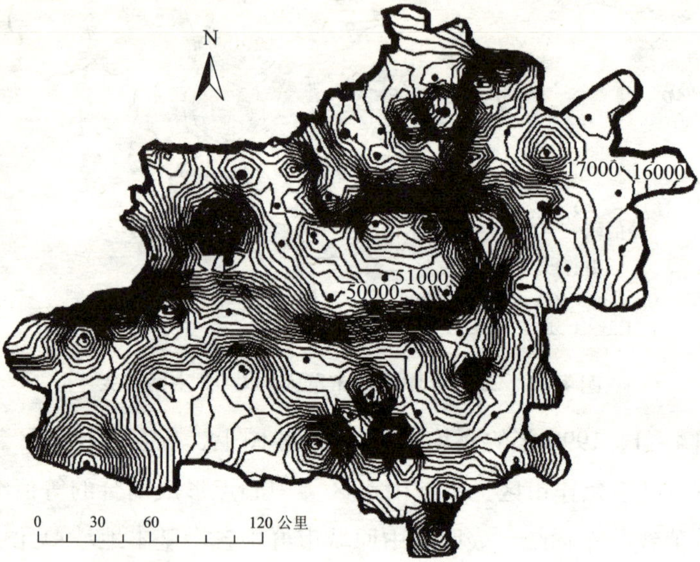


**图 4－3　2010 年中原城市群人均 GDP 空间递变**

在时间序列上，1990—2010 年间中原城市群经济取得了较快的发展，区域经济呈现向郑州市区、洛阳市区、平顶山市区、巩义市、新乡市区、漯河市区、济源市等地不断集中的趋势，城市群内部的区域性经济中心正不断强化。城市群内部"经济密集区域"出现，地域空间范围不断扩展，也表明中原城市群的块状经济区正在形成。

### 4.2.2　中原城市群的产业结构现状

产业结构是区域经济发展的结果和基础。选取 2000 年和 2010 年的相关数据，进行中原城市群和我国三大城市群三次产业结构的对比分析（表 4－1）。2000 年中原城市群三次产业结构和全国的三次产业结构相似，呈现"二、三、一"的形式，三大城市群的产业结构也呈现出相同的表现形式。但是，中原城市群第一产业比重却几乎高出长江三角洲城市群第一产业比重

6个百分点，也高出其他两个城市群第一产业比重4个多百分点。中原城市群第三产业比重低于京津冀城市群第三产业比重差不多7个百分点，也低于其他城市群第三产业比重4个多百分点。中原城市群第二产业比重和我国三大城市群第二产业比重相差不大。2010年中原城市群三次产业结构依旧呈现出“二、三、一”的形式，这和全国及三大城市群的三次产业结构形式是一致的。中原城市群第二产业的比重高达60.67%，高过三大城市群及全国的比重。中原城市群第三产业比重较2000年下降了约4.71个百分点。中原城市群第三产业比重和三大城市群第三产业比重的差距进一步拉大，它和京津冀城市群的差距更是高达约19.54个百分点。近十年来中原城市群三次产业结构不断优化，第二产业特别是工业的加速发展表明其产业结构向加强工业发展的方向调整，但第三产业发展缓慢是不容忽视的问题。

**表4－1　中原城市群和三大城市群产业结构比较（2000年（上列）和2010年（下列））（%）**

| 城市群 | 第一产业占GDP比重 | 第二产业占GDP比重 | 第三产业占GDP比重 |
|---|---|---|---|
| 全国 | 15.90 | 50.90 | 33.20 |
| 长江三角洲城市群 | 9.28 | 51.03 | 39.69 |
| 珠江三角洲城市群 | 10.35 | 50.39 | 39.26 |
| 京津冀城市群 | 10.73 | 46.96 | 42.31 |
| 中原城市群 | 15.23 | 49.38 | 35.39 |
| 全国 | 10.10 | 46.80 | 43.10 |
| 长江三角洲城市群 | 4.65 | 50.13 | 45.22 |
| 珠江三角洲城市群 | 5.00 | 50.00 | 45.00 |
| 京津冀城市群 | 6.84 | 43.30 | 50.22 |
| 中原城市群 | 8.65 | 60.67 | 30.68 |

## 4.3　中原城市群核心城市内部影响效应分析

### 4.3.1　计算方法

分形理论可以用来分析城市群内部核心城市对其它城镇的吸引力。一般说来，城市群内部的其它城镇会围绕核心城市呈凝聚状态分布。假设以中心城市为圆心，不同半径作圆，若中心城市对落入不同圆圈内的城市的平均吸引力与半径呈幂指数分布，即两者呈对数线性关系，则可表明该城市体系内的城市分布、中心城市对周边城市的辐射能力呈现出分形特征（凌怡莹，徐建华，岳文泽，艾彬，2004）。

以半径 $R$ 为圆圈，中心城市对落于该圆内的各城镇的平均吸引力为：

$$S = \sum_{i=1}^{n} \frac{I_i}{n}, 其中, I_i = \frac{PP_i}{r_i^2},$$

式中：$S$ 表示中心城市对各个城镇的平均吸引力；$I_i$ 表示中心城市对各个城镇的吸引力；$n$ 为城镇数目；$P$ 为中心城市的非农业人口；$P_i$ 为第 $i$ 个城镇的非农业人口；$i(i=1, 2, 3, \cdots, n)$ 为城市群内部的城市个数；$r_i$ 为中心城市到第 $i$ 个城市的距离。

如果关系：$S = \propto R^{-D}$ 成立，则可以说中心城市的吸引力呈现出分形特征，那么可用如下线性关系表示：$\ln S = A - D\ln R$，

其中，$R$ 表示半径；$A$ 表示常数；$D$ 可以作为分形维数即空间聚集维数，其地理意义在于：当 $D<2$ 时，中心城市对周边城市的吸引力从中心向四周逐渐衰减；当 $D=2$ 时，表示中心城市对周边城市的吸引力从中心向四周均匀变化；当 $D>2$ 时，表示中心城市吸引力从中心城市向四周逐渐增大。

而步长可以由 $Rs$ 来求取，

$$Rs = \left(\left[\frac{1}{n}\sum_{i=1}^{S} r_i^2\right)^{\frac{1}{2}}\right),$$

式中：$Rs$ 为平均半径；$r_{ij}$ 表示第 $i$ 个城镇到中心城市的欧氏距离（称重心距）；$n$ 为城镇个数；…[…]表示平均。

### 4.3.2 核心城市对城市群城镇吸引力计算结果

将郑州市区作为中原城市群的核心城市，计算其对中原城市群各个城镇的吸引力。借助中原城市群 56 个基本地域单元（城镇）中心点的直线距离计算各个城镇间的平均半径 $Rs$，得到 $Rs = 134990.96$m。以 $\Delta R = 13499.096$m 步长作为以 $R$ 为距离标度，以 $R_0 = 40497.28$m 为起始距离标度，运用中原城市群地区各个基本地域单元 2010 年的非农业人口数据，计

算 $S$ 值，得到点列（$R$，$S$）（表4－2）。据表4－2，以 $\ln S$ 为纵坐标，以 $\ln R$ 为横坐标，做出相应的散点图（见图4－4），并拟合其线性回归方程为：$\ln S = 1.7238\ln R - 12.447$，相关系数 $R^2 = 0.8732$。表明核心城市郑州市区的吸引力呈分形特征，空间聚集维数 $D = 1.7238 < 2$，说明郑州市区对其周边城镇的吸引力从中心逐渐向四周衰减，呈非线性、不均匀变化，越往四周衰减速度越快。显然，核心城市郑州市区对城市群其他城镇的吸引力尚不足够大，还不足以完全担当城市群核心城市的重任。

**表4－2　中原城市群核心城市标度 $R$ 与各基本地域单元中心点的平均吸引力 $S$ 矩阵**

| 序号 | 1 | 2 | 3 | 4 | 5 | 6 | 7 |
|---|---|---|---|---|---|---|---|
| $R$ | 40497.29 | 53996.38 | 67495.48 | 80994.57 | 94493.67 | 107992.77 | 121491.86 |
| $S$ | 273.14 | 273.14 | 1011.45 | 1618.00 | 2186.53 | 2408.17 | 3171.17 |
| 序号 | 8 | 9 | 10 | 11 | 12 | 13 | 14 |
| $R$ | 134990.96 | 148490.05 | 161989.15 | 175488.24 | 188987.34 | 202486.44 | 215985.53 |
| $S$ | 3485.60 | 3876.90 | 3915.39 | 3980.58 | 3980.58 | 4004.76 | 4022.66 |

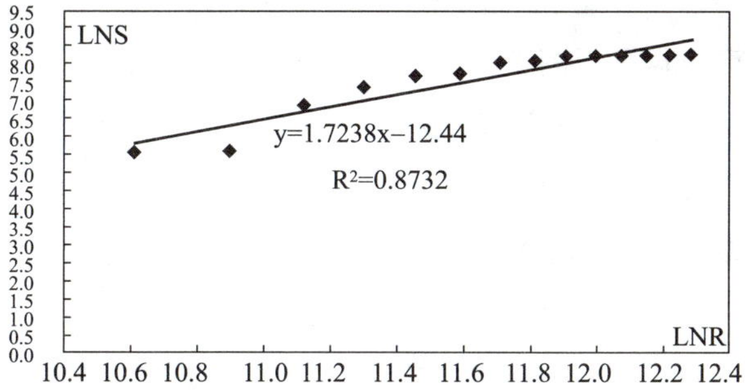


**图4－4　中原城市群核心城市对城镇吸引力的双对数坐标图**

## 4.4　中原城市群核心城市综合实力的对比分析

### 4.4.1　核心城市对城市群经济增长的贡献率

核心城市对城市群经济增长的贡献率可更为准确的反映其在该城市群中的经济地位，预示其对城市群的经济影响力。选取2010年的GDP数据，分别计算核心城市对长江三角洲城市群、珠江三角洲城市群、京津冀城市群和中原城市群 GDP 增长的贡献率（表4－3）。由表4－3，核心城市对城市群 GDP 增长贡献率最高的城市群是京津冀城市群，北京市对京津冀城市群经济增长的贡献率达到32.27%，郑州市对中原城市群 GDP 增长的贡献率达到30.21%，两者相差不大。说明郑州的影响力正在不断增加。

**表4－3 城市群核心城市对城市群 GDP 增长的贡献率比较**

| 城市群 | 长江三角洲城市群 | 珠江三角洲城市群 |
|---|---|---|
| 核心城市贡献率（%） | 19.88 | 23.36 |
| 城市群 | 京津冀城市群 | 中原城市群 |
| 核心城市贡献率（%） | 32.27 | 30.21 |

### 4.4.2 核心城市对国家经济增长贡献率

核心城市对国家经济增长的贡献率反映了它在国家经济发展中的影响，这和城市群在全国的经济地位息息相关。选取2010年国内生产总值（图4－14a）、工业生产总值（图4－14b）、固定资产投资总额（图4－14c）和地方财政预算内收入（图4－14d）等指标①，选择我国主要城市群的核心城市（含辖县），主要有北京市、天津市、沈阳市、大连市、哈尔滨市、上海市、福州市、厦门市、济南市、青岛市、郑州市、武汉市、长沙市、广州市、深圳市、重庆市、成都市、西安市等共18个城市，计算每个核心城市某一指标占全国相应指标的比重来说明城市群核心城市对国家经济增长的贡

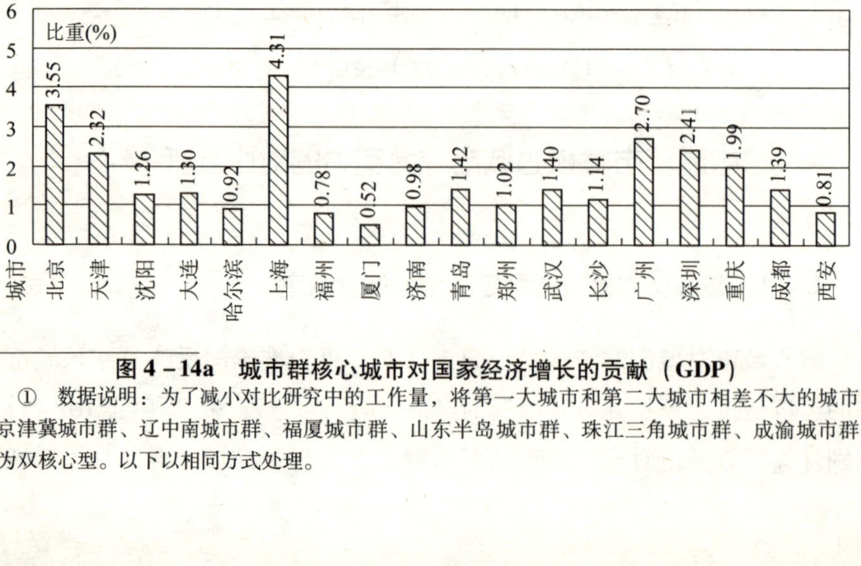


**图4－14a 城市群核心城市对国家经济增长的贡献（GDP）**

① 数据说明：为了减小对比研究中的工作量，将第一大城市和第二大城市相差不大的城市群如京津冀城市群、辽中南城市群、福厦城市群、山东半岛城市群、珠江三角洲城市群、成渝城市群等视为双核心型。以下以相同方式处理。

献。由图4－14a，核心城市对国家GDP增长的贡献率，上海市高居榜首，达到为4.31%；排在后三位的分别为厦门市（0.52%）、福州市（0.78%）、西安市（0.81%），郑州市对国家GDP的贡献率为1.02%，排在倒数第六位。由图4－14b，核心城市工业对国家工业生产总值的贡献

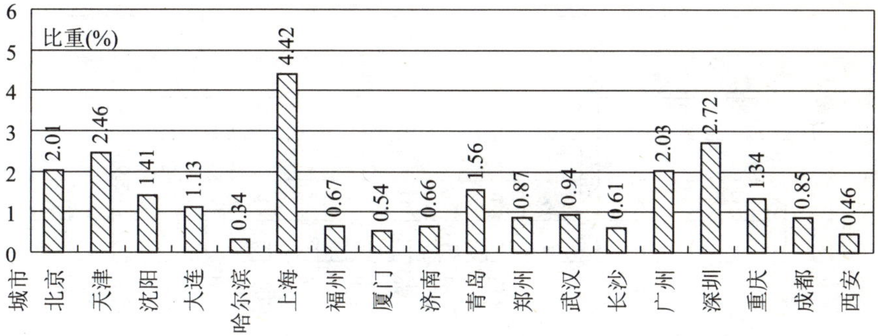


**图4－14b　城市群核心城市对国家经济增长的贡献（工业生产总值）**

率，上海市最高，达到4.42%；深圳市、天津市紧跟其后；郑州市与上海市的差距比较显著，郑州市工业生产总值的贡献率仅仅达到0.87%，高于哈尔滨市、福州市、厦门市、济南市、长沙市、西安市、成都市，排在倒数第8位。由图4－14c，核心城市固定资产投资占国家固定资产投资的比重，重庆市最高（2.60%）；而郑州市固定资产投资占国家固定资产投资的比重仅达到1.03%，高于哈尔滨市、福州市、济南市、深圳市和厦门市。由图4－15d，核心城市地方财政预算内收入占国家财政预算内收入贡献率，上海市高居榜首，占到8.33%，郑州市地方财政预算内收入对全国财政预算内收

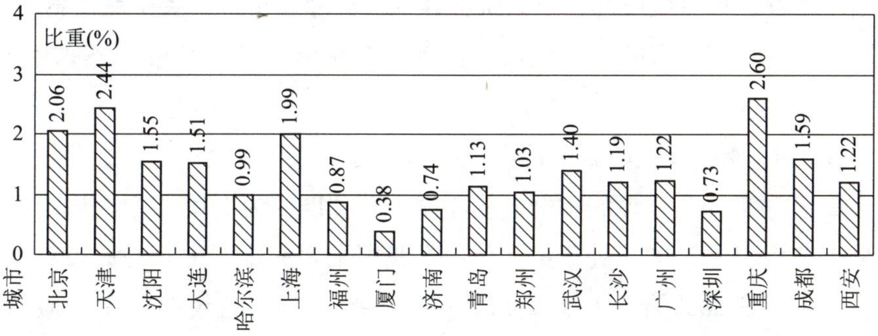


**图4－14c　城市群核心城市对国家经济增长的贡献（固定资产投资）**

入的贡献率为 1.12%，尽管排名居中，但是和上海市、北京市、天津市、深圳市等城市对国家财政预算内收入的贡献率相比，相差较大。综合分析认为，郑州市对国家经济增长的贡献明显偏低，说明中原城市群的核心城市郑州市在全国的影响比较有限，它也制约了中原城市群在全国的影响。

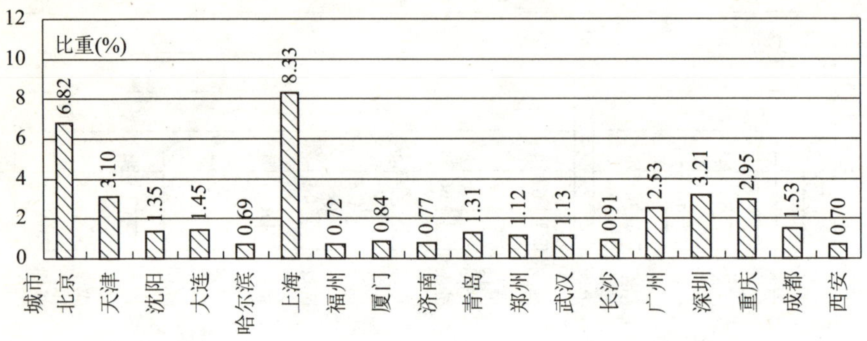


**图 4－14d　城市群核心城市对国家经济增长的贡献（地方财政预算内收入）**

### 4.4.3　核心城市首位度

城市的人口规模可以在一定程度上反映城市在区域社会与经济对区域的影响程度。首位度是衡量区域城市规模分布状况的一种常用指标，也是衡量核心城市对城市群社会经济影响力的重要指标之一。城市首位度是指区域内部最大城市与第二位城市人口的比值（许学强，周一星，宁越敏，1997）。选取 2010 年我国长江三角洲城市群、京津冀城市群、哈大齐城市群、山东半岛城市群、武汉城市圈、成渝城市群、珠江三角洲城市群、辽中南城市群、福厦城市群、中原城市群、长株潭城市群、关中城市群等 12 个城市群的相应城市的人口数据，计算各个城市群核心城市（不含辖县）的城市首位度（表 4－4）。

在表 4－4 中，核心城市首位度最高的城市群是武汉城市群，首位度达到 7.29；最低的是福厦城市群，核心城市首位度仅为 1.05；中原城市群核心城市首位度为 3.07，处于第四位，在我国主要城市群中核心城市首位度较大。考虑到 2009 年，核心城市首位度仅为 1.78。这说明在中原城市群内部首位城市郑州市区和人口第二大城市洛阳市区的人口规模相差实际并不大，同时，也说明核心城市郑州市区对区域内部人口的吸引并不具有绝对优势。此外，还有另外一种解释：洛阳市区正在成长为中原城市群内的另一个核心城市，未来的中原城市群将是一个双核心城市。

**表4-4　2010年我国主要城市群城市首位度对比分析**

| 城市群 | 首位度 | 城市群 | 首位度 |
| --- | --- | --- | --- |
| 长江三角洲城市群 | 2.45 | 珠江三角洲城市群 | 2.56 |
| 京津冀城市群 | 1.47 | 辽中南城市群 | 1.69 |
| 哈大齐城市群 | 3.33 | 福厦城市群 | 1.05 |
| 山东半岛城市群 | 1.26 | 中原城市群 | 3.07 |
| 武汉城市圈 | 7.29 | 长株潭城市群 | 3.00 |
| 成渝城市群 | 2.88 | 关中城市群 | 3.94 |

# 第5章　中原城市群经济整合总论

分析中原城市群经济整合的可能性，描述中原城市群经济整合的现状，提出中原城市群经济整合的模式，提出中原城市群经济整合的基本路径。

## 5.1　中原城市群经济整合的可能性

### 5.1.1　中原城市群地区不同地域单元之间的差异较小

区域经济发展水平和经济体制对城市群经济整合具有重要影响，经济发展水平影响区域间的利益分配，经济体制影响区际经济整合的体制环境。经济发展水平相近和经济体制相似会使区域间经济整合的矛盾与摩擦较少。

运用区域差异系数研究中原城市群的产业区域发展差异状况，并和河南省整体情况进行比较。区域差异系数的表达式为：

$$d = \frac{\sqrt{\dfrac{\left(\sum_{i=1}^{n}(y_i - \bar{y})^2 \times p_i\right)}{\sum_{i=1}^{n} p_i}}}{\bar{y}},$$

式中：$d$ 表示某一指标的区域差异系数，$d(0\leqslant d\leqslant 1)$ 值越大区域差异越大；$y_i$ 表示不同地市某指标的人均值；$\bar{y}$表示中原城市群或者河南省该指标人均值的平均值；$p_i$ 表示不同地市的人口数量；$i(i=1, 2, 3, \cdots, n)$ 表示中原城市群内部或者河南省的省辖市数目。

选取2000年和2010年中原城市群人均GDP、三次产业和工业生产总值等数据，计算中原城市群和河南省不同产业和人均GDP的区域差异系数（表5－1）。2000年中原城市群人均GDP、第一产业、第二产业和工业的区域差异系数均比较小，不超过0.4，只有第三产业的区域差异系数达到0.5140；河南省除第一产业外，其他产业和人均GDP的区域差异系数均高于中原城市群的区域差异系数。2010年中原城市群和河南省相似，人均GDP和第一产业的区域差异系数下降，第二产业、第三产业和工业的区域差异系数增加，但增加不大。2004年和2010年除第一产业外，河南省的人均GDP、第二产业、第三产业、工业等的区域差异系数均大于中原城市群的区域差异系数，但是，这两者相差均不大。综合分析认为，中原城市群经济整合地域单元之间的区域差异比较小，从而使中原城市群的经济整合成为可能。

Yi Feng等人①（Yi Feng，Gaspare M. Genna，2004）的研究发现，区域经济体制的相似性越大，区域间经济整合的水平越高。中原城市群各个省辖市间基本经济体制不存在差异，这是中原城市群经济整合的体制基础。

**表5－1　中原城市群与河南省区域差异系数比较（2000年和2010年）**

| 区域 | 人均GDP | 第一产业 | 第二产业 | 工业 | 第三产业 |
|---|---|---|---|---|---|
| 中原城市群（2000） | 0.3180 | 0.3300 | 0.3610 | 0.3520 | 0.5140 |
| 河南省（2000） | 0.3980 | 0.2320 | 0.5270 | 0.5380 | 0.6450 |
| 中原城市群（2010） | 0.4141 | 0.3384 | 0.3213 | 0.3207 | 0.5113 |
| 河南省（2010） | 0.7585 | 0.2684 | 0.5091 | 0.5307 | 0.5977 |

① Yi Feng，Gaspare M. Genna. Measuring Regional Integration. 2004. http：//lowe. claremontmckenna. edu.

### 5.1.2 中原城市群地区城镇分布密集

在城市成长过程中，城市间距离影响城市的腹地范围，并可能影响单个城市的发展规模，但是，间距小，发展条件好，则利于形成城镇密集分布的区域。如果该地域内城市间要素吸引力与牵制力较强，就为城市群的形成发展提供了较好的城镇基础，它也是城市群经济整合的基础。中原城市群城镇空间分布存在利于经济整合的基本条件：

首先，中原城市群城镇分布密度比较大。2010 年中原城市群面积 5.87 万 $km^2$，有 9 个省辖市、14 个县级市、33 个县城、371 个镇，城镇密度达到 72.74 个/万 $km^2$。当年，河南省 18 个省辖市、20 个县级市、88 个县城、865 个镇，城镇密度为 59.60 个/万 $km^2$，中原城市群城镇密度是河南省城镇密度的 1.22 倍。

表 5－2　中原城市群地区不同省辖（管）市区之间的公路距离（公里）

| 公路距离 | 郑州市区 | 洛阳市区 | 开封市区 | 新乡市区 | 焦作市区 | 平顶山市区 | 许昌市区 | 漯河市区 | 济源市区 |
|---|---|---|---|---|---|---|---|---|---|
| 郑州市区 | 0 | 144.21 | 66.58 | 74.16 | 93.57 | 159.95 | 92.09 | 145.69 | 126.10 |
| 洛阳市区 | 144.21 | 0 | 197.90 | 187.32 | 115.96 | 195.61 | 228.30 | 285.07 | 63.65 |
| 开封市区 | 66.58 | 197.90 | 0 | 127.84 | 141.99 | 214.19 | 150.03 | 205.33 | 206.09 |
| 新乡市区 | 74.16 | 188.35 | 127.84 | 0 | 62.29 | 234.48 | 167.23 | 219.80 | 130.67 |
| 焦作市区 | 93.57 | 115.96 | 141.99 | 62.29 | 0 | 246.56 | 184.46 | 231.87 | 68.38 |
| 平顶山市区 | 159.95 | 195.61 | 214.19 | 234.48 | 246.56 | 0 | 63.95 | 118.55 | 248.41 |
| 许昌市区 | 92.09 | 228.30 | 150.03 | 167.23 | 184.46 | 63.95 | 0 | 54.09 | 218.19 |
| 漯河市区 | 145.69 | 285.07 | 205.33 | 219.80 | 231.87 | 118.55 | 54.09 | 0 | 271.79 |
| 济源市区 | 126.10 | 63.65 | 206.09 | 130.67 | 68.38 | 248.41 | 218.19 | 271.79 | 0 |
| 平均距离 | 112.79 | 177.38 | 163.74 | 150.47 | 143.14 | 185.21 | 144.79 | 191.52 | 166.66 |
| 最短距离 | 66.58 | 63.65 | 66.58 | 62.29 | 62.29 | 63.95 | 54.09 | 54.09 | 63.65 |
| 百公里城市数 | 4 | 1 | 1 | 2 | 3 | 1 | 3 | 1 | 2 |

其次，中原城市群主要城市间空间距离比较小。将中原城市群的政区图经投影和校正，借助 Arc GIS 9.3 中的 Point Distance Calculation 工具，计算获取各个城镇中心点的空间距离（表 5－2）。由表 5－2，每一省辖市区到其他省辖市区间的最短距离一般不超过 70km。在半径 100km 的空间内，

以郑州市区为中心有开封、新乡、许昌和焦作等4个省辖市区，以许昌市区为中心有郑州、平顶山和漯河等3个省辖市区，以焦作市区为中心有郑州、新乡和济源等3个省辖市区，以新乡市区和济源市为中心各有2个省辖市区。

### 5.1.3 中原城市群网络组织发育较好

中原城市群交通运输网络日益完备。中原城市群东西方向上有陇海铁路、连霍高速公路和310国道组成的复合交通轴，南北方向上有京广铁路、京珠高速公路、106国道和107国道组成的复合交通轴，此外，还有焦枝铁路、漯阜铁路和洛阳至上海的高速公路等。东西方向和南北方向的复合交通轴组成了中原城市群的路网骨架，城市群其他不同等级的公路密布其中，形成了中原城市群密集的交通运输网络。河南公路港、郑州铁路东站、郑州航空港等三个一类口岸和6个二类口岸以及其他不同等级的站点镶嵌在这个密集的交通运输网络中。

中原城市群路网密度较大。到2010年底，中原城市群公路总里程为88895km，占全省的36.27%，路网密度15143.99km/万$km^2$，河南省公路路网密度14675.97km/万$km^2$。等级公路：中原城市群公路里程70609km，占河南省的38.68%，路网密度12028.80km/万$km^2$，河南省路网密度10931.72km/万$km^2$。高速公路：中原城市群公路里程2280km，占河南省的45.45%，路网密度388.39km/万$km^2$，河南省路网密度300.37km/万$km^2$。一级公路：河南省公路里程564km，74.96%分布在中原城市群。二级公路：中原城市群公路里程11721km，占河南省的48.76%，路网密度1996.81km/万$km^2$，河南省的路网密度为1439.53km/万$km^2$。显然，中原城市群路网空间分布优于河南省。

中原城市群邮电通信较为发达。区域邮电通信状况采用邮政业务量和电信业务量等指标衡量。2010年，邮政业务量：中原城市群为33.80亿元，占河南省的48.63%；每万人业务量中原城市群为81.27万元，河南省为73.90万元。电信业务量：中原城市群为806.67亿元，占河南省的56.12%；每万人业务量中原城市群为1939.577万元，河南省为1528.29万元。显然，中原城市群地区的邮电通信发展状况要好于河南省的平均发展状况。

### 5.1.4 中原城市群存在经济整合的历史基础

中原地区悠久的城市发展史奠定了区域城市化的基础，也为中原城市群经济整合奠定了较好的历史基础。改革开放以来，河南省城市快速发展，在20世纪八九十年代有研究者提出了建设“郑洛焦新经济带”的设想，这是中原城市群的最初设想。20世纪八十年代末起，学术界针对中原城市群的研究逐渐增多。李润田等提出建设郑州—新乡—开封三角城市群，然后扩大城市群的范围，形成大型城市群（李润田，林富瑞，尚士英1987）。王发曾等在河南省城镇体系功能组织中提出了核心城市圈的构想（王发曾，袁中金，陈太政，1992）。以郑州为核心的中原城市群建设规划始于1994年中国新亚欧大陆桥发展研究会联络处（郑州市政府陇兰办）提出的“十大”建设课题之一；并于1996年正式列入河南省“九五”规划和2010年远景建设规划（龙同胜，邓志军，胡廷贤等，2000）。其时，中原城市群的范围包括郑州、洛阳、焦作、新乡、开封和许昌等六个省辖市域；但也存在一定的争议（范钦臣，1997；席荣珧，张丹，王建军等，1997；金学良，史保同，1999；龙同胜，邓志军，胡廷贤等，2000）。2001年《河南省国民经济和社会发展第十个五年计划》和2003年《河南省全面建设小康社会规划纲要》明确提出，构建“中原城市群经济隆起带”。中原城市群已进入政府组建实施阶段。明确界定中原城市群的空间范围：即以郑州为中心，包括洛阳、开封、新乡、焦作、许昌、平顶山、漯河、济源等共9个省辖市市域，这也是以后很多研究遵循的空间范围。中原城市群已由最初的设想走向实践，这是中原城市群经济整合的历史基础。

### 5.1.5 中原城市群存在经济整合的地域认同基础

资源基础。中原城市群为典型的大陆性季风气候，土地肥沃，利于农林牧副渔业等的综合发展。区内成矿条件优越，矿产资源品种多、储量大、开采方便，不少矿产在全国具有重要地位。这为中原城市群建立互异、互补、各有主导的区域工业体系提供了较好的资源条件。

文化基础。中原地区发展历史悠久，经过几千年的历史积淀，形成了典型的中原文化。中原城市群位于中原文化区，各个地域单元具有相同的文化渊源。

行政基础。中原城市群各省辖市行政上隶属于河南省，具有较长的历史。建国以来，很多行政单位间曾存在一定的行政隶属关系，如，郑州市下辖的新郑、密县、登封、巩县、荥阳5县原属于开封地区；新乡市、焦作市同属于新乡地区，许昌市、漯河市同属于许昌地区。长时期的行政隶属，使得行政单元间存在着较为密切的经济、社会联系。

## 5.2　中原城市群经济发展效果的定量分析

### 5.2.1　定量分析的理论依据

城市群经济发展效果对比分析的基本逻辑是：第一，城市是区域的经济增长极，城市化发展和经济发展存在较强的相关性。第二，城市人口规模和城市经济规模相适应。第三，可借助比较法，对比分析中原城市群的经济整合效果。第三，经济整合是中原城市群经济发展相对落后的一个主要原因（张占仓，杨延哲，杨迅周，2005；高见，2005；刘东勋，2005；姜山清，2004；耿明斋，2004）。第四，长江三角洲城市群、京津冀城市群、珠江三角洲城市群等存在经济整合问题，但要好于中原城市群。第五，三大城市群的发展效果至少在一定时期内是中原城市群追赶的目标。由此，可以将我国三大城市群作为中原城市群经济发展效果对比分析的目标。

进行社会经济研究时，会由于某些基础性因素的差异降低研究质量。因此，可参考某些相异的基础性条件，将对比项目的实际值转换为基于相同条件的值，即虚拟值。

### 5.2.2　定量分析的计算方法

虚拟值的计算公式为：

$$V_{zij} = \frac{U_i}{u} \times s_j, B_{ij} = \frac{V_{zij}}{V_{dij}} \times 100,$$

式中：$V_{zij}$表示基于某一限制条件的中原城市群 $j$ 指标相对目标城市群 $i$ 的虚拟值；$U_i$ 表示目标城市群 $i$ 的人口数量指标；$u$ 表示中原城市群人口数量指标；$s_j$ 表示中原城市群 $j$ 指标的实际值；$B_{ij}$ 中原城市群 $j$ 指标或项目的虚拟值占目标城市群 $i$ 的相应指标的比重；$V_{dij}$ 表示目标城市群 $i$ 的 $j$ 指标的实际值；$i(i=1, 2, 3, 4)$ 表示目标城市群数；$j(j=1, 2, 3, \cdots, 7)$ 表示对比指标的数目。

### 5.2.3 计算结果分析

选取长江三角洲城市群、珠江三角洲城市群、京津冀城市群和三个城市群的平均水平等作为对比的目标城市群，将非农业人口和总人口作为限制条件。选取 GDP 总量、工业总产值、第三产业总值、基本建设投资、区域财政收入、出口总额和外商投资额等作为进行对比分析的指标。选取 2010 年中原城市群及三大城市群的指标数据，计算中原城市群某一指标的虚拟值占目标城市群相应指标的比重（表 5－3）。

由表 5－3，以非农业人口作为限制条件，反映工业化发展程度的指标工业产值、反映生产潜力的指标基本建设投资两指标的比值均大于 100%；反映区域吸引外资能力的指标外商投资只有长江三角洲城市群的比值小于 100%；反映区域经济实力的指标 GDP、反映服务性产业发展状况的指标第三产业产值、反映对外经济实力的指标外贸出口的比值绝大部分低于 100%，其中出口总额的比值最低。说明以非农业人口作为限制性条件，中原城市群的总体状况不乐观。

**表 5－3　2010 年中原城市群和目标城市群经济发展效果对比（%）**

| | 比较项目 | GDP | 工业产值 | 第三产业 | 基本投资 |
|---|---|---|---|---|---|
| 相对非农业人口 | 中群虚拟值与京津冀的比值（%） | 67.16 | 139.79 | 59.19 | 111.04 |
| | 中群虚拟值与长三角的比值（%） | 84.38 | 104.50 | 57.26 | 125.41 |
| | 中群虚拟值与珠三角的比值（%） | 104.36 | 123.49 | 71.13 | 215.22 |
| | 中群虚拟值与平均水平的比值（%） | 92.71 | 117.51 | 61.29 | 137.69 |

续表

| | 比较项目 | GDP | 工业产值 | 第三产业 | 基本投资 |
|---|---|---|---|---|---|
| 相对总人口 | 中群虚拟值与京津冀的比值（%） | 67.16 | 96.90 | 41.03 | 76.97 |
| | 中群虚拟值与长三角的比值（%） | 48.48 | 60.03 | 32.89 | 72.05 |
| | 中群虚拟值与珠三角的比值（%） | 57.27 | 67.77 | 39.04 | 118.11 |
| | 中群虚拟值与平均水平的比值（%） | 55.42 | 70.24 | 36.64 | 82.30 |
| | 比较项目 | 财政收入 | 出口总额 | 外商投资 | |
| 相对非农业人口 | 中群虚拟值与京津冀的比值（%） | 59.03 | 22.61 | 183.25 | |
| | 中群虚拟值与长三角的比值（%） | 50.46 | 7.11 | 82.25 | |
| | 中群虚拟值与珠三角的比值（%） | 70.42 | 6.53 | 132.66 | |
| | 中群虚拟值与平均水平的比值（%） | 57.41 | 8.38 | 110.38 | |
| 相对总人口 | 中群虚拟值与京津冀的比值（%） | 40.92 | 15.67 | 127.03 | |
| | 中群虚拟值与长三角的比值（%） | 28.99 | 4.08 | 47.25 | |
| | 中群虚拟值与珠三角的比值（%） | 38.65 | 3.58 | 72.80 | |
| | 中群虚拟值与平均水平的比值（%） | 34.32 | 5.01 | 65.98 | |

由表5-3，以总人口作为限制条件，各个指标的比值除个别目标城市群外，基本上都低于三大城市群及其平均水平。其中，反映区域经济实力的指标GDP、反映工业化发展程度的指标工业产值、反映生产潜力的指标基本建设投资、反映区域吸引外资能力的指标外商投资等四个指标的比值，绝大部分都超过50%，其余三个指标的比值大部分在40%以下，而反映对外经济实力的指标外贸出口的比值大部分在百分之十左右。说明以区域总人口作为限制性条件，中原城市群的总体状况比较差。

由表5-3，中原城市群某对比指标的虚拟值占目标城市对应指标实际值的比重，以非农业人口为限制条件的结果要大于以总人口为限制条件的结果。其原因可能是由于不同区域的户籍政策相异，导致了不同区域非农业人口统计规模的差异，而利用总人口作为限制条件可在一定条件上弥补其不足。当然，相关统计中，流动人口没有统计进去，这也是当前存在的不足。

综合分析认为，由于中原城市群的经济不整合在相当程度上造成了中原城市群经济发展效果不理想，为此，需要进行中原城市群经济整合的研究，以促进其经济发展。

## 5.3 中原城市群产业整合现状分析

### 5.3.1 中原城市群主要产业同构化分析

5.3.1.1 *产业结构相似系数计算方法*

计算产业结构相似系数（同构系数）的基本步骤（胡荣涛，张许颖，苏明吾等，2001）如下：

第一，计算 $j$ 地区 $i$ 产业的总产出。计算公式为：

$$y_{ij} = \frac{Y_{ij}}{F_j},$$

式中：$Y_{ij}$表示 $j$ 地区 $i$ 产业部门的总产出。$i(i=1, 2, 3, \cdots, n)$ 表示产业部门数目；$j(j=1, 2, 3, \cdots, k)$ 表示地区数目；$F_j$ 表示 $j$ 地区 $n$ 个产业部门的总产出。

第二，计算 $k$ 个地区的总产出。计算公式为：

$$\overline{y_i} = \frac{Y_i}{Y} = \frac{\sum_{J=1}^{K} Y_{ij}}{\sum_{j=1}^{k} F_j},$$

式中：$\overline{y_i}$表示第 $i$ 个产业部门 $k$ 个地区的平均构成；$Y_i$ 表示 $k$ 个地区第 $i$ 个产业部门的总产出；$Y$ 表示 $k$ 个地区的总产出。

第三，计算第 $i$ 个产业部门的标准差。计算公式为：

$$\sigma_i = \sqrt{\frac{\sum_{j=1}^{k} (y_{ij} - \overline{y_i})^2 F_j}{\sum_{j=1}^{k} F_j}}。$$

第四，计算第 $i$ 个产业部门产出构成的最大期方差。计算公式为：

$$\overline{\sigma_i^2} = \left[1 - \frac{\sum_{j=1}^{k} F_j^2}{(\sum_{j=1}^{k} F_j)^2}\right]\overline{y_i^2} + \left[\sum_{j=1}^{k} (y_{ij} - \overline{y_j})^2 \frac{F_j^2}{(\sum_{j=1}^{k} F_j)^2}\right]。$$

第五，计算第 $i$ 个产业部门的同构系数。计算公式为：

$$\rho_i = 1 - \frac{\sigma_i}{\sqrt{\sigma_i^2}},$$

式中：$\rho_i$ 表示第 $i$ 个产业部门的同构系数。产业同构系数（相似系数）$\rho_i$ 的含义为：当 $\rho_i \to 1$ 时，表示第 $i$ 个产业部门在各个地区的分布越趋于相同；当 $\rho_i = 1$ 时，表示第 $i$ 个产业部门在各个地区的分布完全趋于相同；当 $\rho_i \to 0$ 时，表示第 $i$ 个产业部门在各个地区的分布越趋于不相同；当 $\rho_i = 0$ 时，表示第 $i$ 个产业部门在各个地区的分布完全不相同。

5.3.1.2　中原城市群产业结构相似系数计算结果及其分析

以中原城市群的9个省辖市域作为计算的基本地域单元。作为基础性和服务性行业，第三产业是各个市均需发展的行业，故不计算其相似系数。选取2003年和2010年中原城市群九市规模以上工业细分行业工业增加值（2003年，下同）或年平均就业人数（2010年，下同），计算中原城市群地区当年工业细分行业的产业结构相似系数（表5－4）。

由表5－4，在36个工业细分行业中，同构系数均大于0.9000的工业行业有24个，占行业总数的66.67%。且中原城市群工业细分行业的同构系数均比较大，最小的也达到0.7022（2003年）和0.5558（2010年）。借助中原城市群工业细分行业具体指标的对数值及某一行业绝对值占所在区域的比重，进行工业细分行业产业结构同构系数的分析，可以将这些工业细分行业分为几类：第一类行业，黑色金属矿采选业、有色金属矿采选业、

**表5－4　2003年/2010年中原城市群规模以上工业分行业产业结构同构系数**

| 行业 | 2003年 | 2010年 | 行业 | 2003年 | 2010年 |
|---|---|---|---|---|---|
| 煤炭开采和洗选业 | 0.7022 | 0.6461 | 化学原料及化学制品制造业 | 0.8718 | 0.9278 |
| 黑色金属矿采选业 | 0.9997 | 0.9824 | 木材加工及木、竹、藤、棕、草制品业 | 0.9754 | 0.9307 |
| 有色金属矿采选业 | 0.9844 | 0.9488 | 文教体育用品制造业 | 0.9990 | 0.9782 |
| 非金属矿采选业 | 0.9955 | 0.9946 | 非金属矿物制品业 | 0.8515 | 0.8282 |
| 农副食品加工业 | 0.7833 | 0.5558 | 黑色金属冶炼及压延加工业 | 0.8672 | 0.9358 |
| 食品制造业 | 0.8390 | 0.9096 | 有色金属冶炼及压延加工业 | 0.8715 | 0.8844 |
| 饮料制造业 | 0.9732 | 0.9801 | 纺织服装、鞋、帽制造业 | 0.9929 | 0.9788 |
| 烟草加工业 | 0.9054 | 0.9776 | 皮革、毛皮、羽毛（绒）及其制品 | 0.9691 | 0.9592 |

续表

| 行业 | 2003 年 | 2010 年 | 行业 | 2003 年 | 2010 年 |
|---|---|---|---|---|---|
| 煤炭开采和洗选业 | 0.7022 | 0.6461 | 化学原料及化学制品制造业 | 0.8718 | 0.9278 |
| 纺织业 | 0.9515 | 0.8838 | 专用设备制造业 | 0.9367 | 0.8998 |
| 医药制造业 | 0.9636 | 0.9649 | 交通运输设备制造业 | 0.9289 | 0.9363 |
| 金属制品业 | 0.9874 | 0.9801 | 电气机械及器材制造业 | 0.9032 | 0.9376 |
| 通用设备制造业 | 0.9550 | 0.8626 | 通信设备、计算机及其他电子设备制造业 | 0.9786 | 0.9732 |
| 家具制造业 | 0.9901 | 0.9550 | 仪器仪表及文化、办公用机械制造业 | 0.9973 | 0.9926 |
| 造纸及纸制品业 | 0.9457 | 0.9473 | 工艺品及其他制造业 | 0.9420 | 0.9117 |
| 塑料制品业 | 0.9831 | 0.9838 | 电力、热力的生产和供应业 | 0.8041 | 0.9405 |
| 橡胶制品业 | 0.9385 | 0.9486 | 印刷业和记录媒介的复制 | 0.9878 | 0.9865 |
| 石油加工及炼焦业 | 0.7427 | 0.9674 | 煤气生产和供应业 | 0.9972 | 0.9971 |
| 化学纤维制造业 | 0.9248 | 0.9655 | 水的生产和供应业 | 0.9958 | 0.9933 |

非金属矿采选业、文教体育用品制造业等 4 个行业具体指标的绝对数字很小，且在城市群 9 个省辖市所占的比例均很小，使得这些行业的同构系数很大（0.9900 以上）。第二类行业，服装及其他纤维制造业，通信设备、计算机及其他电子设备制造业，家具制造业，印刷业及记录媒介的复制，煤气生产和供应业，水的生产和供应业，仪器仪表及文化、办公用机械制造业，金属品制造业，塑料制品业等 9 个行业的具体指标值占其所在市域具体值的比重较小，它们的产业同构系数达到 0.9000 以上，但不能说明这 9 个行业产业存在同构问题。第三类行业，木材加工及木、竹、藤、棕、草制品业，橡胶制品业，医药制造业，化学纤维制造业，工艺品及其制造业，皮革、毛皮、羽毛（绒）及其制品等 6 个行业的同构系数大于 0.9000，但是，它们具体指标的绝对数字和在市域内部占的比重大部分区域较小，这些行业存在潜在的同构问题。第四类行业，饮料制造业、烟草加工业、造纸及纸制品业、交通运输设备制造业等 4 个行业的同构系数大于 0.9000，这些行业具体指标的绝对数字较大，说明这些行业之间存在严重的同构现象。第五类行业，纺织业、通用设备制造业、专用设备制造业、黑色金属冶炼及压延加工业、有色金属冶炼及压延加工业、非金属矿物制品业等 6 个行业的产业同构系数介于 0.9000 和 0.8500 之间，这些行

业具体指标的绝对数字较大，认为这些行业存在较为严重的同构现象。第六类行业，煤炭开采和洗选业、农副食品加工业等 2 个行业，产业同构系数小于 0.8500，这些行业的具体指标的绝对数字较大，认为这些行业的产业同构问题不严重。此外，电力、热力的生产和供应业、石油加工及炼焦业、食品制造业、化学原料及化学制品制造业、电气机械及器材制造业等 5 个行业的同构系数存在增加的趋势，它们的同构系数较高，这些行业具体指标的绝对数字较大，说明它们的产业同构现象开始或已加重。综合分析认为，在中原城市群的某些工业行业确实存在产业同构问题，有些行业的产业同构问题比较突出。当然，由于技术原因，统计中的工业行业相对粗化，计算获得的同构系数仅在一定层次说明了行业的同构问题。

### 5.3.2 中原城市群区域间产业同构化分析

#### 5.3.2.1 区域产业结构相似系数计算方法

区域间的产业结构相似系数（也称产业结构同构系数）是指两个区域之间同种产业结构的相似程度。计算公式（胡荣涛，张许颖，苏明吾等，2001；陈仲常，曹跃群，2003）为：

$$S_{AB} = \frac{\sum_{i=1}^{n} X_{Ai} X_{Bi}}{\sqrt{\sum_{i=1}^{n} X_{Ai}^2 \sum_{i=1}^{n} X_{Bi}^2}},$$

式中：$S_{AB}$表示两个区域产业结构的相似系数；$X_{Ai}$、$X_{Bi}$表示 $A$、$B$ 区域第 $i$ 个产业部门总产值占区域总产值的比重或者 $GDP$ 值或就业率或者产业增加值；$i(i=1, 2, 3, \cdots, n)$ 表示两个区域内部产业部门数目。

#### 5.3.2.2 中原城市群区域产业结构相似系数及其分析

以中原城市群 9 个省辖市域作为计算的基本地域单元。作为基础性和服务性行业，第三产业是各个市均需发展的行业，故不计算其相似系数。选取 2003 年和 2010 年中原城市群 9 个省辖市域规模以上工业分行业工业增加值（2003 年）或年平均就业人员（2010 年），计算中原城市群不同市域产业结构相似系数（表 5－5）。

表5-5　2003/2010年中原城市群不同区域规模以上工业行业同构系数

| 2003 | 郑州市 | 开封市 | 焦作市 | 新乡市 | 洛阳市 | 济源市 | 平顶山市 | 漯河市 | 许昌市 |
|---|---|---|---|---|---|---|---|---|---|
| 郑州市 | 1.0000 | 0.4161 | 0.8635 | 0.6009 | 0.5138 | 0.5703 | 0.5571 | 0.3337 | 0.8064 |
| 开封市 | 0.4161 | 1.0000 | 0.5411 | 0.5495 | 0.2979 | 0.1876 | 0.1383 | 0.6087 | 0.3388 |
| 焦作市 | 0.8635 | 0.5411 | 1.0000 | 0.7018 | 0.5600 | 0.5684 | 0.4908 | 0.3521 | 0.6980 |
| 新乡市 | 0.6009 | 0.5495 | 0.7018 | 1.0000 | 0.4603 | 0.3928 | 0.2882 | 0.3991 | 0.5734 |
| 洛阳市 | 0.5138 | 0.2979 | 0.5600 | 0.4298 | 1.0000 | 0.3172 | 0.2685 | 0.1404 | 0.4909 |
| 济源市 | 0.5703 | 0.1876 | 0.5684 | 0.3991 | 0.3172 | 1.0000 | 0.4296 | 0.1450 | 0.3707 |
| 平顶山市 | 0.5571 | 0.1383 | 0.4908 | 0.2681 | 0.2685 | 0.4296 | 1.0000 | 0.1264 | 0.5194 |
| 漯河市 | 0.3337 | 0.6087 | 0.3521 | 0.3474 | 0.1404 | 0.1450 | 0.1264 | 1.0000 | 0.4049 |
| 许昌市 | 0.8064 | 0.3388 | 0.6980 | 0.5383 | 0.4909 | 0.3707 | 0.5194 | 0.4049 | 1.0000 |
| 2010 | 郑州市 | 开封市 | 焦作市 | 新乡市 | 洛阳市 | 济源市 | 平顶山市 | 漯河市 | 许昌市 |
| 郑州市 | 1.0000 | 0.4470 | 0.8896 | 0.4265 | 0.6714 | 0.6247 | 0.8180 | 0.1467 | 0.7937 |
| 开封市 | 0.4470 | 1.0000 | 0.5674 | 0.7515 | 0.6074 | 0.4298 | 0.2382 | 0.4952 | 0.6071 |
| 焦作市 | 0.8896 | 0.5674 | 1.0000 | 0.5917 | 0.6408 | 0.6327 | 0.7978 | 0.2630 | 0.7863 |
| 新乡市 | 0.4265 | 0.7515 | 0.5917 | 1.0000 | 0.6422 | 0.4734 | 0.2941 | 0.2229 | 0.5878 |
| 洛阳市 | 0.6714 | 0.6074 | 0.6408 | 0.6422 | 1.0000 | 0.7039 | 0.4040 | 0.1193 | 0.5568 |
| 济源市 | 0.6247 | 0.4298 | 0.6327 | 0.4734 | 0.7039 | 1.0000 | 0.4924 | 0.1387 | 0.5680 |
| 平顶山市 | 0.8180 | 0.2382 | 0.7978 | 0.2941 | 0.4040 | 0.4924 | 1.0000 | 0.0663 | 0.6988 |
| 漯河市 | 0.1467 | 0.4952 | 0.2630 | 0.2229 | 0.1193 | 0.1387 | 0.0663 | 1.0000 | 0.2813 |
| 许昌市 | 0.7937 | 0.6071 | 0.7863 | 0.5878 | 0.5568 | 0.5680 | 0.6988 | 0.2813 | 1.0000 |

由表5-5，各市域间工业行业产业结构同构系数不大，说明中原城市群不同市域间工业行业同构程度不严重，但不同市域间的同构程度存在差异：首先，一些市域间的工业产业同构系数较大。如，2003年郑州市与许昌市、焦作市间的产业结构同构系数都大于0.8000；2010年郑州市和焦作市、平顶山市间的同构系数大于0.8000，说明它们间的产业同构化程度较大。其次，中原城市群不同市域间工业产业同构系数介于0.5000和0.8000之间的比较多。如，2003年郑州市和6个市域、焦作市和5个市域、新乡市和4个市域的同构系数介于0.5000和0.8000间；2010年郑州市和3个市域、洛阳市和6个市域、焦作市和6个市域、许昌市和7个市域的同构系数介于0.5000和0.8000间。说明这些市域间存在一定程度的同构问题。第三，也有一些市域间的同构系数比较低。如，2003年开封市与平顶山市、济源市间的同构系数小于0.2000，漯河市与洛阳市、济源市、平顶山市间的同构系数小于0.1500；2010年，漯河市与郑州市、洛阳

市、济源市、平顶山市间的同构系数小于0.2000。综合分析认为，部分市域间的工业产业同构化程度较为严重，大部分市域间工业产业同构程度不严重，应该注意和解决此问题。

## 5.4 中原城市群经济整合的机理分析

### 5.4.1 经济整合的外在驱动机制

#### 5.4.1.1 区域网络化组织发展对中原城市群经济整合的驱动

区域网络化组织包括物质性网络和非物质性网络。交通运输网络、邮电通信网络、区域电力网络等组成物质性网络；市场中要素流动联系形成复杂的非物质性网络（刘静玉，王发曾，2004）。网络化组织为城市群生产要素流通、信息流通、技术流通等经济活动提供了必要的保证，为不同市域间经济联系的强化提供了可能。借助发达的网络化组织，城市群不同地域单元间，通过生产要素的交换、技术交流、人员的流动强化了不同地域单元之间的相互联系，促进了城市群地区的经济整合。

中原城市群已经形成包括京广线、陇海线、焦枝线、新荷线、深埠线等铁路干线和连霍高速公路、京珠高速公路、107国道、106国道、310国道以及其他较低级别的公路形成纵横分布的交通运输网络；“西气东输”和“南水北调”工程穿越中原城市群，区域物质性综合网络已经形成。以郑州为核心，以大中小城镇为不同等级中心的中原城市群的市场网络体系已基本形成。显然，在中原城市群已经形成日渐成熟的、完善的网络化组织。通过这些网络组织的支撑和促进，保证了不同地域单元之间要素资源的顺畅流动，促进了中原城市群地域分工与合作体系的成熟、区域产业结构优化。中原城市群日益发育的网络化组织，促进了城市群经济的整合。

#### 5.4.1.2 区域发展对中原城市群经济整合的驱动

经济全球化背景下，区域间的竞争程度不断加剧，单个城市的经济实力难以应付激烈的竞争环境，城市群的出现为解决这一难题提供了新的思路。但在中部地区，缺乏如长江三角洲城市群、珠江三角洲城市群等实力强大的“经济板块”来承担经济增长极的重任；核心城市郑州难以担当未来河南经济增长极的重任。构建以郑州为核心的中原城市群，意在打造新型的、符合现代经济发展环境的、能够满足河南经济发展需要的经济增长极。尽管中原城市群具有厚实的经济基础、雄厚的科技力量、优越的经济地理区位、便捷的交通运输网络等条件，但现在它却难以完全承担河南经济增长极的重任。河南省经济发展的时空变化表明，经济发展已经出现向中原城市群集聚的趋势，但经济不整合是阻碍城市群经济实力提升，滞缓其成长为增长极的主要因素之一。进行城市群经济整合，提升中原城市群的经济实力，已成为促进河南经济发展，实现中部经济崛起的重要一环。

### 5.4.2 城市群经济整合的内在必然性

#### 5.4.2.1 城市群地区产业集聚与扩散的驱动

城市群的产业集聚与扩散同时并存，互为条件，两者在同期分别占主导和次要地位，产业集聚与产业扩散通过企业的空间布局及改变实现。

在市场机制和宏观调控机制的作用下，以资源或基础设施条件为依托，相互间存在经济、技术、社会、文化联系的、不同等级规模的某类企业及其关联企业在城市群某地域集聚，形成产业集群。产业集群促使城市群的地域分工与合作走向成熟，日趋成熟的地域分工与合作也强化区域间的合作，促进城市群经济的整合发展。随产业集聚成本的攀升，导致集聚的外部不经济，使产业扩散逐渐占据主导地位。产业扩散通过企业布局改变或向外分散转移来实现。产业遵循经济发展的内在要求，将产业转移到最佳地域。日趋成熟的地域分工与合作、区域间的经济与社会联系、完善的基础设施、成熟的市场体系和优化的城市区域系统等条件为城市群的产业扩散提供了强大的支撑体系，引导大量的新兴产业和外移产业在城市群内部合适的区位布局。依托城市群强大的经济支撑体系，通过产业集聚或扩散，将引导中原城市群的经济发展走向整合。

#### 5.4.2.2 中原城市群企业扩张的驱动

规模经济、内部交易、技术优势和竞争激励等因素促进了企业的增长，企业扩张战略分为外部扩张和内部扩张两种。内部扩张是指企业扩大生产规模或建立新的工厂、部门、子公司等；外部扩张是指对其他企业进行合并或兼并。李小建等认为，由于企业获取信息的途径、企业之间的联系程度和市场扩张规律的作用等因素的影响，企业扩张遵循距离衰减规律（李小建，李国平，曾刚等，1999）。因此，企业外部或内部扩张对象的选择必然考虑地域的邻近性、区域文化环境的相似性及企业间联系的密切程度等因素。城市群形成发展的内在机理、过程及其本质决定了城市群不同区域间、企业间存在密切的经济、技术联系，存在相似的区域文化环境，这为企业在城市群内的扩张提供了有力的保证。在中国，由于地方政府在区域经济发展中依旧扮演着重要角色，在政府和城市群区域协调机构的单独或共同作用下，企业扩张在城市群地区实现的概率大大增加。企业扩张又增进了新、老企业间经济、技术联系，促进了产业结构的优化，促使城市群经济走向整合。显然，中原城市群内的企业扩张，促生了大量新兴企业，优化了其产业结构，促使城市群经济不断整合。

### 5.4.3 中原城市群经济整合的驱动力分析

#### 5.4.3.1 市场力量的作用

市场力量是城市群经济整合的主导力量。城市群经济整合主要体现为延伸城市群产业链条，实现产业结构合理与空间布局优化，实现资源要素合理、高效配置，提升城市群的经济实力。城市群经济整合的三个主要影响因素是资源条件、市场力量和经济发展现状，它们的相互关系是：①区域资源基础提供了经济整合的可能性。城市群资源基础使产业链条延伸存在可能性，并影响产业结构优化与调整的方向以及不同地域单元间产业整合的可能性。②市场力量通过影响企业行为对经济整合产生决定性影响。首先，在城市群经济发展过程中，通过市场推动，城市群内部逐步形成合理的地域分工。其次，区域分工的加深促进了区域间的相互合作，区域合作的对象、方式、程度、内容等深受市场因素的影响。第三，城市群经济整合主要通过区域产业结构调整来实现。市场需求制约着区域产业链条的延伸和结构调整的方向；市场需求决定企业的生死，遵循市场需求的产业结构调整，最终会实现产业空间布局的优化。③经济发展现状是区域经济整合的基础。只有研究城市群现有的产业结构、技术条件，考虑其经济实力与和区域经济的联系，才能实现城市群产业结构合理化和空间布局优化。

#### 5.4.3.2 宏观调控的作用

城市群各个利益主体对经济利益的追求是城市群经济整合的主观需求，市场失灵是宏观调控的客观要求。

在城市群经济整合过程中，宏观调控是市场失灵状态下必要的手段和补充。城市群经济整合中市场的作用方式是人们选择经济发展前景好的产业，淘汰落后产业，从而实现产业结构的优化。但经济发展效果的显现需要一个时间过程，单独依靠市场会造成资源浪费，延缓产业结构调整与优化的时间。市场失灵和区域主体追求经济利益的冲动，要求进行产业结构的宏观调控。通过市场预测、经济发展效果预评价提前介入产业结构调整，可有效防止资源浪费，加快产业结构调整进程。一定程度上，宏观调控已经成为城市群经济整合的主要动力之一。

宏观调控主要通过制定并实施相应的区域发展政策或规划来实现，而区域发展政策比区域发展规划更为可行。区域发展政策（杨万钟，1994）一般包括区域产业政策、区域组织政策和区域协调政策等三部分。区域产业政策是城市群经济稳定运行的基础，区域协调政策是城市群经济协调发展的保证，区域调控政策是推进城市群经济协调发展的手段。区域发展政策主要基于城市群内部产业及相关项目展开，区域发展规划则可涉及更为广泛的领域，如产业发展与组织政策、要素流通的规划、生态环境的治理与保护、区域基础设施建设、城市区域系统的发展等。各级政府是宏观调控的官方主体，区域协调机构是宏观调控的非官方主体，此外，还有一些其他的民间团体承担宏观调控的部分任务。

5.4.3.3 城市群经济整合力的相互关系

市场力量是城市群经济整合的根本动力，它决定着城市群经济整合的方向。宏观调控是失灵状况下必要的补充和完善，不同区域主体对区域整体经济利益追求的主观冲动也产生了对宏观调控的要求。两者的关系是：宏观调控主体依据市场规律制定并实施城市群的区域发展规划或发展政策；城市群的产业结构调整通过企业的区位选择及其战略实施来实现。

## 5.5 中原城市群经济空间演化过程

### 5.5.1 城市群经济空间演化的一般过程

弗里德曼（Friedmann）认为，城市群的形成发展大致可分为四个阶段：农业社会、工业化初期、工业化的成熟期、工业化后期（Friedmann，1964）。城市群经济空间演化过程（图 5－1）分为 4 个阶段（Friedmann，

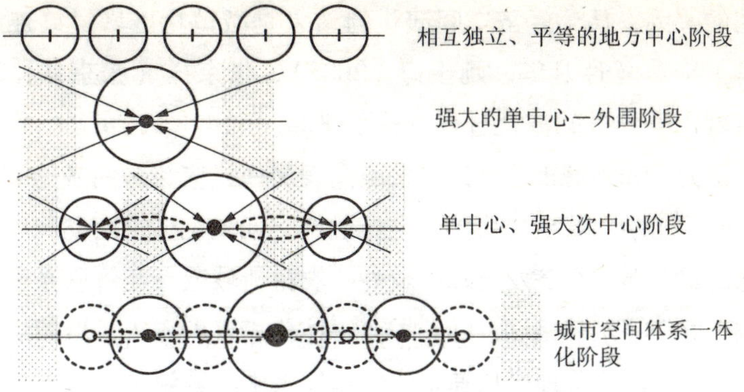


图5-1 城市群经济空间演化发展阶段

1966；樊新生，2005）：独立的、无等级的地方中心阶段；单一中心——外围阶段；单中心、强大次中心阶段；功能一体化的城市空间体系阶段。曾菊新（1996）提出了区域经济空间增长的空间模式（如图5-2），认为经济空间组织的演替序列划分为4个阶段：低水平均衡阶段；极核发展阶段；扩散阶段；高水平的均衡阶段。

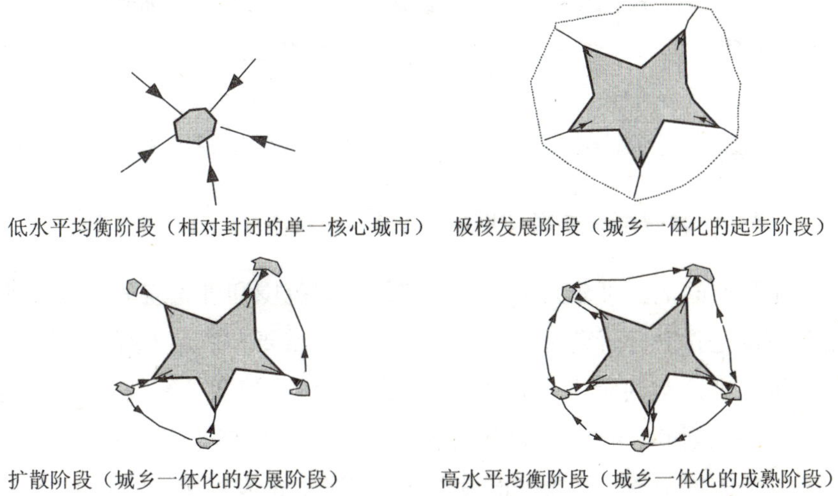


图5-2 区域经济成长的空间模式

这两种经济空间增长模式反映了区域经济空间结构由低级均衡发展到高级均衡的过程，但两者也有一定的差别。曾菊新的模式更多地强调了城乡关系，强调了城乡一体化在区域经济增长中的作用。弗里德曼的经济空间演化模式则体现了区域经济沿着交通带演化发展的空间过程，更多的强调城镇间的关系，认为经济空间演化的结果是城镇化区域最终连绵成带状结构。官卫华等（管卫华，姚士谋，2003）、张京祥（张京祥，2000）等人分别就城市群的空间演化过程进行了研究。

作者认为，我国城市群地区经济空间发展模式应该是两者的综合。在区域经济发展的初期，城乡关系处于主导地位，区域经济空间发展应该遵循城乡一体化模式，形成经济发展水平较高的农村地域散布经济联系密切的城市之间的城市群经济景观格局；随着城乡一体化进程的深入，城镇层次关系提升到主导地位，城市化地区快速扩张，形成大中小城镇连绵分布的经济景观格局。因此，我国城市群经济空间演化的基本过程是：第一，空间集聚主导阶段。在城镇化进程中，单体城镇持续成长，区域内部城镇个数不断增多，并向核心城镇集中，城镇发展的空间集聚状态明显，核心城镇周围城镇密度不断增大，形成以核心城镇为中心的城镇密集区。第二，空间扩散主导阶段。当区域城镇密集程度达到一定程度时，城镇化的外溢作用开始显现，核心城镇密集区的外围城镇个体不断膨胀，数量迅速增加，城镇发展的空间扩散状态明显，城镇密集区的范围不断扩大。第三，相对均衡阶段和新发动阶段。区域城镇空间布局发展会达到一个相对均衡状态，从而孕育着一个新的发展状态的开始。这样一个过程促使城镇由个体分散走向群体集中，城镇间的社会与经济联系逐渐密切，形成一个新的城镇空间组织形式——城市群。

### 5.5.2 中原城市群经济空间演化过程

城市群空间范围可分为两种：研究的空间范围和理论空间范围。研究的空间范围是指进行研究时，根据研究的实际需要和惯例所界定的城市群空间范围。理论空间范围指借助一定的指标体系所界定的城市群空间范围。借助一系列的时间序列和截面数据探究城市群理论空间范围的扩展，可以在一定程度上反映城市群的发展状况及所处的发展阶段。

城市群空间范围的界定沿用胡序威等人的做法（胡序威，周一星，顾朝林，2000），首先，确定研究区都市区的中心城市。城市实体地域非农业人口20万以上的地级市视为中心城市。其次，确定中心城市的外围县。它与中心城市构成都市区，连绵于一起的都市区构成城市群的理论空间范围。根据河南省及其中原城市群的实际情况，将郑州市区、洛阳市区、开封市区、新乡市区、焦作市区、平顶山市区、许昌市区、漯河市区等八个省辖市市区作为中心城市。确定中心城市外围县的指标体系（刘荣增，2003）为：人均 GDP 在 5000 元以上，非农产业比重在 70% 以上或者非农产业劳动力比重在 40% 以上（两条件满足其一）。分别选取 1995 年、2000 年和 2010 年的相关数据来确定中原城市群在这 3 个时间断面上的理论空间范围，以判断中原城市群在近十几年来的发展状况，判断其所处的发展阶段（图 5－3（1995 年）、5－4（2000 年）、5－5（2010 年））。

由图 5－3，8 个中心城市有 11 个外围县，在中原城市群形成了焦作都市区、洛阳都市区、郑州都市区和新乡都市区等 4 个都市区。其中，新乡都市区有一个外围县，巩义市划入与其相邻接的洛阳都市区，郑州都市区有一个外围县，济源市符合外围县的条件并入焦作都市区。开封市区、许昌市区、漯河市区、平顶山市区等中心城市没有外围县，没有形成都市区。空间格局上，郑州都市区和新乡都市区是孤立的，焦作都市区和洛阳都市区连绵在一起。因此，1995 年，中原城市群的理论空间范围包括：济源市、焦作市区、修武县、博爱县、沁阳市、孟州市、温县、洛阳市区、偃师市和巩义市等 10 个基本地域单元。理论意义上的中原城市群只是中原城市群西北部的部分区域。

**图 5－3　1995 年中原城市群空间范围**

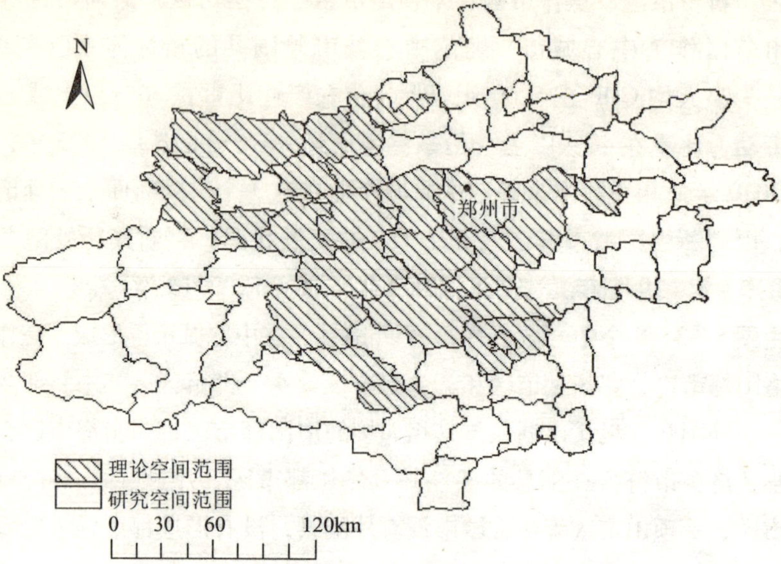


**图 5-4　2000 年中原城市群空间范围**

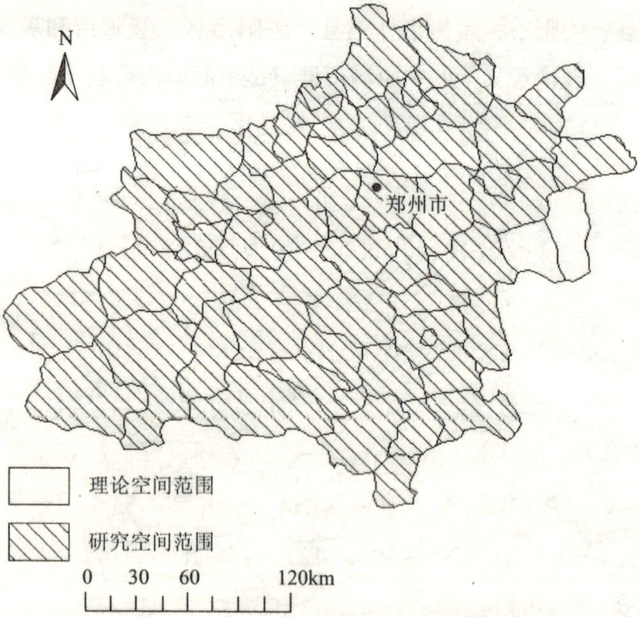


**图 5-5　2010 年中原城市群空间范围**

由图 5-4，2000 年 8 个中心城市有 21 个外围县，有 29 个县域单元被排除在外。形成新乡都市区、焦作都市区、洛阳都市区、郑州都市区、许昌都市区和平顶山都市区等6个都市区，中心城市开封市区和漯河市区没有形成都市区，但开封市区并入邻接的郑州都市区。空间上，除新乡都市区之外其他5个都市区连绵成群。因此，2000年中原城市群理论意义上的空间范围包括：郑州市域及开封市区、焦作市区、博爱县、沁阳市、孟州市、温县、济源市、洛阳市区、新安县、偃师市、平顶山市区、汝州市、宝丰县、许昌市区、禹州市、长葛市、许昌县等共24个县域单元。和1995年相比，中原城市群的空间范围扩大了很多，但新乡都市区没有进入，中心城市漯河市区没有形成都市区，中原城市群的空间扩展还有限。

由图5-5，2010年8个中心城市有46个外围县，仅有2个县域单元不符合外围县的条件，8个中心城市均形成都市区，这8个都市区在空间上连绵成群。具体而言，2010年中原城市群理论意义上的地域空间范围包括：郑州市域、焦作市域、济源市、漯河市域、洛阳市域、平顶山市域、许昌市域、新乡市域、开封市区、开封县、尉氏县、兰考县等54个基本地域单元。

## 5.6 中原城市群经济整合的基本模式与路径

### 5.6.1 城市群经济整合的一般模式

(1) 双核整合模式

双核整合模式发生在紧邻城市之间。国际上将两个较大城市连接在一起的现象称为“double city”；充分发挥双城效应可产生特别的效果（王拓，1995）。随着近邻城市间公路、有轨交通、通讯的发展，其间的时间距离越来越小，这为两城市间的经济整合提供了必要的基础条件。双核整合的关键在于打破条块分割，促进城市互补，特别是当前相对较弱的城市的具体定位和策略选择，正确处理与中心城市在发展中的优势互补合作关系；通过副中心城市的超常规发展，促使“双核牵引”格局的形成（陆大道，1995）。

(2) 成长三角整合模式

成长三角在空间上表现为结构稳定的三角形。经济发展上表现为以一个主角带动两个副角，主角是城市群经济整合地域系统的中心城市和增长极；副角是该地域系统中的低级别中心城市，其经济实力弱于主角。在经济整合过程中，要明确城市的分工与合作，主角优化产业结构，大力发展高新技术产业，改革完善第三产业产业结构；副角在承接主角转移产业之时，适时推进区域技术更新和产业结构优化，形成合理的产业格局。

（3）雁行整合模式

在城市群经济整合中，核心城市是其发展极，其他不同功能和规模的大中城市是其协调极，由铁路、公路、航空、河海运输通道等组成的交通运输网络构筑成城市群经济发展的骨架。发展极是城市群经济地域系统的“领头雁”和经济发展的动力源，在资金、技术、信息、管理、创新等方面具有优势。发展极和协调极其他城市形成一定的分工体系和发展梯度，从而有利于人流、物流、资金流、信息流的增值循环（Bournel L. S，Simmons J W，1978）。协调极根据自己在分工体系中的位置，推进产业结构和空间布局的优化。

（4）多极整合模式

在城市群中的多个经济发展水平较高的城市形成了实力相近的增长极，它们之间存在强大的吸引力和制衡关系，形成了多极发展的格局。城市群经济整合应从各增长极的经济发展现状、发展基础及城市群的整体状况出发，本着发挥优势的原则，进行产业结构的调整、优化与布局。

从“双核”整合模式、成长三角整合模式、雁行整合模式直至多极整合模式的递变，体现了城市群区域性中心城市从数量到质量不断发育壮大、相互间经济联系不断强化的过程。这四种城市群经济整合模式各具特色，各有优缺点。城市群区域性中心城市的发展状况及各城市间的关系是影响经济整合模式选择的关键性因素。

### 5.6.2 中原城市群经济整合模式的选择

城市群经济整合模式选择与城市群发展条件、发展阶段、空间演化阶段、城镇空间分布状况相关。首先，郑州市区是河南省的政治、经济、文化中心，是中原城市群和河南省的首位城市，区域性交通枢纽，但与其承担河南省经济增长极的要求尚存在一定的差距。其次，与郑州市区相比较，城市群的其他几个省辖市区的经济实力相对较弱，但具有优越的经济发展条件和相当的经济实力，是河南省经济发展程度较好的城市。第三，中原城市群诸多城镇间存在合作的基础和历史。第四，空间分布上，中原城市群城镇分布密集，9个省辖市区中心点之间的平均距离不超过200km，最短距离只有六十多公里，时间距离一般不超过1.5个小时。第五，城镇空间格局上，中原城市群9个省辖市区呈现多层次的三角形（或多边形）结构，如，北部的郑州市区—开封市区—洛阳市区—新乡市区—焦作市区—济源市、南部的平顶山市区—许昌市区—漯河市区，而郑州市区、洛阳市区和平顶山市区组成更大范围的三角形（多边形）。第六，中原城市群城镇空间演化正处于空间集聚主导阶段向空间扩散主导的过度阶段。综合考虑，成长三角整合模式是中原城市群经济整合的最佳模式。

### 5.6.3　成长三角模式下的中原城市群经济整合的基本路径

基于成长三角整合模式的中原城市群经济整合的路径是：首先，以成长三角理论、中心地理论、城市群经济地域整合的理论框架为指导，构造城市群地域系统的等级体系，进行城市群不同等级地域系统的经济地域整合。其次，以城市群经济地域整合为基础，在不同等级的地域系统内进行产业整合。第三，依据各经济支撑系统的发展现状，进行中原城市群经济支撑系统的整合。

# 第6章　中原城市群经济地域整合

## 6.1　中原城市群经济地域整合的思路

### 6.1.1　城市群经济地域整合的理论框架

#### 6.1.1.1　城市群地区城镇的等级及其功能

（1）城市群地区城镇的等级

城市群城镇经济影响空间范围的大小取决于产业结构的优势和周围区域的配套及其产业链条、其主导产业的影响范围、该城镇的有效服务范围等因素。城镇经济影响的空间范围决定其在城市群中的等级，亦即城镇的综合经济实力决定其等级。城镇等级越高，其经济影响的空间范围越大。根据城镇经济影响空间范围的大小，可将城市群城镇划分为四个等级：核心城市、区域性中心城市、地区性中心城市、地方性中心城市等，不同等级的城镇承担相应的经济功能（如图6－1）。城市群的城镇等级越高，城镇数量越少，城镇数量关系呈正的“金字塔”型结构。

（2）城市群地区不同等级城镇的功能

核心城市是城市群的龙头和核心经济增长极，担负着城市群的金融中心、信息中心、商贸物流中心、技术中心、现代服务业中心等功能；核心城市直接承接国际化、全球化的影响（王青，2004）。第二层次的区域性中心城市是亚城市群经济系统的中心城市和经济增长极，是城市群的支柱性城市，分担着核心城市的部分功能。第三层次的地区性中心城市是城市经济系统的中心城市和经济增长极，分担着亚城市群经济系统中心城市的部分功能。第四层次的地方性中心城市是城市群经济系统的基础，是城市经济系统的经济增长点。

（3）不同等级城镇的演替

随某一等级城镇经济实力的提升，其承担的经济功能不断扩大，经济影响范围不断扩展，该城镇会跃迁到高一等级。当然，所有城镇等级的提升必然存在着其与周边城镇乃至高等级城镇的博弈过程。在城市群地区，城镇等级越高城镇数量越少，城镇向上跃迁的难度就越大。城市群的核心城市面临着区内区域性中心城市和周边城市群核心城市的竞争压力，存在着跃迁至国家级乃至世界性中心城市的诱惑与压力。

#### 6.1.1.2　城市群地区地域系统的等级及其经济功能的界定

（1）城市群地域系统的等级

城市群内部每一等级的城镇和其腹地构成一个地域单元。根据中心地理论，城镇等级越高，其地域单元的空间范围就越大。城镇连同其经济腹地构成城镇经济系统，该经济系统在空间上表现为经济地域系统（称为地域系统）。地域系统的等级取决于其中心城市的等级，结合城市群中心城市的等级序列，其地域系统由高到低可分为四个等级：城市群地域系统、亚城市群地域系统、城市地域系统和基点地域系统，相应等级的城镇分别是其中心城市（图6－1）。

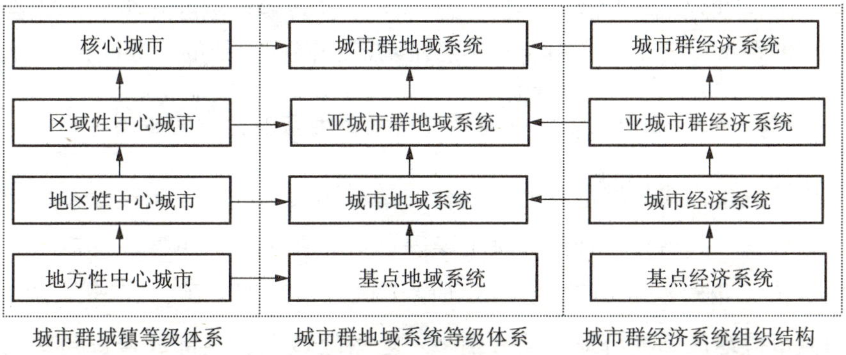


**图6－1　城市群经济整合的地域系统**

（2）城市群不同等级地域系统经济功能的界定

城市群每一等级地域系统的经济功能分为基本功能和非基本功能。某一地域系统在其更高一级地域系统中承担的经济功能称为基本功能，因其地域系统本身经济发展需要而承担的经济功能称为非基本功能。从产业发展的角度，某一等级地域系统的产业行业也可以分为基本行业和非基本行业，基本行业相对于其高一级地域系统而言，而服务于自身经济发展需要为其非基本行业。

#### 6.1.1.3 城市群地域系统空间范围的界定

受距离衰减规律的作用，城市群同一等级地域系统间的经济联系强度随空间距离的增加而减小。城市群某一等级地域系统空间范围界定的基本思路是：根据相应的指标体系，若某中心城市A属于较其高一等级的中心城市B，则以A为中心城市的地域系统属于以B为中心城市的地域系统；地域系统整合遵循由低等级到高等级的次序展开。具体地，基点地域系统整合为城市地域系统，城市地域系统整合为亚城市群地域系统，亚城市群地域系统整合为城市群地域系统。

#### 6.1.1.4 城市群地区经济整合的方式

城市群经济整合具有层次性特征，其表现为：第一，城市群经济整合在同一等级的地域系统间展开；第二，经济整合依据地域系统的等级依序进行。具体而言，在城市群地域系统内进行亚城市群地域系统间的经济整合，在亚城市群地域系统内进行城市地域系统间的经济整合，在城市地域系统内进行基点地域系统间的经济整合。某一等级地域系统在经济整合中承担基本经济功能的同时，也承担着其他经济功能，因此，不同等级地域系统间的经济整合不存在由于基本经济功能相同而表征的产业同构现象。

### 6.1.2 成长三角理论在中原城市群经济地域整合中的应用

成长三角模式是城市群经济整合的基本模式，成长三角理论是城市群经济地域整合的指导性理论。姚士谋等也认为在中原城市群内部应该按照区域增长三角组织城市群的发展（姚士谋，朱英明，陈振光等，2001）。中原城市群地区的经济地域整合中某一等级地域系统内部成长三角的构建的方法是：根据相应的指标体系，分别确定地域系统内部不同城镇的等级，将级别最高的城镇作为成长三角的主角，其它城镇作为成长三角的副角。当然，成长三角在几何形状上，可以是三角形也可以是多边形。

### 6.1.3　中原城市群经济地域整合的基本步骤

城市群地域系统整合以城市群经济地域整合的理论框架为指导，以成长三角理论和中心地理论为基本理论，空间组成遵循地域临近原则和经济联系紧密的原则。中原城市群经济地域整合的基本步骤是：首先，城市群城镇等级建构。根据城镇的中心性强度指标，将中原城市群内的城镇划分为核心城市、区域性中心城市、地区性中心城市和地方性中心城市等四个等级。其次，界定基点地域系统和城市地域系统。第三，亚城市群地域系统整合。根据区域性中心城市的经济作用场强、可达性和地区性中心城市的经济隶属度等指标，确定亚城市群地域系统的空间范围。第四，亚城市群地域系统整合为中原城市群地域系统。第五，核心城市地域系统构建。以郑州市区为中心城市，根据地区性中心城市的经济隶属度、核心城市的可达性和经济作用场强等指标，构建中原城市群的核心城市地域系统。在本研究中，城市群地域系统是最高层次的地域系统，根据空间覆盖的完整性原则，城市群地域系统整合不是本书整合研究的重点。故本书将着重研究亚城市群地域系统和核心城市地域系统的整合。

## 6.2　构建中原城市群的城镇等级结构

### 6.2.1　关于中心城市等级划分的一般研究

中心城市是全国或区域意义的政治、经济和文化中心，其中经济中心的功能又是最重要的（宁越敏，严重敏，1993）。中心城市是周围区域经济成长的动力源，也是该区域内其他城市发展与变化的影响因素（王发曾，袁中金，1994）。

德国学者对大空间范围内小区域或点（城市）位置中心性的度量做了大量工作（陆大道，1995），陆玉麒用同样的方法利用 GDP 和空间运输距离计算苏浙皖沿江城市的位置中心性（陆玉麒，1998）。牛惠恩等用城市非农业人口、工业生产总值和专业技术人员指标划分中心城市的等级（牛惠恩，孟庆民，胡其昌等，1998）；李国平等用城市非农业人口、GDP 和专业技术人员数量等指标划分珠三角中心城市的等级（李国平，王立明，杨开忠，2001）。宁越敏等用市区非农业人口、工业总产值和市区邮电业务总量等指标，计算城市的中心性指数（宁越敏，严重敏，1993）。王发曾等选取人口规模、社会生产能力、工业经济效益等 16 个指标构建城市中心性强度指标体系，据此计算城市的中心性强度来划分城市的等级（王发曾，袁中金，陈太政，1992；王发曾，1999）。

依据指标的数量，中心城市等级划分的方法分为两种：第一种，由少量指标组成指标体系，并用较简单的数学模型做计量分析；第二种，由大量指标组成指标体系，并用计量经济学方法做定量分析。比较而言，前一种方法指标少，充分体现了中心城市的内涵，且指标数据易得，计算方法简单，易在更大范围内做比较研究。后一种方法指标数量多，似可更为全面地反映中心城市的内涵，但所需指标数据多，不易获取，大范围的比较研究存在一定的难度。

### 6.2.2 城镇中心性强度的指标体系及其计算方法

城镇的经济中心功能体现在中心城市借助各种物质流，通过其强劲的经济实力对周围区域产生有效的辐射带动，因此，城镇等级划分指标应考虑区域联系、城镇经济实力和其为周围区域提供服务的能力。根据指标体系建立的科学性、可行性、动态性、完备性原则（毛汉英，1996），分别选取城镇的非农业人口（反映研究个体的城市化发展现状，更能反映中心城市与周围区域的联系强度（孙胤社，1992））、GDP（反映城镇经济实力）和第三产业产值（反映中心城镇对周围区域服务状况以及个体和周围区域间的相互联系）、城镇空间距离（反映中心城市与其它城镇间经济联系的便捷程度）等 4 个指标组成指标体系，计算城镇的中心性强度，这四个指标赋予相同的权重。城镇中心性强度的计算公式如下：

$$Q_i = \left( \frac{G_i}{\frac{1}{n}\sum_{i=1}^{n} G_i} + \frac{Y_i}{\frac{1}{n}\sum_{i=1}^{n} Y_i} + \frac{N_i}{\frac{1}{n}\sum_{i=1}^{n} N_i} \right) \times \left( \sum_{j=1}^{n} \frac{1}{D_{i \to j}} \right),$$

式中，$Q_i$ 表示 $i$ 城镇的中心性强度；$G_i$ 表示 $i$ 城镇的 GDP；$Y_i$ 表示 $i$ 城镇的第三产业产值；$N_i$ 表示 $i$ 城镇非农业人口总量；$D_{i \to j}$（$i \neq j$）表示 $i$ 城镇到 $j$ 城镇的空间距离；$i$，$j$（$i=1$，2，3，…，$n$；$j=1$，2，3，…，$n$）表示城镇的数目。

### 6.2.3　中原城市群城镇中心性强度计算结果

选取中原城市群 9 个省辖市区、14 个县级市、33 个县共 56 个基本地域单元，选取 2010 年各个地域单元的相关数据，代入城镇中心性强度计算公式，得到各个城镇（基本地域单元）中心性强度，并将计算结果按照从大到小排序（表 6－3）。

**表 6－3　中原城市群城镇中心性强度计算结果排序（2010 年）**

| 城镇名称 | 中心性强度 | 城镇名称 | 中心性强度 | 城镇名称 | 中心性强度 |
|---|---|---|---|---|---|
| 郑州市区 | 76.1746 | 长葛市 | 5.5168 | 宜阳县 | 2.8809 |
| 洛阳市区 | 26.7870 | 汝州市 | 5.3299 | 通许县 | 2.8407 |
| 新乡市区 | 16.0181 | 沁阳市 | 4.7786 | 新乡县 | 2.6526 |
| 平顶山市区 | 14.1021 | 伊川县 | 4.4464 | 叶县 | 2.5963 |
| 许昌市区 | 12.5919 | 新安县 | 4.3125 | 舞钢市 | 2.4359 |
| 漯河市区 | 12.2203 | 襄城县 | 3.9382 | 孟津县 | 2.4118 |
| 焦作市区 | 12.1667 | 尉氏县 | 3.8816 | 封丘县 | 2.1494 |
| 开封市区 | 11.2948 | 鄢陵县 | 3.7286 | 郏县 | 2.1342 |
| 许昌县 | 9.7538 | 武陟县 | 3.6980 | 鲁山县 | 2.0865 |
| 新密市 | 8.8860 | 临颍县 | 3.5555 | 修武县 | 2.0820 |
| 巩义市 | 8.6637 | 长垣县 | 3.5542 | 延津县 | 1.9903 |
| 新郑市 | 8.5049 | 杞县 | 3.5433 | 嵩县 | 1.9505 |
| 偃师市 | 7.6167 | 兰考县 | 3.3782 | 原阳县 | 1.9241 |
| 荥阳市 | 7.4640 | 宝丰县 | 3.2152 | 舞阳县 | 1.7430 |
| 禹州市 | 7.0240 | 博爱县 | 3.236 | 栾川县 | 1.6796 |
| 济源市 | 6.9929 | 开封县 | 3.0377 | 洛宁县 | 1.6702 |
| 登封市 | 6.4955 | 温县 | 2.9914 | 获嘉县 | 1.6595 |
| 辉县市 | 6.3769 | 卫辉市 | 2.9599 | 汝阳县 | 1.5226 |
| 中牟县 | 6.1171 | 孟州市 | 2.9545 | | |

### 6.2.4 中原城市群城镇等级划分结果

中原城市群城镇等级划分的原则是：首先，按照城镇中心性强度计算结果划分。其次，空间分布遵循均衡性原则。第三，考虑行政区划原则。第四，不同等级城镇数量分布符合“金字塔”规则，城镇等级越高，城镇数目越少。由表6－3，在56个基本地域单元的城镇中心性强度组成的由大到小排列的数列中，存在着几个有临界意义的点：在郑州市区（76.1746）和洛阳市区（26.7870）之间的差值在整列数列中最大，两者的中值51.4808，可作为核心城市和区域性中心城市的临界值，郑州市区作为城市群核心城市。洛阳市区和新乡市区之间存在一个临界点，但不适合作为区域性中心城市和地区性中心城市的分界点。在平顶山市区（14.1021）和许昌市区（12.5919）之间存在整个数列中第四个较大的差值，两者的中值13.3470作为区域性中心城市和地区性中心城市的临界值，洛阳市区和平顶山市区作为城市群的区域性中心城市。在开封市区（12.2948）和许昌县（9.7538）之间存在着整个数列中第三个较大的差值，两者的中值11.0243作为地区性中心城市和地方性中心城市的临界值。新乡市区、许昌市区、开封市区、漯河市区、焦作市区等作为城市群的地区性中心城市，许昌县、巩义市、偃师市等48个基本地域单元作为城市群的地方性中心城市。需要说明的是，在亚城市群地域系统层面上，城市群的核心城市郑州市区要承担其所在的亚城市群地域系统的区域性中心城市的任务；在城市地域系统层面上，区域性中心城市要承担其所在的城市地域系统的地区性中心城市的任务；在基点地域系统层面上，地区性中心城市要承担其所在的基点地域系统的地方性中心城市的任务。

## 6.3 亚城市群地域系统整合

### 6.3.1 基点地域系统及城市地域系统界定

为了研究的方便，首先将每一个基本地域单元定义为基点地域系统，这样，中原城市群地区的56个基本地域单元构成56个基点地域系统。依据行政完整性原则，将基点地域系统分别划归其行政隶属的相应的城市地域系统。同时考虑济源市的特殊情况——没有辖县的省辖市，在实际计算中，将其作为地区性中心城市对待。这样，中原城市群地域系统共可划分出9个城市地域系统：郑州城市地域系统、开封城市地域系统、新乡城市地域系统、焦作城市地域系统、洛阳城市地域系统、平顶山城市地域系统、漯河城市地域系统、许昌城市地域系统和济源城市地域系统。

### 6.3.2 经济地域系统整合的计算模型

#### 6.3.2.1 中心城市经济隶属度计算模型

城市地域系统中心城市经济联系隶属度的计算公式为（王德中，庄仁兴，1996；牛惠恩，孟庆民，胡其昌等，1998；张落成，2001；李国平，王立朋，杨开忠，2001）：

$$F_j = \frac{R_{ija}}{\sum_{j=1}^{n} R_{ija}},$$

式中：$F_j$ 为经济联系隶属度；$R_{ija}$ 为经济联系强度绝对量；$j(j=1, 2, 3, \cdots, n)$ 为中心城市数量。

经济联系强度绝对量的计算公式为（王德中，庄仁兴，1996；张落成，2001）：

$$R_{ija} = \frac{\sqrt{P_i V_i} \times \sqrt{P_j V_j}}{D_{ij}^2},$$

式中：$R_{ija}$ 为经济联系强度的绝对值；$P_i$ 为 $i$ 城市的人口数；$P_j$ 为 $j$ 城市的人口数；$V_i$ 为 $i$ 城市国内生产总值；$V_j$ 为 $j$ 城市的国内生产总值；$D_{ij}$ 为 $i$、$j$ 两城市之间的距离；$i(i=1, 2, 3, \cdots, n)$、$j(j=1, 2, 3, \cdots, n)$ 为城市数量。

#### 6.3.2.2 中心城市经济作用场强计算模型

选取3个亚城市群地域系统中心城市的人口总量、国内生产总值（GDP）以及6个城市地域系统中心城市到亚城市群地域系统中心城市的空间距离等3项指标，计算亚城市群地域系统中心城市的经济作用场强。在应用中将所有指标赋予相同的权重，其计算式为：

$$C_{ki} = \frac{\sqrt{PE}}{D_{ij}^2} \quad (i = 1,2,3;j = 1,2,3,4,5,6),$$

式中：$C_{ki}$为亚城市群地域系统中心城市 $i$ 的经济作用场强；$P$ 为城市 $i$ 的总人口数量；$E$ 为城市 $i$ 的国内生产总值；$D_{ij}$为亚城市群地域系统中心城市 $i$ 到城市地域系统中心城市 $j$ 的直线距离或公路距离或者铁路距离。

6.3.2.3　中心城市可达性计算模型

可达性是度量两地之间交往、联系方便程度的相对指标。可达性越高，则说明两地之间的交往越方便。中心城市可达性的计算公式（牛惠恩，孟庆民，胡其昌等，1998）为：

$$A_{ij} = \frac{D_{ij}}{V_i}, \overline{A} = \frac{1}{n}\sum_{i=1}^{n} A_{ij}, a_i = \frac{\overline{A}}{A_i} \quad (i = 1,2,3;j = 1,2,3,4,5,6),$$

式中：$A_{ij}$为 $j$ 城市地域系统中心城市到 $i$ 亚城市群地域系统中心城市的时间距离；$D_{ij}$为 $j$ 城市与 $i$ 城市之间的交通距离；$V_i$ 为 $j$ 城市与 $i$ 城市之间的平均交通速度①；$\overline{A}$为 $j$ 城市与3个亚城市群地域系统中心城市之间时间距离 $A_{ij}$的平均值；$a_i$ 为 $i$ 中心城市的可达性。

### 6.3.3　亚城市群地域系统整合计算结果

根据城市群等级划分的结果，洛阳市区和平顶山市区作为区域性中心城市，郑州市区承担区域性中心城市的任务，新乡市区、焦作市区、开封市区、漯河市区和济源市作为地区性中心城市。

6.3.3.1　城市地域系统中心城市经济隶属度计算

从相关统计年鉴中，分别选取中原城市群地区郑州市区、洛阳市区、焦作市区、新乡市区、开封市区、许昌市区、漯河市区、平顶山市区、济源市等9个城市地域系统中心城市2010年的GDP、人口规模数据。城镇空间距离的获取路径为：将中原城市群的政区图经过投影、校正，借助Arc

---

① 由于交通距离取空间直线距离，而交通工具又分为火车、客运汽车和货运汽车，所以平均行车速度取平均值为每小时60km为宜。下同。

GIS 9.3 中的 point distance calculation 工具，计算获取各个城镇中心点的空间距离。运用经济隶属度计算公式，计算 6 个城市地域系统中心城市相对于亚城市群地域系统 3 个中心城市的经济隶属度，计算结果如表6－4。

表 6－4　2010 年城市地域系统中心城市经济隶属度

| 中心城市 | 新乡市区 | 开封市区 | 许昌市区 | 焦作市区 | 漯河市区 | 济源区 |
|---|---|---|---|---|---|---|
| 郑州市区 | 12.5586 | 14.3955 | 4.8974 | 13.2176 | 4.5568 | 4.1962 |
| 洛阳市区 | 2.6431 | 2.0397 | 1.9592 | 6.3885 | 2.8419 | 27.1612 |
| 平顶山市区 | 2.1408 | 2.4271 | 10.2437 | 2.1930 | 17.4682 | 2.3230 |

6.3.3.2　亚城市群地域系统中心城市经济作用场强计算

选取郑州市区、洛阳市区、焦作市区、新乡市区、开封市区、许昌市区、漯河市区、平顶山市区和济源区等 9 个城市 2010 年的人口总量和国内生产总值（GDP）以及它们之间的空间距离等 3 个指标数据，运用中心城市经济作用场强计算公式，计算 3 个亚城市群地域系统中心城市对 6 个城市地域系统中心城市的经济作用场强，其结果见表 6－5。

表 6－5　亚城市群地域系统中心城市的经济作用场强

| 中心城市 | 开封市区 | 新乡市区 | 焦作市区 | 许昌市区 | 漯河市区 | 济源区 |
|---|---|---|---|---|---|---|
| 郑州市区 | 19.5429 | 12.6881 | 16.8125 | 9.9136 | 3.5727 | 5.0739 |
| 洛阳市区 | 1.1719 | 1.1301 | 3.4391 | 1.6784 | 0.9430 | 13.8994 |
| 平顶山市区 | 0.8980 | 0.5895 | 0.7602 | 5.6515 | 3.7327 | 0.7655 |

6.3.3.3　亚城市群地域系统中心城市可达性计算

利用获取的中原城市群地区城市地域系统中心城市之间的空间距离，选择公路交通的平均速度作为平均交通速度，运用中心城市可达性计算公式，计算 6 个城市地域系统中心城市相对于 3 个亚城市群地域系统中心城市的可达性，其结果见表 6－6。

表 6－6　中原城市群城市地域系统中心城市间的可达性

| 中心城市 | 开封市区 | 新乡市区 | 焦作市区 | 许昌市区 | 漯河市区 | 济源区 |
|---|---|---|---|---|---|---|
| 郑州市区 | 2.9874 | 2.5465 | 3.0624 | 2.2818 | 1.4948 | 1.9638 |
| 洛阳市区 | 1.0518 | 1.0927 | 1.9914 | 1.3499 | 1.1041 | 4.6734 |
| 平顶山市区 | 1.1492 | 0.9849 | 1.1686 | 3.0916 | 2.7417 | 1.3689 |

### 6.3.4 亚城市群地域系统整合方案

在亚城市群地域系统整合中，综合考虑区域性中心城市的经济作用场强和可达性、地区性中心城市的经济隶属度等3个指标，将3个指标相综合，取其最优。

由表6－4、6－5和6－6，三个指标存在一致性，新乡市区、开封市区、焦作市区属于郑州市区的影响范围，漯河市区属于平顶山市区的影响范围，济源市属于洛阳市区的影响范围。由表6－4和表6－6，若考虑经济隶属度和中心城市可达性（考虑空间临近原则）两个指标一致性，许昌市区可划归平顶山市区的影响范围，进一步分析表6－5发现，“经济作用场强”指标排在第二位的区域性中心城市是平顶山，两者的相差不大。同时，考虑到平顶山市区和漯河市区相距不远，许昌市区、平顶山市区和漯河市区在空间上成“犄角”之势，易于进行成长三角的构建。因此，可以将许昌市区划归平顶山市区的影响范围。

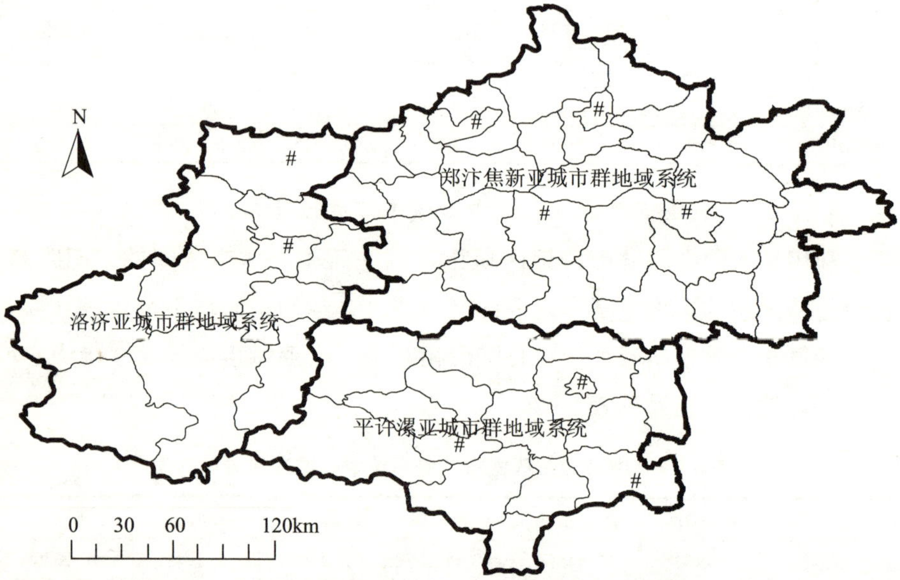


**图6－2 亚城市群地域系统组成及空间分布**

综合分析，郑州城市地域系统、开封城市地域系统、新乡城市地域系统和焦作城市地域系统整合为以郑州市区为中心城市的郑汴焦新亚城市群地域系统，洛阳城市地域系统和济源城市地域系统整合为以洛阳市区为中心的洛济亚城市群地域系统，平顶山城市地域系统、许昌城市地域系统和漯河城市地域系统整合为平顶山市区为中心城市的平许漯亚城市群地域系统（图6－2）。

### 6.3.5　中原城市群地域系统整合

根据城市群经济地域整合的理论框架设计，结合中心地理论和成长三角理论，考虑到地域整合空间覆盖完整性原则，郑汴焦新亚城市群地域系统、洛济亚城市群地域系统和平许漯亚城市群地域系统整合为中原城市群地域系统，郑州市区是中原城市群地域系统的核心城市。

## 6.4　中原城市群核心城市地域系统整合

### 6.4.1　建立中原城市群核心城市地域系统的必要性

作为城市群的核心城市，郑州市区在经济社会发展上存在一定的欠缺，难以承担相应的重任，因此，核心城市地域系统整合对中原城市群发展具有战略意义。

核心城市地域系统整合的必要性表现在：首先，郑州市区作为中原城市群的核心城市，其中心性强度的绝对值为76.1746，是位居第二位的洛阳市区的二倍多，和中原城市群其他城镇的中心性强度相比，也不具有绝对优势。其次，郑州市区对其地区性中心城市开封市区（19.5945）、新乡市区（12.6881）、焦作市区（16.8152）等的经济作用场强的绝对值均不大，表明其在亚城市群内部的优势不大。第三，郑汴焦新亚城市群地域系统中，开封市区（19.5429）、新乡市区（12.5586）、焦作市区（13.2176）等地区性中心城市对郑州市区的经济隶属度还不够大，这也表明郑州市区的绝对优势尚不明显。第四，由中原城市群核心城市与其它城市群核心城市的经济贡献率和城市群首位度的对比分析、中原城市群核心城市与三大城市群核心城市对城市群经济贡献率的对比分析以及中原城市群核心城市对区域内部城市的吸引力分析等项目的研究也认为，作为核心城市，郑州市（区）经济、社会综合实力相对较弱，尚不能完全承担中原城市群经济增长极的重任。

### 6.4.2 中原城市群核心城市地域系统整合方案

中原城市群核心城市地域系统整合应综合考虑各种情况。①从郑州市区的空间发展方向看，在较长时期内郑州市区将向东展开；尽管郑东新区的建设还没有向东跨越京珠高速公路，但是，中牟县撤县建区将实现这一突破，并直接与开封市区接壤。从较长时间考虑，郑州市区的城市建设还包括将紧邻郑州市区的荥阳市、新密市和新郑市等县级市撤市建区。②郑汴一体化是重要契机和切入口。郑汴一体化已进入实质性的操作阶段：郑州和开封之间有陇海铁路、连霍高速、郑民高速、310 国道、郑开大道等交通线路，即将建成的郑汴城际轻轨、郑徐高铁等将使两地的联系更为便捷。此外，诸如通信、银行结算等方面的同城化也快速推进。可以预见，郑汴的同城效应将会越来越明显。③推进郑汴一体化是中原经济区规划的重要内容。④由前面计算的区域性中心城市经济作用场强、中心城市可达性和地区性中心城市经济隶属度等三个指标可知，开封市区的指标值均是最大的。郑州市区中心点到开封市区中心点的距离为 66.58 公里，两个市区边界之间的距离二三十公里；如果中牟县撤县建区，两市区的边界距离将变为零，郑州市区和开封市区将连为一体。⑤从产业结构角度考虑，中原城市群 9 个省辖市域的产业结构同构系数，2010 年开封市和郑州市之间的同构系数为 0.4470，两者之间产业同构问题不明显。⑥在中原城市群发展战略规划中，开封市被定位于郑州都市圈的重要功能区①。

综合分析认为，核心城市地域系统整合方案是以郑州市区为中心，由

---

① 中原城市群总体规划：围绕郑州打造"十"字核心区．http：//www.hndrc.gov.cn.

开封城市地域系统和郑州城市地域系统等组成（图6－3）。

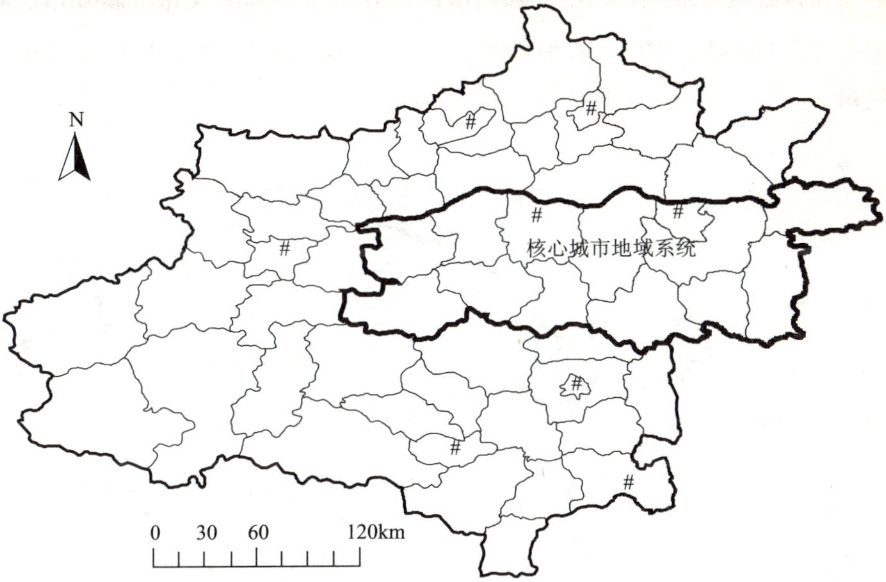


图6－3 中原城市群地区核心城市地域系统组成及空间分布

## 6.5 中原城市群经济地域整合对成长三角理论的诠释

### 6.5.1 中原城市群地区成长三角的构建

在中原城市群经济地域整合中，成长三角理论及成长三角整合模式得到了较好的应用（见图6－4）。在郑汴焦新亚城市群地域系统中，郑州市区、开封市区、新乡市区和焦作市区构成了一个多边形的成长三角，郑州市区是该成长三角上的主角。在洛济亚城市群地域系统中，洛阳市区、济源市和偃师市构成了一个三角形的成长三角，洛阳市区是该成长三角的主角。在平许漯亚城市群地域系统中，平顶山市区、许昌市区和漯河市区构成了一个三角形的成长三角，许昌市区是该成长三角的主角。

在中原城市群地域系统中，亚城市群地域系统的中心城市郑州市区、洛阳市区和许昌市区构成了一个三角形的成长三角，郑州市区是这个成长三角的主角。

在核心城市地域系统中，郑州市区、开封市区和巩义市、新郑市、新密市等共同构成一个多边形的成长三角，郑州市区是这个成长三角的主角。

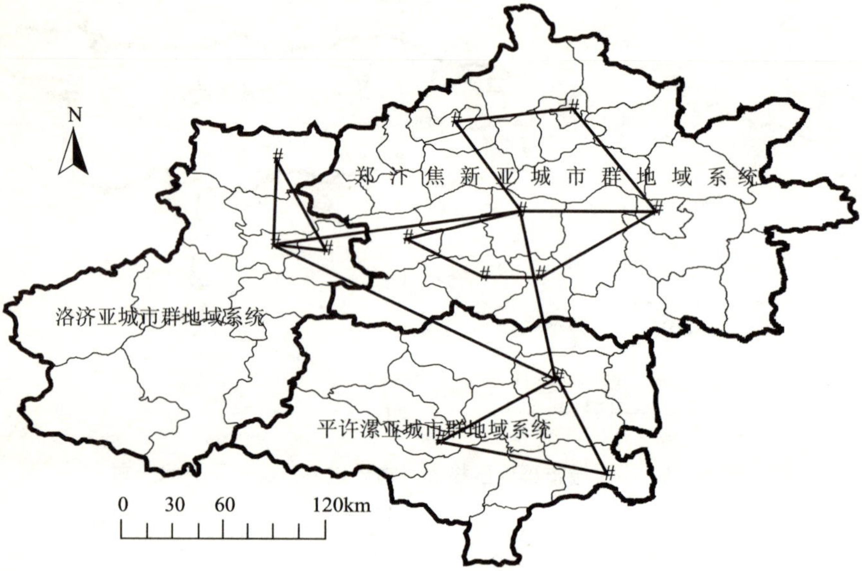


图 6－4　中原城市群地区成长三角示意

### 6.5.2　中原城市群经济地域整合方案对成长三角理论的诠释

以成长三角理论为指导，遵循成长三角模式，进行的中原城市群地区的经济地域整合是与中原城市群的区情相适合的。首先，中原城市群的区域性中心城市在亚城市群地域系统中不具备绝对的优势，核心城市不具备足够的优势承担中原城市群经济增长极的重任，构建不同等级地域系统内部的成长三角是促进中原城市群经济发展的一个重要步骤。其次，中原城市群不同等级地域系统内部成长三角的主角和副角城市之间存在一定的互补性，它们可以通过人力、资本和资源之间的互补，扩大生产要素投入的量和投入的可持续性，并进一步扩大它们的经济规模。第三，在不同等级的地域系统内部，同等级的中心城市在空间分布上多呈现为三角形或多边形，这有利于在区域内部形成一个相对稳定的区域空间经济结构，通过区域内部的人流、物流、信息流、资金流、技术流等要素流向不同方向的流动，形成相对稳定的经济发展状态。

几何上的稳定性、多种生产要素的互补性支撑、较大的经济规模、三极点产生的凝聚力与协同力、较易推进的体制变革等优点，使得成长三角具有经济上实现的必要性与可能性（陆玉麒，1998）。成长三角作为中原城市群地区经济发展的空间组成形式，必然会促进中原城市群经济与社会的发展。

# 第 7 章　中原城市群产业整合

## 7.1　中原城市群产业整合的理论框架

### 7.1.1　产业结构同构化辨析

产业结构同构化是长期以来困扰我国产业结构调整的突出问题。产业结构同构化是指在各地区产业结构变动过程中不断出现和增强的区域间结构的高度相似趋势（胡荣涛，张许颖，苏明吾，2001）。对于产业结构同构化存在两种相异的观点，一种观点认为产业结构相似性的增强使得经济资源效率低下，严重影响经济发展（胡荣涛，张许颖，苏明吾等，2001）；另一种观点认为产业同构问题不大，甚至是正常的、合理的（《长三角报告》编撰委员会，2004）。为此，需要辩证地看待产业结构同构化问题。

一定程度上的产业结构同构化是合理的。首先，商品的附加值不高，市场指向明显，多地同构化是合理的。其次，第三产业中的交通运输、邮电通讯等基础性产业直接为居民或一般生产提供产品和服务，多地存在同构是合理的。第三，区域产业结构是基于本地的资源禀赋条件和社会与经济发展基础发展而来的，在某类资源富集的地方形成某一类产业的集聚是正常的、合理的、必要的。第四，产业结构同构是相对于市场需求而言的，低于市场需求的产业同构是合理的。第五，由于统计分类和研究深度的问题，看似同构的产业却生产不同类别、不同档次的产品，其并不存在产业结构同构问题。第六，市场经济是竞争经济，产业结构同构是市场配置资源的结果，也是提高资源配置效率的要求；一定程度上的产业结构同构，会导致生产竞争，促使产品质量不断提高，并可增强同类产业在市场上的竞争力，有利于区域经济的发展。

当同构化的产业超出了区域资源的承受能力，超出了市场对相同产品的需求，将会导致资源配置效率的低下，从而制约区域经济发展的效果，这时的产业结构同构化是有害的。

### 7.1.2 城市群产业整合的层次性和产业结构的层次性

根据中心地理论，不同等级的中心城市间呈从属关系，同一等级中心城市间呈并列关系，相邻等级地域系统间的影响主要通过高一级中心城市对下级中心城市的作用来实现。同样，在城市群内部，不同等级的地域系统间是包含与被包含的关系，同一等级地域系统间为并列关系。因此，城市群内部的产业整合存在层次性特征，即产业整合只在同一等级的地域系统之间展开；城市群地区依照某种顺序（一般依照从高等级地域系统到低等级地域系统的顺序）依次进行不同等级地域系统内部产业整合。产业整合的层次性表现为：城市群地区的产业以某一等级的地域系统为基点，向上在它高一等级地域系统内部，与同其等级相同的地域系统间进行产业整合；向下在该等级的地域系统内部进行其下一等级地域系统之间的产业整合，不存在不同等级地域系统之间的产业整合。

城市群每一等级的地域系统存在相对完整的产业结构，其由基本行业和非基本行业构成。城市群产业整合的层次性对产业结构的影响是，每一个等级的地域系统具有与其地域优势相对应的基本行业及基本经济功能、非基本行业及非基本经济功能。不同等级地域系统间的基本行业、非基本行业在城市群内部具有相应的等级性和层次性。因此，产业同构仅存在同等级的地域系统之间，不同等级的地域系统间不存在产业结构同构化问题。

### 7.1.3 中原城市群产业整合的基本设计

第一产业是国民经济的基础产业，主要包括农林牧副渔业等行业。本书不进行第一产业的整合研究。原因为：首先，农业生产紧密结合区域的自然条件、历史基础及生产传统，存在专业化和综合生产相结合的特点。其次，大部分农产品的附加值较低，产业布局的资源指向或自然条件指向明显。第三，随区域经济的发展，第一产业在国民经济中的比重日益下降。第四，城市群内部农业生产的分工比较明确，国家农业生产的格局已然形成，不需在城市群内部进一步强调。

第三产业在本质上是服务性产业。依据我国的情况，第三产业可分为四个层次：第一层次，流通部门；第二层次，为生产和生活提供服务的部门；第三层次，为提高科学文化水平和居民素质服务的部门；第四层次，为社会公共需要服务的部门（杨万钟，1994）。第三产业各个部门存在一定的区域集聚特征，但是，这些行业又是所有区域不可或缺的，故必然会形成一定层次结构特征，比如商业物流中心、教育科研中心等，均存在一定的等级体系。同时，第三产业的发展很大程度上取决于生产和生活发展的需要，还容易受到政治、社会、经济、历史等条件的制约。因此，第三产业整合仅作为本书的补充研究。

第二产业包括工业和建筑业两大行业，工业又可细分为近四十个行业。在工业化的中期阶段，大力发展工业行业，进行工业行业的结构升级和布局优化是中原城市群面临的首要任务，故本书主要研究工业行业整合。中原城市群产业整合必须考虑区域的资源禀赋条件、交通运输条件、市场因素，并进一步考虑区域的生产基础、劳动力状况、现有企业的布局现状等因素。中原城市群工业行业的发展取向为提高产业的工艺水平和技术水平，提高生产能力，延长原材料工业的产业链条，降低区域经济发展的风险，提高产品的附加值，同时大力发展循环经济，优化区域产业结构与布局。

### 7.1.4 中原城市群产业整合的基本步骤

不同等级地域系统产业整合的顺序依次为：城市群地域系统、亚城市群地域系统、核心城市地域系统。产业整合参考的指标为：行业区位商、该行业产值占同一等级地域系统工业行业的比重、该行业产值占上一等级地域系统同一行业产值的比重，并考虑区域自然资源条件、社会与经济发展现状和未来发展需求。

某一等级系统内部产业整合的基本步骤是：首先采用相应的指标计算出区域内部相应行业的区位商；其次，选择区域商大于100（以百分比计算）的行业，将之作为区域基本行业的候选行业；第三，以产业整合区域的自然、社会、经济状况为基础，参考该行业产值占同一等级地域系统工业行业的比重、该行业产值占上一等级地域系统同一行业产值的比重，并参考相应地域系统未来发展的趋势、"十二五"规划，最终确定区域的基本行业和非基本行业，确定其基本经济功能和非基本经济功能。

### 7.1.5　城市群产业整合的计算方法

区位商是确定区域基本行业候选行业的计算方法。区位商的基本计算公式是（黄以柱，1994；黄以柱，王发曾，袁中金，1991）：

$$Q = \frac{a/A}{b/B} \times 100\% ,$$

式中，$Q$ 为区域某行业的区位商，区位商超过100%则表明该产业为区域的专门化部门；区位商越大，表明其专门化程度越高；$a$ 为区域某行业的产值或净产值或劳动力数量；$A$ 为上一级区域的同类行业的产值或净产值或者劳动力数量；$b$ 为该地区全部工业或农业的产值或净产值或者劳动力数量；$B$ 为上一级区域全部工业或农业部门的产值或净产值或者劳动力数量。

## 7.2　中原城市群地域系统产业整合

### 7.2.1　中原城市群地域系统三次产业发展分析

计算各个亚城市群地域系统三次产业占中原城市群相应产业产值的比重（表7－1），由表7－1，三次产业包括细分的工业和建筑业产值占中原城市群相应产值的比重，郑汴焦新亚城市群地域系统的比值最大；除建筑业和第三产业之外，平许漯亚城市群地域系统占中原城市群地域系统的比值均居第二位。从2003年到2010年平许漯亚城市群地域系统第三产业产值占中原城市群第三次产业的比重呈下降趋势。

**表7-1　2003/2010年中原城市群分三次产业的比重（%）**

| 占中原城市群地域系统比重 | 平许漯亚城市群 | | 郑汴焦新亚城市群 | | 洛济亚城市群 | |
|---|---|---|---|---|---|---|
| | 2003 | 2010 | 2003 | 2010 | 2003 | 2010 |
| 第一产业 | 49.4814 | 52.0472 | 16.8223 | 17.5932 | 33.6963 | 30.3596 |
| 第二产业 | 50.6790 | 51.9119 | 21.7266 | 20.4090 | 27.5944 | 27.6791 |
| 工业 | 48.2696 | 51.0840 | 22.1985 | 20.1811 | 29.5319 | 28.7349 |
| 建筑业 | 65.8807 | 60.2626 | 18.7494 | 22.7068 | 15.3699 | 17.0306 |
| 第三产业 | 61.1616 | 63.0956 | 18.6855 | 19.5910 | 20.1530 | 17.3134 |

### 7.2.2　中原城市群地域系统第三产业发展设想

由表7-2，2010年，各个亚城市群地域系统第三产业分行业增加值占中原城市群第三产业增加值的比重，郑汴焦新亚城市群地域系统绝大部分行业的比值达到55%以上，甚至达到70%；平许漯亚城市群地域系统和洛济亚城市群地域系统第三产业分行业的比值大部分相差不大。但例外的是，科学研究、技术服务和地质勘探业的比值，洛济亚城市群地域系统达到46.9739%，和郑汴焦新亚城市群地域系统的48.6068%相差无几。

郑汴焦新亚城市群地域系统地处中原城市群的中心位置，地理区位优越，区域内部分布有我国重要的交通运输枢纽，对内对外交通方便；区域内部银行、金融保险等单位广布，金融服务业发达；区域内部商贾云集、市场发达，是河南乃至全国重要的商业贸易集散地。随着社会经济的飞速发展，郑汴焦新亚城市群地域系统在金融保险、交通运输、商业方面的优势将会进一步得以突出。洛济亚城市群地域系统内部矿产资源丰富、水资源蕴藏量大，其相关行业也相应地较为发达；历史上地处我国三线建设的重要地带，其科研资源较为丰富。随着社会经济的发展，洛阳市的教育资源和科研资源正处于优化整合阶段，洛济亚城市群地域系统的科研和技术服务优势将得以进一步强化。平许漯亚城市群地域系统有我国重要的粮食生产基地，围绕延长农业产业链条做了很多工作，该地区食品工业发达；区域交通运输业发达，有利于商品贸易的展开。

综合考虑中原城市群地域系统、各亚城市群地域系统的现状及未来，三个亚城市群地域系统均应努力发展第三产业，以满足社会经济发展的需要，并通过整合城市群地域系统的旅游资源，发展旅游业及其配套产业，延长旅游产业链条。此外，三者可有所侧重，郑汴焦新亚城市群地域系统应该建设高等级交通运输中心、商贸物流中心、金融保险服务中心，并和平许漯亚城市群地域系统、洛济亚城市群地域系统形成梯次发展的态势。同时，郑汴焦新亚城市群地域系统与洛济亚城市群地域系统呼应，大力发展科技教育事业，建设高等级的科技研发中心。

**表7－2 2010年中原城市群第三产业分行业比重（%）**

| | 郑汴焦新亚城市群 | | 平许漯亚城市群 | | 洛济亚城市群 | |
|---|---|---|---|---|---|---|
| | （1） | （2） | （1） | （2） | （1） | （2） |
| 交通运输、仓储及邮政业 | 66.4188 | 15.6049 | 14.692 | 12.5796 | 18.8891 | 14.293 |
| 信息传输、计算机服务和软件业 | 69.9845 | 4.8922 | 15.4321 | 3.9313 | 14.5834 | 3.2832 |
| 批发和零售业 | 59.3379 | 17.4542 | 19.9321 | 21.3666 | 20.73 | 19.6385 |
| 住宿和餐饮业 | 56.8675 | 7.9126 | 24.8022 | 12.5765 | 18.3303 | 8.2142 |
| 金融业 | 71.7728 | 12.1942 | 14.0961 | 8.7279 | 14.1311 | 7.7324 |
| 房地产业 | 68.0059 | 11.0072 | 14.4152 | 8.5029 | 17.5789 | 9.1635 |
| 租赁和商务服务业 | 61.0432 | 2.9246 | 13.0269 | 2.2745 | 25.93 | 4.0011 |
| 科学研究、技术服务和地质勘探业 | 48.6068 | 2.755 | 4.4193 | 0.9128 | 46.9739 | 8.5749 |
| 水利、环境和公共设施管理业 | 61.9876 | 0.992 | 16.3013 | 0.9507 | 21.7111 | 1.119 |
| 居民服务和其他服务业 | 60.4692 | 2.8051 | 25.5555 | 4.3203 | 13.9752 | 2.0879 |
| 教育 | 62.3403 | 7.4211 | 18.1439 | 7.8713 | 19.5158 | 7.4821 |
| 卫生、社会保障和社会福利业 | 66.0724 | 3.8215 | 17.464 | 3.6811 | 16.4637 | 3.0668 |
| 文化、体育和娱乐业 | 72.4596 | 1.8309 | 13.2475 | 1.2199 | 14.2928 | 1.1631 |
| 公共管理和社会组织 | 57.4792 | 8.3846 | 20.8513 | 11.0846 | 21.6695 | 10.1803 |

注：（1）为某行业占中原城市群同一行业的比重，（2）为某行业占所在亚城市群总产值的比重。

### 7.2.3 中原城市群地域系统工业整合

选取2010年各个亚城市群地域系统工业分行业数据（年平均就业人数），计算各个行业的区位商、该行业数据占中原城市群同一行业数据的比重、该行业数据占亚城市群地域系统总数据的比重（表7－3）。

表 7－3　2010 年中原城市群规模以上工业企业分行业区位商和比重

| 行业 | 郑汴焦新亚城市群 | | | 平许漯亚城市群 | | | 洛济亚城市群 | | |
|---|---|---|---|---|---|---|---|---|---|
| | (1) | (2) | (3) | (1) | (2) | (3) | (1) | (2) | (3) |
| 1 | 94.6879 | 50.5780 | 12.6426 | 142.6728 | 42.8168 | 19.0495 | 39.8530 | 6.6052 | 5.3211 |
| 2 | 109.0261 | 58.2368 | 0.6810 | 87.6773 | 26.3124 | 0.5476 | 93.2229 | 15.4508 | 0.5823 |
| 3 | 28.5623 | 15.2567 | 0.2845 | 8.8198 | 2.6468 | 0.0879 | 495.3312 | 82.0964 | 4.9340 |
| 4 | 82.7056 | 44.1776 | 0.2072 | 81.9217 | 24.5851 | 0.2052 | 188.4714 | 31.2373 | 0.4721 |
| 5 | 49.7883 | 26.5946 | 4.2837 | 234.5689 | 70.3952 | 20.1822 | 18.1617 | 3.0101 | 1.5626 |
| 6 | 104.5271 | 55.8337 | 3.4838 | 137.0076 | 41.1166 | 4.5663 | 18.4004 | 3.0497 | 0.6133 |
| 7 | 126.1915 | 67.4058 | 1.8024 | 88.5719 | 26.5808 | 1.2651 | 36.2817 | 6.0133 | 0.5182 |
| 8 | 68.2889 | 36.4768 | 0.3948 | 188.7399 | 56.6417 | 1.0912 | 41.5193 | 6.8814 | 0.2400 |
| 9 | 113.5454 | 60.6508 | 5.4089 | 110.6562 | 33.2084 | 5.2713 | 37.0502 | 6.1407 | 1.7649 |
| 10 | 115.4892 | 61.6891 | 1.4713 | 98.5708 | 29.5816 | 1.2558 | 52.6687 | 8.7293 | 0.6710 |
| 11 | 134.2964 | 71.7351 | 1.4894 | 92.1524 | 27.6554 | 1.0220 | 3.6777 | 0.6096 | 0.0408 |
| 12 | 126.6824 | 67.6680 | 1.9914 | 77.6850 | 23.3136 | 1.2212 | 54.4127 | 9.0184 | 0.8553 |
| 13 | 57.8518 | 30.9018 | 0.5820 | 4.7919 | 1.4381 | 0.0482 | 408.2292 | 67.6601 | 4.1068 |
| 14 | 129.8965 | 69.3848 | 3.4730 | 92.8650 | 27.8692 | 2.4829 | 16.5678 | 2.7460 | 0.4430 |
| 15 | 151.3770 | 80.8588 | 0.8330 | 56.2287 | 16.8745 | 0.3094 | 13.6763 | 2.2667 | 0.0753 |
| 16 | 36.7771 | 19.6447 | 0.1588 | 9.6755 | 2.9037 | 0.0418 | 467.3069 | 77.4517 | 2.0182 |
| 17 | 16.6903 | 8.9152 | 0.1533 | 203.0064 | 60.9232 | 1.8642 | 181.9808 | 30.1616 | 1.6711 |

续表

| 行业 | 郑汴焦新亚城市群 | | | 平许漯亚城市群 | | | 洛济亚城市群 | | |
|---|---|---|---|---|---|---|---|---|---|
| | (1) | (2) | (3) | (1) | (2) | (3) | (1) | (2) | (3) |
| 18 | 127. 7672 | 68. 2474 | 5. 9022 | 52. 6245 | 15. 7929 | 2. 4310 | 96. 2933 | 15. 9597 | 4. 4482 |
| 19 | 136. 6950 | 73. 0163 | 2. 5447 | 69. 7545 | 20. 9337 | 1. 2986 | 36. 5031 | 6. 0500 | 0. 6795 |
| 20 | 123. 8282 | 66. 1434 | 0. 8586 | 101. 8348 | 30. 5611 | 0. 7061 | 19. 8833 | 3. 2955 | 0. 1379 |
| 21 | 147. 7979 | 78. 9469 | 1. 8787 | 61. 0344 | 18. 3167 | 0. 7758 | 16. 5098 | 2. 7363 | 0. 2099 |
| 22 | 133. 2073 | 71. 1533 | 1. 4746 | 60. 7033 | 18. 2174 | 0. 6720 | 64. 1324 | 10. 6293 | 0. 7099 |
| 23 | 117. 6129 | 62. 8235 | 12. 8509 | 73. 2954 | 21. 9963 | 8. 0086 | 91. 5902 | 15. 1802 | 10. 0076 |
| 24 | 62. 8122 | 33. 5515 | 1. 2199 | 115. 1628 | 34. 5609 | 2. 2367 | 192. 3950 | 31. 8876 | 3. 7367 |
| 25 | 86. 6472 | 46. 2830 | 4. 1514 | 33. 2603 | 9. 9816 | 1. 5935 | 263. 8788 | 43. 7354 | 12. 6427 |
| 26 | 119. 6266 | 63. 8991 | 2. 4313 | 80. 9628 | 24. 2973 | 1. 6455 | 71. 2170 | 11. 8035 | 1. 4474 |
| 27 | 111. 5339 | 59. 5764 | 7. 3420 | 41. 3610 | 12. 4126 | 2. 7227 | 169. 0051 | 28. 0110 | 11. 1252 |
| 28 | 92. 1799 | 49. 2384 | 5. 4246 | 55. 3658 | 16. 6155 | 3. 2582 | 206. 0215 | 34. 1461 | 12. 1239 |
| 29 | 126. 1004 | 67. 3571 | 4. 8933 | 29. 9982 | 9. 0026 | 1. 1641 | 142. 6341 | 23. 6402 | 5. 5349 |
| 30 | 96. 7642 | 51. 6871 | 2. 8161 | 128. 9800 | 38. 7075 | 3. 7536 | 57. 9547 | 9. 6054 | 1. 6866 |
| 31 | 136. 6050 | 72. 9682 | 1. 6028 | 34. 4247 | 10. 3310 | 0. 4039 | 100. 7645 | 16. 7008 | 1. 1823 |
| 32 | 111. 7258 | 59. 6789 | 0. 5457 | 48. 2218 | 14. 4716 | 0. 2355 | 155. 9639 | 25. 8495 | 0. 7617 |
| 33 | 26. 4600 | 14. 1337 | 0. 3724 | 282. 1197 | 84. 6654 | 3. 9707 | 7. 2452 | 1. 2008 | 0. 1020 |
| 34 | 46. 6685 | 24. 9282 | 0. 0275 | 213. 4044 | 64. 0437 | 0. 1256 | 66. 5386 | 11. 0281 | 0. 0392 |
| 35 | 83. 0222 | 44. 3467 | 3. 5096 | 95. 5874 | 28. 6862 | 4. 0407 | 162. 7065 | 26. 9671 | 6. 8780 |
| 36 | 117. 2195 | 62. 6133 | 0. 2229 | 84. 9481 | 25. 4933 | 0. 1615 | 71. 7588 | 11. 8933 | 0. 1364 |
| 37 | 121. 2486 | 64. 7655 | 0. 5900 | 58. 4027 | 17. 5269 | 0. 2842 | 106. 8389 | 17. 7075 | 0. 5199 |

注：在本章的表格中，为了表达的方便，将相关指标分别用数字表示：（1）表示行业区位商，（2）表示某行业占中原城市群同一行业的比值，（3）表示某行业占亚城市群地域系统总数据的比值。同时，将工业行业分别用数字表示：1 煤炭开采和洗选业，2 黑色金属矿采选业，3 有色金属矿采选业，4 非金属矿采选业，5 农副食品加工业，6 食品制造业，7 饮料制造业，8 烟草加工业，9 纺织业，10 纺织服装、鞋、帽制造业，11 皮革、毛皮、羽毛（绒）及其制品，12 木材加工及木、竹、藤、棕、草制品业，13 家具制造业，14 造纸及纸制品业，15 印刷业和记录媒介的复制，16 文教体育用品制造业，17 石油加工及炼焦业，18 化学原料及化学制品制造业，19 医药制造业，20 化学纤维制造业，21 橡胶制品业，22 塑料制品业，23 非金属矿物制品业，24 黑色金属冶炼及压延加工业，25 有色金属冶炼及压延加工业，26 金属制品业，27 通用设备制造业，28 专用设备制造业，29 交通运输设备制造业，30 电气机械及器材制造业，31 通信设备、计算机及其他电子设备制造业，32 仪器仪表及文化、办公用机械制造业业，33 工艺品及其他制造业，34 废弃资源和废旧材料回收加工业，35 电力、热力的生产和供应业，36 煤气生产和供应业，37 水的生产和供应业。本章所有表格均如此表示。

#### 7.2.3.1 郑汴焦新亚城市群地域系统工业整合

由表 7－3，2010 年，郑汴焦新亚城市群地域系统中的黑色金属矿采选业，食品制造业，饮料制造业，纺织业，纺织服装、鞋、帽制造业，皮革、毛皮、羽毛（绒）及其制品，木材加工及木、竹、藤、棕、草制品业，造纸及纸制品业，印刷业和记录媒介的复制，化学原料及化学制品制造业，医药制造业，化学纤维制造业，橡胶制品业，塑料制品业，非金属矿物制品业，金属制品业，通用设备制造业，交通运输设备制造业，通信设备、计算机及其他电子设备制造业，仪器仪表及文化、办公用机械制造业业，煤气生产和供应业，水的生产和供应业等 22 个行业的区位商大于 100，说明这些行业在城市群地域系统中的专门化程度较高，这些可作为亚城市群地域系统的基本行业的候选行业。

进一步分析，工业分行业数据占亚城市群地域系统工业行业数据的比值，上述 22 个工业行业可以分为两类：黑色金属矿采选业，饮料制造业，纺织服装、鞋、帽制造业，皮革、毛皮、羽毛（绒）及其制品，木材加工及木、竹、藤、棕、草制品业，印刷业和记录媒介的复制，化学纤维制造业，橡胶制品业，塑料制品业，通信设备、计算机及其他电子设备制造业，仪器仪表及文化、办公用机械制造业业，煤气生产和供应业，水的生产和供应业等 13 个行业为第一类；其余的行业为第二类行业。第一类行业的工业行业数据占亚城市群地域系统工业数据的比重低于 2.00%，说明这些行业的发展基础相对较差，不适合作为亚城市群地域系统的基本行业。在第二类行业的工业行业数据占亚城市群地域系统工业数据的比值大于2.4000%，说明这些行业在亚城市群地域系统中均具有相当的优势。第二类行业工业分行业数据占中原城市群地域系统相应行业数据的比值，均在55.0000%以上，说明这些行业在中原城市群地域系统中占据绝对的优势。

郑汴焦新亚城市群地域系统自然资源品种多，蕴藏量丰富，并将承担中原城市群高新技术基地和先进制造业基地的任务；未来的产业发展应该注意高新技术的开发与应用，注意产品技术含量与附加值的提高，防止工业行业造成的环境污染。因此，可选择非金属矿物制品业，通用设备制造业，化学原料及化学制品制造业，纺织业，交通运输设备制造业，医药制造业，食品制造业，造纸及纸制品业，金属制品业作为基本行业，并逐渐采用高新技术改造这些行业中的传统工艺，特别是提升造纸及纸制品业和纺织业的工艺水平，或者将之向外转移，同时，可考虑将通信设备、计算机及其他电子设备制造业作为培育的基本行业。这和2003、2004年的计算结果基本上吻合（刘静玉，2006）。

7.2.3.2　洛济亚城市群地域系统工业整合

由表7－3，2010年，洛济亚城市群地域系统中有色金属矿采选业，非金属矿采选业，家具制造业，文教体育用品制造业，石油加工及炼焦业，黑色金属冶炼及压延加工业，有色金属冶炼及压延加工业，通用设备制造业，专用设备制造业，交通运输设备制造业，通信设备、计算机及其他电子设备制造业，仪器仪表及文化、办公用机械制造业，电力、热力的生产和供应业，水的生产和供应业等共14个行业区位商大于100%，说明这些行业在城市群地域系统中的专门化程度较高。

依据工业分行业数据占亚城市群地域系统工业数据的比重，可以将这14个行业分为两类：非金属矿采选业，石油加工及炼焦业，通信设备、计算机及其他电子设备制造业，仪器仪表及文化、办公用机械制造业业，文教体育用品制造业等为第一类行业；其余的行业为第二类行业。第一类行业的行业数据占亚城市群地域系统工业数据的比值很低（低于2.0190%），说明该行业在洛济亚城市群地域系统中的工业发展基础相对较差，不适合作为亚城市群地域系统的基本行业。第二类行业中，有色金属冶炼及压延加工业，专用设备制造业，通用设备制造业，交通运输设备制造业，有色金属矿采选业，家具制造业，文教体育用品制造业，黑色金属冶炼及压延加工业，电力、热力的生产和供应业等行业数据占亚城市群地域系统工业数据超过3.0000%，表明这些行业在洛济亚城市群地域系统中均具有相当的优势。这些行业数据占中原城市群地域系统相应行业数据的比值较高，说明它们在中原城市群地域系统中具有一定的优势，有些甚至占据较大的优势。

洛济亚城市群地域系统内部自然资源种类多、蕴藏量大，区域内部科技力量雄厚；洛济亚城市群地域系统具有良好的工业发展基础，未来将承担中原城市群的制造业基地、能源和原材料加工业基地的重任；可将有色金属冶炼及压延加工业，专用设备制造业，通用设备制造业，交通运输设备制造业，黑色金属冶炼及压延加工业作为其基本行业。未来应注意并进一步提高行业的技术含量。

7.2.3.3 平许漯亚城市群地域系统工业整合

由表7-3，近两年，平许漯亚城市群地域系统中的煤炭开采和洗选业，农副食品加工业，食品制造业，烟草加工业，纺织业，石油加工及炼焦业，化学纤维制造业，黑色金属冶炼及压延加工业，电气机械及器材制造业，工艺品及其他制造业，废弃资源和废旧材料回收加工业等共11个行业的区位商大于100%，表明这些行业在城市群地域系统中的专门化程度较高。

依据工业分行业数据占亚城市群地域系统工业数据的比值，可以将上述行业分为两类：第一类为烟草加工业，石油加工及炼焦业，化学纤维制造业，废弃资源和废旧材料回收加工业等4个行业；其余的行业为第二类行业。第一类行业工业分行业数据占亚城市群地域系统工业数据的比重尚不足2.0000%，说明这些行业发展的基础较差，不适合作为亚城市群地域系统的基本行业。第二类行业工业分行业数据占亚城市群地域系统工业数据的比重除了黑色金属冶炼及压延加工业外，其余均超过3.5000%，表明它们在亚城市群地域系统中均具有相当的优势。第二类行业工业分行业数据占中原城市群地域系统相应行业工业分行业数据的比值超过30%，说明这些行业在中原城市群地域系统中占据较大的甚至是绝对优势。

平许漯亚城市群地域系统中，平顶山市是我国重要的煤炭资源基地，许昌市和漯河市具有较好的轻工业发展基础。平许漯亚城市群地域系统面临的两项工作是：做好资源型地域的产品升级与换代，延长其产业链条；建设中原城市群、河南省乃至全国具有重要影响力的食品工业基地和轻工业生产基地。综合考虑，可以将农副食品加工业，纺织业，食品制造业，工艺品及其他制造业，电气机械及器材制造业，黑色金属冶炼及压延加工业作为平许漯亚城市群地域系统的基本行业，煤炭开采和洗选业尽管占有较大的优势，但是，不适合作为基本行业，但可以围绕资源的开发做文章。在产业发展中要加速新产品的开发，并提高这些行业的技术含量；同时，注重相应行业链条的连接与延长，特别注意资源型产业后续产品的开发与研发工作。

## 7.3　亚城市群地域系统产业整合

### 7.3.1　郑汴焦新亚城市群地域系统产业整合

#### 7.3.1.1　郑汴焦新亚城市群地域系统分三次产业的产业发展分析

计算各个城市地域系统三次产业占亚城市群地域系统相应产业产值的比重（表7-4），由表7-4，2003-2010年间，除第一产业外，郑州其他产业占亚城市群地域系统的比重均在50%以上，占有绝对优势，且建筑业和第三产业占得比重增加。城市地域系统第一产业占亚城市群地域系统第一产业的比重，郑州、新乡和焦作的比值降低，开封上升，达到36%多，居优势地位。城市地域系统第二产业和工业产值占亚城市群地域系统相应产业的比重，郑州、开封、新乡下降，焦作的比值增加了两个百分点。到2010年焦作和开封城市地域系统建筑业和第三产业占亚城市群地域系统相应产业的比值不到12%，明显偏低；开封城市地域系统第二、三产业占亚城市群地域系统相应产业的比值均不到12%。城市地域系统第三产业占亚城市群地域系统相应产业的比值，2010年郑州达到60%多，其余三个城市地域系统的比值不到14%。

**表 7－4　2003/2010 年郑汴焦新亚城市群地域系统分三次产业比重**

| 比重 | 郑州 | | 开封 | | 新乡 | | 焦作 | |
|---|---|---|---|---|---|---|---|---|
| | 2003 | 2010 | 2003 | 2010 | 2003 | 2010 | 2003 | 2010 |
| 第一产业 | 21.9177 | 20.6800 | 32.2548 | 36.4111 | 28.1942 | 26.0909 | 17.6334 | 16.818 |
| 第二产业 | 54.2697 | 53.8871 | 10.1361 | 9.5113 | 17.6102 | 16.2968 | 17.9841 | 20.3048 |
| 工业 | 53.0736 | 52.9369 | 10.3200 | 9.7672 | 17.0747 | 15.9719 | 19.5317 | 21.324 |
| 建筑业 | 59.7988 | 62.0108 | 9.2855 | 7.3236 | 20.0855 | 19.0746 | 10.8301 | 11.591 |
| 第三产业 | 58.2295 | 63.5867 | 12.4400 | 11.8643 | 15.7374 | 13.375 | 13.5930 | 11.1739 |

#### 7.3.1.2　郑汴焦新亚城市群地域系统第三产业发展设想

由表 7－5，2010 年城市地域系统第三产业分行业增加值占亚城市群地域系统相应行业的比重，除水利、环境和公共设施管理业、公共管理和社会组织外，郑州其他行业比重均接近 60%，占有相当的优势；其中，金融业，科学研究、技术服务和地质勘探业、文化、体育和娱乐业等 3 个行业高达 80% 多，而其他三个城市地域系统的比值则低于 10%，有的甚至不到 5%。除开封的水利、环境和公共设施管理业，公共管理和社会组织等两个行业的比重占到 20% 多外，开封、新乡、焦作三个城市地域系统其他行业占亚城市群地域系统相应行业的比值在 20% 以下，甚至在百分之三四的水平。

2010 年第三产业分行业增加值占所在城市地域系统三产增加值的比重，郑州的交通运输、仓储及邮政业，批发和零售业，金融业等行业达到 15% 以上；开封的批发和零售业，交通运输、仓储及邮政业，公共管理和社会组织等行业达到 14% 以上；新乡的批发和零售业，交通运输、仓储及邮政业等行业达到 15% 以上；焦作的批发和零售业，交通运输、仓储及邮政业等行业达到 14% 以上，表明这些行业在各个城市地域系统中具有较好的发展基础。总体来看，四个城市地域系统的交通运输、仓储及邮政业，批发和零售业等两个行业均占有较大的比重。

在《中原城市群总体发展规划纲要（2006－2020）》中，将郑州市定位于全国重要的现代化物流中心、区域性金融中心、中国历史文化名城、国际文化旅游城市；《郑州市国民经济和社会发展第十二个五年规划纲要》提出郑州将建设全国区域性现代服务业中心、建设区域性金融中心和全

表 7-5　2010 年郑汴焦新亚城市群地域系统第三次产业分行业比重

| | 郑州 | | 开封 | | 新乡 | | 焦作 | |
|---|---|---|---|---|---|---|---|---|
| | (1) | (2) | (1) | (2) | (1) | (2) | (1) | (2) |
| 交通运输、仓储及邮政业 | 64. 6801 | 15. 8732 | 10. 7826 | 14. 1821 | 14. 3381 | 16. 7285 | 10. 1992 | 14. 2436 |
| 信息传输、计算机服务和软件业 | 67. 8471 | 5. 2200 | 13. 5117 | 5. 5715 | 11. 6380 | 4. 2568 | 7. 0032 | 3. 0662 |
| 批发和零售业 | 55. 1863 | 15. 1483 | 10. 9579 | 16. 1206 | 15. 8741 | 20. 7155 | 17. 9817 | 28. 0882 |
| 住宿和餐饮业 | 57. 1131 | 7. 1070 | 13. 6229 | 9. 0854 | 12. 6188 | 7. 4652 | 16. 6451 | 11. 7869 |
| 金融业 | 81. 6533 | 15. 6589 | 3. 0241 | 3. 1082 | 9. 5224 | 8. 6817 | 5. 8002 | 6. 3299 |
| 房地产业 | 65. 9389 | 11. 4144 | 10. 1241 | 9. 3927 | 15. 0731 | 12. 4047 | 8. 8640 | 8. 7317 |
| 租赁和商务服务业 | 70. 2016 | 3. 2289 | 16. 5551 | 4. 0809 | 6. 3164 | 1. 3812 | 6. 9268 | 1. 8130 |
| 科学研究、技术服务和地质勘探业 | 87. 8483 | 3. 8062 | 3. 3047 | 0. 7674 | 4. 1265 | 0. 8500 | 4. 7206 | 1. 1639 |
| 水利、环境和公共设施管理业 | 39. 3032 | 0. 6132 | 26. 0956 | 2. 1819 | 19. 0935 | 1. 4161 | 15. 5078 | 1. 3767 |
| 居民服务和其他服务业 | 59. 6514 | 2. 6315 | 10. 2865 | 2. 4320 | 11. 3582 | 2. 3821 | 18. 7038 | 4. 6954 |
| 教育 | 59. 5184 | 6. 9463 | 16. 4691 | 10. 3013 | 14. 5974 | 8. 0993 | 9. 4151 | 6. 2529 |
| 卫生、社会保障和社会福利业 | 59. 5101 | 3. 5765 | 19. 5321 | 6. 2913 | 11. 8496 | 3. 3857 | 9. 1082 | 3. 1150 |
| 文化、体育和娱乐业 | 80. 5180 | 2. 3184 | 11. 6164 | 1. 7926 | 3. 2309 | 0. 4423 | 4. 6347 | 0. 7594 |
| 公共管理和社会组织 | 48. 9707 | 6. 4573 | 20. 7897 | 14. 6921 | 18. 8089 | 11. 7910 | 11. 4307 | 8. 5772 |

注：(1) 表示第三产业分行业产值占亚城市群地域系统的比重，(2) 表示第三产业分行业产值占城市地域系统的比重。

国枢纽城市；郑州是全国历史文化名城，是我国重要的交通运输枢纽，区内有我国最大的铁路编组站；郑州市是具有全国意义的商业中心；郑州市金融、保险业发达；郑州市高校和科研院所众多。郑汴一体化是中原经济区规划和《开封市国民经济和社会发展第十二个五年规划纲要》的战略任务；郑汴之间的多条、多方式的高速通道大大缩短了郑汴之间的时间距离；在《中原城市群总体发展规划纲要（2006－2020）》中开封市被定位于郑州都市圈的重要功能区、中国历史文化名城、国际文化旅游城市。新乡市交通便利；《中原城市群总体发展规划纲要（2006－2020）》将新乡市定位于中原城市群北部区域物流中心；《新乡市国民经济和社会发展第十二个五年规划纲要》提出新乡市将推进建设全国的医药物流配送中心、区域性煤炭物流配送中心和冷链物流中心。《焦作市国民经济和社会发展第十二个五年规划纲要》提出，通过做强做精旅游业、发展文化产业、优先发展现代物流业、加快发展金融业、提升传统商贸服务业、积极培育新兴服务业等措施，加快发展现代服务业；《中原城市群总体发展规划纲要（2006－2020）》将焦作市定位于国家级山水旅游城市；焦作市通过高速公路、铁路等多种方式连通区域内外。

综合考虑各个城市地域系统的发展基础、现状及未来趋势，各个城市地域系统均应根据需要大力发展第三产业，整合各个地域系统的旅游资源，发展旅游业；各个地域系统应发展交通运输、仓储及邮政业，批发和零售业等行业，当然，应该形成一定的等级体系，避免恶性竞争。郑州应该发展区域性的金融中心、商贸物流中心，培育区域的科技研发中心。

7.3.1.3 郑汴焦新亚城市群地域系统工业整合

选取2010年各个城市地域系统工业分行业数据（年平均就业人数），计算各个行业的区位商、该行业数据占亚城市群地域系统同一行业数据的比重、该行业数据占城市地域系统总数据的比重（表7－6）。

由表7－6，郑州城市地域系统中煤炭开采和洗选业，黑色金属矿采选业，有色金属矿采选业，非金属矿采选业，食品制造业，烟草加工业，纺织服装、鞋、帽制造业，印刷业和记录媒介的复制，石油加工及炼焦业，非金属矿物制品业，黑色金属冶炼及压延加工业，有色金属冶炼及压延加工业，专用设备制造业，通信设备、计算机及其他电子设备制造业，仪器仪表及文化、办公用机械制造业业，工艺品及其他制造业，电力、热力的生产和供应业，煤气生产和供应业，水的生产和供应业等19个行业区位商大于100%，说明这些行业在亚城市群地域系统中的专门化程度较高，可作为城市地域系统基本行业的候选行业。城市地域系统工业分行业数据占城市地域系统的工业行业数据的比值，上述19个行业科分为两类：黑色金属矿采选业，有色金属矿采选业，非金属矿采选业，烟草加工业，印刷业和记录媒介的复制，石油加工及炼焦业，黑色金属冶炼及压延加工业，仪器仪表及文化、办公用机械制造业业，工艺品及其他制造业，煤气生产和供应业，水的生产和供应业等11个行业为第一类；其余的行业为第二类。第一类行业分行业数据占城市地域系统工业行业数据的比重低于2%，表明行业的发展基础较差，不适合作为郑州城市地域系统的基本行业。第二类行业工业分行业数据占城市地域系统工业行业数据的比重值比较大，说明它们具有较好的发展基础。城市地域系统工业分行业占亚城市群地域系统相应行业的比值，第二类行业的比值最小的也达到45%以上，绝大部分行业的比值达到百分之六七十，甚至更高，说明这些行业在亚城市群地域系统具有绝对的优势。在《中原城市群总体发展规划纲要（2006－2020)》中，郑州市定位于先进制造业基地和科技创新基地；郑州的优势工业行业是铝及铝精深加工业、纺织服装产业、食品产业、耐材建材产业、能源产业、轻工业产业，《郑州市国民经济和社会发展第十二个五年规划纲要》提出郑州在“十二五”期间要发展新能源产业、新材料产业、生物及医药产业、节能环保产业、新能源汽车产业、物联网产业等行业。综合考虑，可将非金属矿物产业，有色金属冶炼及延压加工业，专用设备制造业，食品制造业，通信设备、计算机及其他电子设备制造业，纺织服装、鞋、帽制造业等作为基本行业，煤炭开采和洗选业，电力、热力的生产和供应业等行业具有较好的发展基础，可作为支柱性的非基本行业。将其余的工业行业作为郑州城市地域系统工业的非基本行业，这些行业也应该注意产品的技术改造与更新换代，争取将郑州建设成为中原城市群地区的先进制造业基地和先进技术输出中心。

表 7－6　2010 年郑汴焦新亚城市群地域系统规模以上工业分行业区位商与比重

| 行业 | 郑州 | | | 开封 | | | 新乡 | | | 焦作 | | |
|---|---|---|---|---|---|---|---|---|---|---|---|---|
| | (1) | (2) | (3) | (1) | (2) | (3) | (1) | (2) | (3) | (1) | (2) | (3) |
| 1 | 154.4531 | 68.4711 | 19.7730 | 0.0000 | 0.0000 | 0.0000 | 17.8318 | 3.6039 | 2.2828 | 135.6382 | 27.9250 | 17.1482 |
| 2 | 205.3456 | 91.0324 | 1.4160 | 0.0000 | 0.0000 | 0.0000 | 0.0000 | 0.0000 | 0.0000 | 43.5575 | 8.9676 | 0.2966 |
| 3 | 217.9480 | 96.6192 | 0.6279 | 0.0000 | 0.0000 | 0.0000 | 0.0000 | 0.0000 | 0.0000 | 16.4212 | 3.3808 | 0.0467 |
| 4 | 193.5363 | 85.7972 | 0.4060 | 0.0000 | 0.0000 | 0.0000 | 0.0000 | 0.0000 | 0.0000 | 68.9863 | 14.2028 | 0.1429 |
| 5 | 48.5244 | 21.5115 | 2.1049 | 251.8004 | 39.9637 | 10.9224 | 84.0569 | 16.9882 | 3.6462 | 104.6083 | 21.5366 | 4.4812 |
| 6 | 117.4828 | 52.0817 | 4.1444 | 54.7761 | 8.6936 | 1.9323 | 59.3194 | 11.9887 | 2.0926 | 132.2918 | 27.2361 | 4.6087 |
| 7 | 78.8872 | 34.9717 | 1.4398 | 122.9045 | 19.5064 | 2.2432 | 83.3837 | 16.8522 | 1.5219 | 139.2555 | 28.6697 | 2.5100 |
| 8 | 219.0661 | 97.1149 | 0.8758 | 0.0000 | 0.0000 | 0.0000 | 0.0000 | 0.0000 | 0.0000 | 14.0135 | 2.8851 | 0.0553 |
| 9 | 25.4805 | 11.2958 | 1.3956 | 238.0338 | 37.7787 | 13.0372 | 204.9250 | 41.4161 | 11.2238 | 46.1890 | 9.5093 | 2.4983 |
| 10 | 155.4570 | 68.9161 | 2.3160 | 125.4185 | 19.9054 | 1.8685 | 17.0252 | 3.4409 | 0.2536 | 37.5835 | 7.7376 | 0.5530 |
| 11 | 8.7404 | 3.8748 | 0.1318 | 110.4242 | 17.5256 | 1.6654 | 56.7595 | 11.4713 | 0.8561 | 326.0578 | 67.1284 | 4.8565 |
| 12 | 23.6118 | 10.4674 | 0.4761 | 481.5901 | 76.4340 | 9.7112 | 37.7358 | 7.6266 | 0.7609 | 26.5790 | 5.4721 | 0.5293 |
| 13 | 74.2430 | 32.9129 | 0.4375 | 388.4437 | 61.6505 | 2.2892 | 26.8998 | 5.4366 | 0.1585 | 0.0000 | 0.0000 | 0.0000 |
| 14 | 76.2847 | 33.8180 | 2.6827 | 35.3026 | 5.6029 | 1.2415 | 186.6234 | 37.7173 | 6.5631 | 111.0449 | 22.8618 | 3.8566 |
| 15 | 166.4173 | 73.7750 | 1.4037 | 26.5183 | 4.2088 | 0.2237 | 52.6258 | 10.6359 | 0.4439 | 55.2771 | 11.3804 | 0.4604 |
| 16 | 44.0364 | 19.5219 | 0.0708 | 471.6766 | 74.8606 | 0.7586 | 19.7130 | 3.9841 | 0.0317 | 7.9341 | 1.6335 | 0.0126 |
| 17 | 105.0568 | 46.5731 | 0.1630 | 135.0158 | 21.4286 | 0.2095 | 102.1461 | 20.6441 | 0.1585 | 55.1502 | 11.3543 | 0.0845 |
| 18 | 48.3489 | 21.4337 | 2.8896 | 146.6607 | 23.2768 | 8.7652 | 142.1750 | 28.7341 | 8.4971 | 128.9859 | 26.5554 | 7.6130 |
| 19 | 65.9226 | 29.2244 | 1.6987 | 74.1115 | 11.7624 | 1.9097 | 198.1003 | 40.0368 | 5.1046 | 92.1730 | 18.9765 | 2.3455 |

**续表**

| 行业 | 郑州 | | | 开封 | | | 新乡 | | | 焦作 | | |
|---|---|---|---|---|---|---|---|---|---|---|---|---|
| | (1) | (2) | (3) | (1) | (2) | (3) | (1) | (2) | (3) | (1) | (2) | (3) |
| 20 | 9. 2438 | 4. 0979 | 0. 0804 | 0. 0000 | 0. 0000 | 0. 0000 | 459. 4946 | 92. 8656 | 3. 9949 | 14. 7493 | 3. 0366 | 0. 1266 |
| 21 | 18. 4863 | 8. 1952 | 0. 3517 | 139. 4999 | 22. 1403 | 2. 6538 | 16. 6665 | 3. 3684 | 0. 3171 | 322. 0156 | 66. 2961 | 6. 0497 |
| 22 | 73. 0100 | 32. 3663 | 1. 0902 | 85. 8232 | 13. 6211 | 1. 2815 | 112. 5404 | 22. 7448 | 1. 6804 | 151. 8744 | 31. 2677 | 2. 2395 |
| 23 | 152. 3759 | 67. 5502 | 19. 8285 | 61. 2367 | 9. 7190 | 7. 9687 | 25. 5832 | 5. 1705 | 3. 3291 | 85. 2946 | 17. 5603 | 10. 9611 |
| 24 | 137. 1371 | 60. 7947 | 1. 6941 | 60. 6607 | 9. 6276 | 0. 7493 | 74. 4324 | 15. 0431 | 0. 9195 | 70. 5984 | 14. 5347 | 0. 8613 |
| 25 | 135. 4366 | 60. 0409 | 5. 6933 | 58. 0015 | 9. 2055 | 2. 4382 | 30. 1695 | 6. 0974 | 1. 2682 | 119. 7611 | 24. 6563 | 4. 9717 |
| 26 | 89. 8832 | 39. 8464 | 2. 2128 | 148. 0394 | 23. 4956 | 3. 6446 | 104. 3166 | 21. 0828 | 2. 5682 | 75. 6524 | 15. 5752 | 1. 8393 |
| 27 | 43. 7181 | 19. 3808 | 3. 2502 | 112. 2513 | 17. 8156 | 8. 3453 | 226. 8804 | 45. 8534 | 16. 8675 | 82. 3312 | 16. 9502 | 6. 0448 |
| 28 | 102. 0718 | 45. 2498 | 5. 6067 | 130. 5321 | 20. 7170 | 7. 1701 | 105. 6293 | 21. 3481 | 5. 8022 | 61. 6149 | 12. 6852 | 3. 3423 |
| 29 | 96. 1329 | 42. 6170 | 4. 7633 | 53. 8927 | 8. 5534 | 2. 6703 | 152. 9319 | 30. 9081 | 7. 5777 | 87. 0490 | 17. 9215 | 4. 2595 |
| 30 | 65. 1413 | 28. 8780 | 1. 8575 | 31. 8428 | 5. 0538 | 0. 9080 | 232. 3819 | 46. 9652 | 6. 6265 | 92. 7874 | 19. 1029 | 2. 6130 |
| 31 | 172. 2710 | 76. 3700 | 2. 7959 | 51. 3701 | 8. 1530 | 0. 8337 | 70. 3279 | 14. 2135 | 1. 1414 | 6. 1367 | 1. 2634 | 0. 0984 |
| 32 | 109. 1901 | 48. 4054 | 0. 6033 | 163. 0168 | 25. 8727 | 0. 9007 | 28. 6904 | 5. 7984 | 0. 1585 | 96. 7728 | 19. 9235 | 0. 5281 |
| 33 | 141. 2474 | 62. 6168 | 0. 5326 | 192. 1805 | 30. 5013 | 0. 7247 | 0. 0000 | 0. 0000 | 0. 0000 | 33. 4270 | 6. 8819 | 0. 1245 |
| 34 | 20. 7902 | 9. 2166 | 0. 0058 | 0. 0000 | 0. 0000 | 0. 0000 | 0. 0000 | 0. 0000 | 0. 0000 | 440. 9558 | 90. 7834 | 0. 1211 |
| 35 | 114. 0845 | 50. 5752 | 4. 0543 | 63. 8367 | 10. 1316 | 2. 2686 | 102. 5991 | 20. 7357 | 3. 6462 | 90. 1381 | 18. 5575 | 3. 1635 |
| 36 | 138. 7902 | 61. 5275 | 0. 3132 | 63. 5083 | 10. 0795 | 0. 1433 | 28. 0974 | 5. 6786 | 0. 0634 | 110. 3289 | 22. 7144 | 0. 2459 |
| 37 | 136. 0268 | 60. 3025 | 0. 8126 | 87. 2493 | 13. 8475 | 0. 5212 | 74. 3016 | 15. 0166 | 0. 4439 | 52. 6204 | 10. 8334 | 0. 3104 |

注：在本章的表格中，为了表达的方便，将相关指标分别用数字表示：(1)表示行业区位商，(2)表示某行业占中原城市群同一行业的比值，(3)表示某行业占亚城市群地域系统总数据的比值。

非金属矿物制品业、有色金属冶炼及压延加工业、黑色金属冶炼及延压加工业等资源型产业应注意产业链条的连接与延伸，提高区域资源使用价值；交通运输设备制造业、专用设备制造业、烟草加工业等加工业应该积极用新技术、新工艺改造传统产业，提高这些产品的技术含量和附加值。此外，考虑到未来郑州城市地域系统产业发展的方向，可以考虑将通信设备、计算机及其他电子设备制造业作为其潜在的基本行业。

由表 7 - 6，近两年，开封城市地域系统中工业分行业区位商大于 100% 的行业有农副食品加工业，饮料制造业，纺织业，纺织服装、鞋、帽制造业，皮革、毛皮、羽毛（绒）及其制品，木材加工及木、竹、藤、棕、草制品业，家具制造业，文教体育用品制造业，石油加工及炼焦业，化学原料及化学制品制造业，橡胶制品业，金属制品业，通用设备制造业，专用设备制造业，仪器仪表及文化、办公用机械制造业业，工艺品及其他制造业等共 16 个行业区位商大于 100%，说明这些行业在亚城市群地域系统中的专门化程度较高，可作为城市地域系统基本行业的候选行业。城市地域系统工业分行业数据占城市地域系统的工业行业数据的比值，上述 16 个行业可分为两类：纺织服装、鞋、帽制造业，皮革、毛皮、羽毛（绒）及其制品，文教体育用品制造业，石油加工及炼焦业，仪器仪表及文化、办公用机械制造业业，工艺品及其他制造业等 6 个行业为第一类；其余的行业为第二类。第一类行业分行业数据占城市地域系统工业行业数据的比重低于 2%，表明行业的发展基础较差，不适合作为开封城市地域系统的基本行业。第二类行业工业分行业数据占城市地域系统工业行业数据的比重值比较大，说明它们具有较好的发展基础。城市地域系统工业分行业占亚城市群地域系统相应行业的比值，第二类行业占有较大的比值，说明这些行业在亚城市群地域系统具有一定的优势。

开封是我国重要的商品粮生产基地和我国的粮食主产区之一；建国以来的很长时间，开封是河南省重要的工业城市，具有发展工业的良好基础；《中原城市群总体发展规划纲要（2006 - 2020）》将开封市定位于中原城市群的纺织、食品、化工和医药工业基地；《开封市国民经济和社会发展第十二个五年规划纲要》提出重点发展汽车电动车及零部件、装备制造、化工、新材料、食品加工、纺织服装、光伏、木材加工、生物医药、电子信息等十大产业集群。综合考虑，可将纺织业，农副食品加工业，木材加工及木、竹、藤、棕、草制品业，化学原料及化学制品制造业，通用设备制造业，专用设备制造业等行业作为开封城市地域系统的基本行业，其余的行业作为非基本行业。在未来的产业发展中要积极采用新技术改造传统产业，加速产品的升级换代，提高产品的技术含量和附加值。

由表7－6，近两年，新乡城市地域系统中纺织业，造纸及纸制品业，石油加工及炼焦业，化学原料及化学制品制造业，医药制造业，化学纤维制造业，塑料制品业，金属制品业，通用设备制造业，专用设备制造业，交通运输设备制造业，电气机械及器材制造业，电力、热力的生产和供应业等13个工业分行业区位商大于100%，说明这些行业在亚城市群地域系统中的专门化程度较高，可作为城市地域系统基本行业的候选行业。城市地域系统工业分行业数据占城市地域系统的工业行业数据的比值，上述13个行业可分为两类：石油加工及炼焦业，塑料制品业等2个行业为第一类；其余的行业为第二类。第一类行业分行业数据占城市地域系统工业行业数据的比重低于2%，表明行业的发展基础较差，不适合作为新乡城市地域系统的基本行业。第二类行业工业分行业数据占城市地域系统工业行业数据的比重值比较大，说明它们具有较好的发展基础。城市地域系统工业分行业占亚城市群地域系统相应行业的比值，第二类行业占有较大的比值，说明这些行业在亚城市群地域系统具有较好的优势。

《中原城市群总体发展规划纲要（2006－2020）》将新乡市定位于中原城市群的高新技术产业、汽车零部件、轻纺、医药工业基地；《新乡市国民经济和社会发展第十二个五年规划纲要》提出新乡将发展壮大装备制造业、汽车及零部件业、制冷业、现代煤化工业，改造食品业、纺织业、造纸业、建材业和能源工业等传统产业，重点建设生物与新医药产业、电池与新能源企业、电子信息产业、新型膜材料产业等行业。新乡市交通便利；在建国初期，新乡市是河南省国家重点产业布局的城市之一，工业发展基础雄厚；新乡市是河南省主要的粮食作物主产区。综合考虑，可将通用设备制造业，纺织业，化学原料及化学制品制造业，交通运输设备制造业，电气机械及器材制造业，专用设备制造业等作为新乡城市地域系统的基本行业，其他行业作为非基本行业。在未来的产业发展中，应该注重新技术、新工艺、新材料的使用，注意产业链条的连接和延伸。

由表 7-6，近两年，焦作城市地域系统中煤炭开采和洗选业农副食品加工业，食品制造业，饮料制造业，皮革、毛皮、羽毛（绒）及其制品，造纸及纸制品业，化学原料及化学制品制造业，橡胶制品业，塑料制品业，有色金属冶炼及延压加工业，废弃资源和废旧材料回收加工业，煤气生产和供应业等 12 个工业分行业区位商大于 100%，说明这些行业在亚城市群地域系统中的专门化程度较高，可作为城市地域系统基本行业的候选行业。城市地域系统工业分行业数据占城市地域系统的工业行业数据的比值，上述 12 个行业可分为两类：废弃资源和废旧材料回收加工业，煤气生产和供应业等 2 个行业为第一类；其余的行业为第二类。第一类行业分行业数据占城市地域系统工业行业数据的比重低于 2%，表明行业的发展基础较差，不适合作为焦作城市地域系统的基本行业。第二类行业工业分行业数据占城市地域系统工业行业数据的比重值比较大，说明它们具有较好的发展基础。城市地域系统工业分行业占亚城市群地域系统相应行业的比值，第二类行业占有较大的比值，说明这些行业在亚城市群地域系统具有一定的优势。

在《中原城市群总体发展规划纲要（2006-2020）》中，焦作市被定位于中原城市群的能源、原材料、重化工、汽车零部件制造基地；《焦作市国民经济和社会发展第十二个五年规划纲要》提出“十二五”期间焦作要大力发展汽车及零部件产业、装备工业、食品工业等高成长性产业，改造铝工业、能源工业等传统产业，大力发展生物产业、新材料产业、新能源产业、节能环保产业等战略性新兴产业。焦作煤炭等矿产资源储量丰富、交通方便。综合考虑，可将化学原料及化学制品制造业，有色金属冶炼及延压加工业，农副食品加工业，食品制造业作为基本行业，培育通用设备制造业、专用设备制造业等作为后备的基本行业，改造传统的煤炭开采和洗选业，整合产业资源，培育并拉长产业链条，特别注意“煤—电—氧化铝—电解铝—铝材深加工”链条的连接与延伸。

### 7.3.2　洛济亚城市群地域系统产业整合

#### 7.3.2.1　洛济亚城市群地域系统三次产业发展分析

计算各个城市地域系统三次产业占亚城市群地域系统相应产业产值的比重（表7－7）。由表7－7，2003－2010年以来，城市地域系统三次产业占亚城市群地域系统相应产业的比重，洛阳市占有绝对的优势，这和两城市地域系统的发展基础具有很大的关系。几年来，洛阳的第一产业、工业和建筑业占的比例下降，其他产业则呈现上升的趋势；而济源这些产业的发展则和洛阳相反。

表7－7　2003/2010年洛济亚城市群地域系统分三次产业比重

| 占亚城市群地域系统比重 | 洛阳 | | 济源 | |
|---|---|---|---|---|
| | 2003 | 2010 | 2003 | 2010 |
| 第一产业 | 91.2394 | 87.1087 | 8.7606 | 12.8913 |
| 第二产业 | 86.2922 | 92.1514 | 13.7078 | 7.8486 |
| 工业 | 86.2995 | 84.3091 | 13.7005 | 15.6909 |
| 建筑业 | 86.2376 | 83.4832 | 13.7624 | 16.5168 |
| 第三产业 | 89.8620 | 91.7122 | 10.1380 | 8.2878 |

#### 7.3.2.2　洛济亚城市群地域系统第三产业发展设想

由表7－8，2010年城市地域系统第三产业分行业增加值占亚城市群地域系统相应行业的比重，洛阳所有行业的比值都在78%以上，占有绝对的优势；济源的租赁和商务服务业的比值是该地域系统最大的，仅达到21%多，此外，绝大部分都在百分之十点五之下，表明济源的各个行业在亚城市群地域系统中均不占优势。

第三产业各个分行业增加值占所在城市地域系统的比值，洛阳排在前五位的是批发和零售业，交通运输、仓储及邮政业，公共管理和社会组织，科学研究、技术服务和地质勘探业，房地产业等，比值最大的不到20%；济源排在前五位的行业分别是批发和零售业，交通运输、仓储及邮政业，住宿和餐饮业，租赁和商务服务业，房地产业等，比值最大的达到24%多。两个地域系统对比来看，排在前两位的行业相同，洛阳的科学研究、技术服务和地质勘探业比较发达。

表 7-8 2010 年洛济亚城市群地域系统第三产业分行业比重

| | 洛阳 | | 济源 | |
|---|---|---|---|---|
| | (1) | (2) | (1) | (2) |
| 交通运输、仓储及邮政业 | 90.3430 | 14.0970 | 9.6570 | 16.4289 |
| 信息传输、计算机服务和软件业 | 91.0187 | 3.2624 | 8.9813 | 3.5098 |
| 批发和零售业 | 89.5163 | 19.1921 | 10.4837 | 24.5058 |
| 住宿和餐饮业 | 89.5037 | 8.0263 | 10.4963 | 10.2623 |
| 金融业 | 95.9936 | 8.1034 | 4.0064 | 3.6873 |
| 房地产业 | 91.7595 | 9.1796 | 8.2405 | 8.9880 |
| 租赁和商务服务业 | 78.5604 | 3.4316 | 21.4396 | 10.2103 |
| 科学研究、技术服务和地质勘探业 | 99.3951 | 9.3047 | 0.6049 | 0.6174 |
| 水利、环境和公共设施管理业 | 93.5906 | 1.1433 | 6.4094 | 0.8537 |
| 居民服务和其他服务业 | 92.9721 | 2.1192 | 7.0279 | 1.7466 |
| 教育 | 93.0310 | 7.5991 | 6.9690 | 6.2064 |
| 卫生、社会保障和社会福利业 | 91.7553 | 3.0720 | 8.2447 | 3.0096 |
| 文化、体育和娱乐业 | 92.0192 | 1.1685 | 7.9808 | 1.1049 |
| 公共管理和社会组织 | 92.6806 | 10.3006 | 7.3194 | 8.8691 |

注：(1) 表示第三产业分行业产值占亚城市群地域系统的比重，(2) 表示第三产业分行业产值占城市地域系统的比重。

洛阳市是我国八大古都之一，区内文化遗存丰厚，旅游资源丰富；洛阳市交通便利；区域内部集中有大量的科研院所，科研力量雄厚；在《中原城市群总体发展规划纲要（2006-2020）》中，洛阳市被定位于中国历史文化名城、国际文化旅游城市、科研开发中心和职业培训基地、中西部区域物流枢纽；《洛阳市国民经济和社会发展第十二个五年规划纲要》提出，“十二五”期间洛阳市大力发展生态旅游业，积极申报国家旅游综合改革试验区、全国文物旅游示范区和全国最佳旅游城市，打造国际文化旅游目的地，建设服务中西部的商务服务中心。在《中原城市群总体发展规划纲要（2006-2020）》中，济源市被定位于中国北方生态旅游城市；济源市蕴藏有丰富的历史文化资源；大力发展旅游业，建设豫西北、晋东南区域性物流中心，此外要培育金融、健康、创意三大新兴服务业是《济源市国民经济和社会发展第十二个五年规划纲要》中第三产业发展的战略设想；随着洛济高速公路和洛焦高速公路的通车，济源市的交通便利程度将大大提高。

综合考虑，洛阳和济源城市地域系统应和郑汴焦新亚城市群地域系统整合区域旅游资源，发展生态旅游；大力发展第三产业，并重点发展批发和零售业，交通运输、仓储及邮政业等行业。此外，洛阳还要着重发展科学研究、技术服务和地质勘探业，建设区域性的商务服务中心、金融服务中心、文化教育中心；济源在物流中心建设方面有所突破。

7.3.2.3　洛济亚城市群地域系统工业整合

选取2010年各个亚城市群地域系统工业分行业数据（年平均就业人数），计算各个行业的区位商、该行业数据占中原城市群同一行业数据的比重、该行业数据占亚城市群地域系统总数据的比重（表7－9）。

由表7－9，洛阳城市地域系统工业分行业中非金属矿采选业，烟草加工业，纺织业，纺织服装、鞋、帽制造业，木材加工及木、竹、藤、棕、草制品业，家具制造业，文教体育用品制造业，化学纤维制造业，橡胶制品业，塑料制品业，非金属矿物制品业，金属制品业，通用设备制造业，专用设备制造业，交通运输设备制造业，工艺品及其他制造业，废弃资源和废旧材料回收加工业，电力、热力的生产和供应业，水的生产和供应业等20个行业区位商大于100%，说明这些行业在亚城市群地域系统中的专门化程度较高，可作为城市地域系统基本行业的候选行业。城市地域系统工业分行业数据占城市地域系统的工业行业数据的比值，上述20个行业可分为两类：有色金属矿采选业，非金属矿采选业，烟草加工业，纺织业，纺织服装、鞋、帽制造业，木材加工及木、竹、藤、棕、草制品业，化学纤维制造业，橡胶制品业，塑料制品业，金属制品业，工艺品及其他制造业，废弃资源和废旧材料回收加工业，水的生产和供应业等12个行业为第一类；其余的行业为第二类。第一类行业分行业数据占城市地域系统工业行业数据的比重低于2%，表明行业的发展基础较差，不适合作为洛阳城市地域系统的基本行业。第二类行业工业分行业数据占城市地域系统工业行业数据的比重值比较大，说明它们具有较好的发展基础。城市地域系统工业分行业占亚城市群地域系统相应行业的比值，第二类行业的比值最小的也达到89%以上，甚至达到100%，说明这些行业在亚城市群地域系统具有绝对的发展优势。

洛阳市是河南省乃至全国重要的工业城市、建国初期，曾作为我国工业行业布局的重点城市之一，具有良好的工业发展基础。《中原城市群总体发展规划纲要（2006－2020）》将洛阳市定位于全国重要的新型工业城市、先进制造业基地；《洛阳市国民经济和社会发展第十二个五年规划纲要》提出，“十二五”期间洛阳市大力发展现代装备制造、新材料、石油化工、硅光电及能源电力等五大战略支柱产业，积极培育新能源、节能环保、生物医药、信息技术、新能源汽车等五大战略性新兴产业。综合考虑，可以将专用设备制造业，通用设备制造业，非金属矿物制品业，交通运输设备制造业等作为洛阳城市地域系统基本行业。在未来的发展中，洛阳城市地域系统应该注意诸多工业行业的工艺技术的发展、产品品种的更新和产业链条的延伸等问题；注意产品的设备更新与技术改造，提高产品的技术含量和附加值；并大力发展新能源、节能环保、生物医药、信息技术、新能源汽车战略性新兴产业。

**表7－9　2010年洛济亚城市群地域系统规模以上工业企业分行业区位商与比重**

| 行业 | 洛阳 | | | 济源 | | |
|---|---|---|---|---|---|---|
| | （1） | （2） | （3） | （1） | （2） | （3） |
| 1 | 90.6668 | 78.5367 | 4.8245 | 160.4283 | 21.4633 | 8.5366 |
| 2 | 75.0090 | 64.9737 | 0.4367 | 261.8048 | 35.0263 | 1.5244 |
| 3 | 111.6277 | 96.6933 | 5.5077 | 24.7163 | 3.3067 | 1.2195 |
| 4 | 110.4583 | 95.6803 | 0.5215 | 32.2874 | 4.3197 | 0.1524 |
| 5 | 85.3107 | 73.8972 | 1.3331 | 195.1064 | 26.1028 | 3.0488 |
| 6 | 96.2491 | 83.3721 | 0.5903 | 124.2855 | 16.6279 | 0.7622 |
| 7 | 74.5555 | 64.5809 | 0.3864 | 264.7412 | 35.4191 | 1.3720 |
| 8 | 115.4451 | 100.0000 | 0.2771 | 0.0000 | 0.0000 | 0.0000 |
| 9 | 100.7710 | 87.2891 | 1.7785 | 95.0079 | 12.7109 | 1.6768 |
| 10 | 115.4451 | 100.0000 | 0.7746 | 0.0000 | 0.0000 | 0.0000 |
| 11 | 0.0000 | 0.0000 | 0.0000 | 747.4527 | 100.0000 | 0.3049 |
| 12 | 112.6925 | 97.6156 | 0.9639 | 17.8220 | 2.3844 | 0.1524 |
| 13 | 115.4451 | 100.0000 | 4.7411 | 0.0000 | 0.0000 | 0.0000 |
| 14 | 88.8694 | 76.9797 | 0.3937 | 172.0655 | 23.0203 | 0.7622 |
| 15 | 52.8732 | 45.7995 | 0.0398 | 405.1234 | 54.2005 | 0.3049 |

续表

| 行业 | 洛阳 | | | 济源 | | |
|---|---|---|---|---|---|---|
| | (1) | (2) | (3) | (1) | (2) | (3) |
| 16 | 115.4451 | 100.0000 | 2.3300 | 0.0000 | 0.0000 | 0.0000 |
| 17 | 71.7693 | 62.1674 | 1.1994 | 282.7805 | 37.8326 | 4.7256 |
| 18 | 95.8611 | 83.0361 | 4.2641 | 126.7973 | 16.9639 | 5.6402 |
| 19 | 94.6567 | 81.9928 | 0.6432 | 134.5953 | 18.0072 | 0.9146 |
| 20 | 115.4451 | 100.0000 | 0.1592 | 0.0000 | 0.0000 | 0.0000 |
| 21 | 104.2260 | 90.2818 | 0.2187 | 72.6388 | 9.7182 | 0.1524 |
| 22 | 112.1287 | 97.1273 | 0.7960 | 21.4724 | 2.8727 | 0.1524 |
| 23 | 100.8586 | 87.3650 | 10.0935 | 94.4407 | 12.6350 | 9.4512 |
| 24 | 51.1759 | 44.3292 | 1.9123 | 416.1128 | 55.6708 | 15.5488 |
| 25 | 92.7252 | 80.3197 | 11.7230 | 147.1008 | 19.6803 | 18.5976 |
| 26 | 110.5651 | 95.7729 | 1.6003 | 31.5959 | 4.2271 | 0.4573 |
| 27 | 102.7472 | 89.0009 | 11.4308 | 82.2130 | 10.9991 | 9.1463 |
| 28 | 113.8916 | 98.6543 | 13.8081 | 10.0587 | 1.3457 | 1.2195 |
| 29 | 111.1913 | 96.3153 | 6.1543 | 27.5416 | 3.6847 | 1.5244 |
| 30 | 72.1707 | 62.5151 | 1.2172 | 280.1818 | 37.4849 | 4.7256 |
| 31 | 99.5134 | 86.1998 | 1.1765 | 103.1503 | 13.8002 | 1.2195 |
| 32 | 90.7179 | 78.5810 | 0.6910 | 160.0970 | 21.4190 | 1.2195 |
| 33 | 115.4451 | 100.0000 | 0.1177 | 0.0000 | 0.0000 | 0.0000 |
| 34 | 115.4451 | 100.0000 | 0.0452 | 0.0000 | 0.0000 | 0.0000 |
| 35 | 104.4911 | 90.5115 | 7.1869 | 70.9221 | 9.4885 | 4.8780 |
| 36 | 80.9324 | 70.1046 | 0.1104 | 223.4537 | 29.8954 | 0.3049 |
| 37 | 106.3871 | 92.1538 | 0.5531 | 58.6467 | 7.8462 | 0.3049 |

注：在本章的表格中，为了表达的方便，将相关指标分别用数字表示：（1）表示行业区位商，（2）表示某行业占中原城市群同一行业的比值，（3）表示某行业占亚城市群地域系统总数据的比值。

由表7-9，济源市工业分行业中煤炭开采和洗选业，黑色金属矿采选业，农副食品加工业，食品制造业，饮料制造业，皮革、毛皮、羽毛（绒）及其制品，造纸及纸制品业，印刷业和记录媒介的复制，石油加工及炼焦业，化学原料及化学制品制造业，医药制造业，黑色金属冶炼及压延加工业，有色金属冶炼及压延加工业，电气机械及器材制造业，通信设备、计算机及其他电子设备制造业，仪器仪表及文化、办公用机械制造业业，煤气生产和供应业等17个行业区位商大于100%，说明这些行业在亚城市群地域系统中的专门化程度较高，可作为城市地域系统基本行业的候选行业。城市地域系统工业分行业数据占城市地域系统的工业行业数据的比值，上述17个行业可分为两类：黑色金属矿采选业，食品制造业，饮料制造业，皮革、毛皮、羽毛（绒）及其制品，造纸及纸制品业，印刷业和记录媒介的复制，医药制造业，通信设备、计算机及其他电子设备制造业，仪器仪表及文化、煤气生产和供应业等10个行业为第一类；其余的行业为第二类。第一类行业分行业数据占城市地域系统工业行业数据的比重低于2%，表明行业的发展基础较差，不适合作为济源城市地域系统的基本行业。第二类行业工业分行业数据占城市地域系统工业行业数据的比重值比较大，说明它们具有较好的发展基础。城市地域系统工业分行业占亚城市群地域系统相应行业的比值，第二类行业的比值维持在百分之十几，乃至百分二三十，说明这些行业在亚城市群地域系统具有一定的优势。

济源市矿产资源丰富；在《中原城市群总体发展规划纲要（2006－2020）》中，济源市被定位于能源和原材料基地；《济源市国民经济和社会发展第十二个五年规划纲要》提出，“十二五”规划期间，济源改造铅锌产业、装备制造业、化工产业等传统产业，积极发展新能源产业、新材料产业、生物产业、电子信息产业、节能环保产业等战略性新兴产业等。综合考虑，有色金属冶炼及压延加工业，黑色金属冶炼及压延加工业，化学原料及化学制品制造业，电气机械及器材制造业等作为济源城市地域系统的基本行业。未来，应该注意煤炭开采和洗选业、石油加工及炼焦业等相关产业链条在区域内外部的延伸，大力提高产品的技术含量，加快产品的更新换代。同时，要大力发展新能源、新材料、节能环保产业等战略性新兴产业。

### 7.3.3 平许漯亚城市群地域系统产业整合

#### 7.3.3.1 平许漯亚城市群地域系统三次产业的产业发展分析

计算各个城市地域系统三次产业占亚城市群地域系统相应产业产值的比重（表7－10）。由表7－10，从2003－2010年间，各个城市地域系统三次产业占亚城市群地域系统相应产业的比值，许昌是最大的，漯河比重是最小的，平顶山居中；到2010年，许昌的各个产业占的比值都在百分之四十左右，平顶山各个产业的比值除第二产业为32%外，其他产业则大于38%，占了三分之一强；漯河的则要弱些，大部分比值在20%以下。从发展的历程来看，几年间，平顶山除第一产业、第三产业外，第二产业及其下属的工业和建筑业的比值呈上升趋势；许昌第一产业、第二产业中的工业、建筑业的比值呈下降趋势，而第二产业、第三产业呈上升趋势；漯河的第一产业、第二产业中的工业、第三产业呈下降趋势，而其他产业则表现为上升趋势。

**表7-10　2003/2010年平许漯亚城市群地域系统三次产业比重**

| 占亚城市群地域系统比重 | 平顶山 | | 许昌 | | 漯河 | |
|---|---|---|---|---|---|---|
| | 2003 | 2010 | 2003 | 2010 | 2003 | 2010 |
| 第一产业 | 30.6106 | 39.6285 | 44.1268 | 39.7992 | 25.2626 | 20.5723 |
| 第二产业 | 35.3512 | 32.653 | 41.8269 | 42.6813 | 22.8219 | 24.6657 |
| 工业 | 35.1586 | 38.7105 | 41.8373 | 40.1596 | 23.0041 | 21.1299 |
| 建筑业 | 37.6859 | 38.7061 | 41.7009 | 39.9527 | 20.6131 | 21.3412 |
| 第三产业 | 42.6142 | 38.7849 | 38.2852 | 43.6798 | 19.1007 | 17.5353 |

#### 7.3.3.2　平许漯亚城市群地域系统第三产业发展设想

计算各个城市地域系统第三产业分行业增加值占亚城市群地域系统相应行业的比重、各个城市地域系统第三产业分行业增加值占城市地域系统第三产业增加值的比重（表7-11）。

**表7-11　2010年平许漯亚城市群地域系统第三产业分行业比重**

| | 平顶山 | | 许昌 | | 漯河 | |
|---|---|---|---|---|---|---|
| | (1) | (2) | (1) | (2) | (1) | (2) |
| 交通运输、仓储及邮政业 | 47.1642 | 12.9036 | 39.1176 | 13.2156 | 13.7183 | 10.2810 |
| 信息传输、计算机服务和软件业 | 44.6169 | 3.8148 | 39.0040 | 4.1181 | 16.3791 | 3.8362 |
| 批发和零售业 | 48.0247 | 22.3169 | 32.7172 | 18.7742 | 19.2581 | 24.5143 |
| 住宿和餐饮业 | 42.0519 | 11.5021 | 38.9995 | 13.1725 | 18.9487 | 14.1974 |
| 金融业 | 53.5647 | 10.1676 | 39.0352 | 9.1498 | 7.4001 | 3.8479 |

续表

| | 平顶山 | | 许昌 | | 漯河 | |
|---|---|---|---|---|---|---|
| | (1) | (2) | (1) | (2) | (1) | (2) |
| 房地产业 | 37.2909 | 6.8961 | 41.6829 | 9.5187 | 21.0262 | 10.6512 |
| 租赁和商务服务业 | 60.3021 | 2.9830 | 34.6757 | 2.1182 | 5.0222 | 0.6805 |
| 科学研究、技术服务和地质勘探业 | 51.6413 | 1.0252 | 38.5710 | 0.9456 | 9.7877 | 0.5323 |
| 水利、环境和公共设施管理业 | 49.8475 | 1.0307 | 30.7228 | 0.7844 | 19.4297 | 1.1005 |
| 居民服务和其他服务业 | 41.0876 | 3.8606 | 31.6497 | 3.6722 | 27.2627 | 7.0170 |
| 教育 | 39.2759 | 6.7236 | 43.0856 | 9.1081 | 17.6385 | 8.2713 |
| 卫生、社会保障和社会福利业 | 43.4400 | 3.4777 | 41.4812 | 4.1009 | 15.0789 | 3.3068 |
| 文化、体育和娱乐业 | 62.9516 | 1.6702 | 23.0325 | 0.7546 | 14.0159 | 1.0186 |
| 公共管理和社会组织 | 48.2323 | 11.6276 | 35.4966 | 10.5671 | 16.2711 | 10.7450 |

注：(1) 表示第三产业分行业增加值占亚城市群地域系统的比重，(2) 表示第三产业分行业增加值占城市地域系统的比重。

由表7-11，各个城市地域系统第三产业分行业增加值占亚城市群地域系统相应行业的比重，除教育、房地产业外，平顶山在亚城市群地域系统中比重最大，达到40%以上，其中金融业，租赁和商务服务业，科学研究、技术服务和地质勘探业，文化、体育和娱乐业等的比重更是达到50%以上，占有绝对的优势。而许昌除了文化、体育和娱乐业外，其他行业的比重也达到30%以上，部分行业达到40%以上，表明这些行业在亚城市群地域系统中也具有一定的优势。漯河第三产业分行业的比重则要低些。各个城市地域系统第三产业分行业增加值占城市地域系统第三产业增加值的比重，平顶山排在前五位的是批发和零售业，交通运输、仓储及邮政业，公共管理和社会组织，住宿和餐饮业，金融业；许昌排在前五位的是批发和零售业，交通运输、仓储及邮政业，住宿和餐饮业，公共管理和社会组织，房地产业；漯河排在前五位的是批发和零售业，住宿和餐饮业，公共管理和社会组织，房地产业，交通运输、仓储及邮政业等。显然，三个城市地域系统排在第一位的行业均为批发和零售业，两市排在前五位的交集还有交通运输、仓储及邮政业，住宿和餐饮业等。

平顶山市教育文化事业发达；《平顶山市国民经济和社会发展第十二个五年规划纲要》提出加快发展旅游文化和物流服务业，大力发展金融商贸和房地产业，积极扶持社区、信息服务等新兴服务业，积极推进外包服务业发展。许昌市交通便利，旅游文化资源丰富；《许昌市国民经济和社会发展第十二个五年规划纲要》提出要大力物流产业、旅游业、房地产业、高成长型生产性服务业，改造提升商贸业。在《中原城市群总体发展规划纲要（2006－2020）》中，漯河市被定位于中原城市群南部的区域物流中心；《漯河市国民经济和社会发展第十二个五年规划纲要》提出要发展现代物流业、商贸流通业、休闲娱乐业、旅游业、房地产业、创意产业、科技信息服务业以及金融服务业和商务会展业等；漯河市食品工业发达；交通方便。综合考虑，三个城市地域系统应该大力发展第三产业，并重点发展批发和零售业，交通运输、仓储及邮政业，住宿和餐饮业。三个城市地域系统要形成相应等级的商贸中心、交通物流中心和金融中心。同时，要整合区域旅游资源，发展生态旅游、工业旅游和文化旅游产业。

#### 7.3.3.3　平许漯亚城市群地域系统工业整合

选取2010年各个亚城市群地域系统工业分行业数据（年平均就业人数），计算各个行业的区位商、该行业数据占中原城市群同一行业数据的比重、该行业数据占亚城市群地域系统总数据的比重（表7－12）。

由表7－12，近两年，平顶山城市地域系统中煤炭开采和洗选业，黑色金属矿采选业，有色金属矿采选业，非金属矿采选业，纺织服装、鞋、帽制造业，石油加工及炼焦业，化学原料及化学制品制造业，医药制造业，化学纤维制造业，非金属矿物制品业，黑色金属冶炼及压延加工业，金属制品业，仪器仪表及文化、办公用机械制造业业，电力、热力的生产和供应业，煤气生产和供应业，水的生产和供应业等16个行业区位商大于100%，说明这些行业在亚城市群地域系统中的专门化程度较高，可作为城市地域系统基本行业的候选行业。城市地域系统工业分行业数据占城市地域系统的工业行业数据的比值，上述16个行业可分为两类：黑色金属矿采选业，有色金属矿采选业，非金属矿采选业，纺织服装、鞋、帽制造业，医药制造业，化学纤维制造业，仪器仪表及文化、办公用机械制造业业，煤气生产和供应业，水的生产和供应业等9个行业为第一类；其余的行业为第二类。第一类行业分行业数据占城市地域系统工业行业数据的比重低于2%，表明行业的发展基础较差，不适合作为平顶山城市地域系统的基本行业。第二类行业工业分行业数据占城市地域系统工业行业数据的比重值比较大，且煤炭开采和洗选业的比重更是占到40%以上，说明它们具有较好的发展基础。城市地域系统工业分行业占亚城市群地域系统相应行业的比值，第二类行业的比值最小的也达到40%以上，甚至达到70%以上，说明这些行业在亚城市群地域系统具有绝对的发展优势。

**表7-12　2010年平许漯亚城市群地域系统规模以上工业企业分行业区位商和比重**

| 行业 | 平顶山 | | | 许昌 | | | 漯河 | | |
|---|---|---|---|---|---|---|---|---|---|
| | (1) | (2) | (3) | (1) | (2) | (3) | (1) | (2) | (3) |
| 1 | 210.4691 | 75.7539 | 40.0933 | 72.6230 | 24.2461 | 13.8343 | 0.0000 | 0.0000 | 0.0000 |
| 2 | 277.8327 | 100.0000 | 1.5215 | 0.0000 | 0.0000 | 0.0000 | 0.0000 | 0.0000 | 0.0000 |
| 3 | 163.8501 | 58.9744 | 0.1439 | 122.8816 | 41.0256 | 0.1080 | 0.0000 | 0.0000 | 0.0000 |
| 4 | 206.1635 | 74.2042 | 0.4231 | 70.6890 | 23.6004 | 0.1451 | 7.1696 | 2.1954 | 0.0147 |
| 5 | 7.8675 | 2.8317 | 1.5878 | 28.0277 | 9.3574 | 5.6566 | 286.7685 | 87.8109 | 57.8761 |
| 6 | 17.4755 | 6.2899 | 0.7980 | 32.7222 | 10.9247 | 1.4942 | 270.3564 | 82.7853 | 12.3452 |
| 7 | 67.4546 | 24.2788 | 0.8534 | 59.9208 | 20.0053 | 0.7581 | 181.9541 | 55.7158 | 2.3019 |
| 8 | 6.3092 | 2.2709 | 0.0688 | 259.5483 | 86.6536 | 2.8322 | 36.1700 | 11.0756 | 0.3947 |
| 9 | 87.7785 | 31.5940 | 4.6270 | 169.9223 | 56.7308 | 8.9570 | 38.1284 | 11.6752 | 2.0098 |
| 10 | 147.3019 | 53.0182 | 1.8497 | 49.2177 | 16.4320 | 0.6181 | 99.7682 | 30.5498 | 1.2528 |
| 11 | 37.5996 | 13.5332 | 0.3843 | 119.8558 | 40.0154 | 1.2250 | 151.6988 | 46.4514 | 1.5504 |
| 12 | 12.3003 | 4.4272 | 0.1502 | 191.9197 | 64.0749 | 2.3437 | 102.8643 | 31.4979 | 1.2562 |
| 13 | 48.6856 | 17.5234 | 0.0235 | 62.9840 | 21.0280 | 0.0304 | 200.6759 | 61.4486 | 0.0967 |
| 14 | 17.7962 | 6.4054 | 0.4419 | 166.8280 | 55.6977 | 4.1422 | 123.7620 | 37.8969 | 3.0729 |
| 15 | 36.0060 | 12.9596 | 0.1114 | 170.0973 | 56.7892 | 0.5263 | 98.7929 | 30.2512 | 0.3057 |
| 16 | 0.0000 | 0.0000 | 0.0000 | 92.8444 | 30.9973 | 0.0388 | 225.3457 | 69.0027 | 0.0942 |
| 17 | 183.2746 | 65.9658 | 3.4166 | 92.1682 | 30.7716 | 1.7182 | 10.6550 | 3.2626 | 0.1986 |
| 18 | 134.3015 | 48.3390 | 3.2648 | 88.3598 | 29.5001 | 2.1480 | 72.3722 | 22.1610 | 1.7593 |
| 19 | 145.0736 | 52.2162 | 1.8839 | 118.1573 | 39.4483 | 1.5343 | 27.2217 | 8.3355 | 0.3535 |
| 20 | 264.8474 | 95.3262 | 1.8701 | 3.8223 | 1.2761 | 0.0270 | 11.0960 | 3.3977 | 0.0783 |
| 21 | 45.9424 | 16.5360 | 0.3564 | 91.9706 | 30.7056 | 0.7135 | 172.2959 | 52.7584 | 1.3367 |
| 22 | 50.9469 | 18.3372 | 0.3423 | 68.2790 | 22.7958 | 0.4588 | 192.2448 | 58.8669 | 1.2918 |
| 23 | 118.6073 | 42.6902 | 9.4988 | 150.5308 | 50.2567 | 12.0554 | 23.0338 | 7.0531 | 1.8447 |
| 24 | 198.4200 | 71.4171 | 4.4380 | 77.0907 | 25.7377 | 1.7243 | 9.2917 | 2.8452 | 0.2078 |

续表

| 行业 | 平顶山 | | | 许昌 | | | 漯河 | | |
|---|---|---|---|---|---|---|---|---|---|
| | (1) | (2) | (3) | (1) | (2) | (3) | (1) | (2) | (3) |
| 25 | 95.0853 | 34.2239 | 1.5152 | 191.2143 | 63.8394 | 3.0471 | 6.3247 | 1.9367 | 0.1008 |
| 26 | 154.5206 | 55.6164 | 2.5426 | 65.8342 | 21.9796 | 1.0833 | 73.1659 | 22.4040 | 1.2039 |
| 27 | 79.0179 | 28.4408 | 2.1514 | 175.6898 | 58.6564 | 4.7835 | 42.1374 | 12.9028 | 1.1473 |
| 28 | 86.9506 | 31.2960 | 2.8330 | 105.8745 | 35.3476 | 3.4496 | 108.9337 | 33.3564 | 3.5492 |
| 29 | 83.8472 | 30.1790 | 0.9760 | 195.3064 | 65.2056 | 2.2735 | 15.0727 | 4.6154 | 0.1755 |
| 30 | 66.2443 | 23.8432 | 2.4866 | 201.5940 | 67.3048 | 7.5671 | 28.9083 | 8.8519 | 1.0851 |
| 31 | 18.2846 | 6.5811 | 0.0739 | 106.9967 | 35.7223 | 0.4322 | 188.4228 | 57.6966 | 0.7610 |
| 32 | 142.0388 | 51.1239 | 0.3345 | 146.3957 | 48.8761 | 0.3448 | 0.0000 | 0.0000 | 0.0000 |
| 33 | 1.4816 | 0.5333 | 0.0588 | 277.7137 | 92.7184 | 11.0271 | 22.0385 | 6.7484 | 0.8751 |
| 34 | 0.0000 | 0.0000 | 0.0000 | 206.8462 | 69.0583 | 0.2598 | 101.0479 | 30.9417 | 0.1269 |
| 35 | 197.5226 | 71.0941 | 7.9814 | 63.8038 | 21.3017 | 2.5781 | 24.8334 | 7.6042 | 1.0035 |
| 36 | 192.5842 | 69.3166 | 0.3111 | 40.1036 | 13.3891 | 0.0648 | 56.4788 | 17.2943 | 0.0912 |
| 37 | 206.4750 | 74.3163 | 0.5867 | 0.0000 | 0.0000 | 0.0000 | 83.8766 | 25.6837 | 0.2384 |

注：在本章的表格中，为了表达的方便，将相关指标分别用数字表示：(1) 表示行业区位商，(2) 表示某行业占中原城市群同一行业的比值，(3) 表示某行业占亚城市群地域系统总数据的比值。

《平顶山市国民经济和社会发展第十二个五年规划纲要》提出要提升能源化工产业、装备制造业、材料产业、农产品加工业，培育新能源、新材料、节能环保、生物医药、电子信息等产业等战略性新兴产业；在《中原城市群总体发展规划纲要（2006－2020）》中，平顶山市被定位于中国中部重化工城，重化工、能源、原材料、电力装备制造业基地；平顶山市煤炭资源储量丰富；工业发展基础雄厚。综合考虑，可将非金属矿物制品业，黑色金属冶炼及延压加工业，化学原料及化学制品制造业等作为城市地域系统的基本行业，统筹安排煤炭开采及洗选业，电力、热力的生产和供应业，黑色金属冶炼及延压加工业等行业，降低煤炭资源行业的潜在风险；加快产品更新与换代速度，加快技术革新与技术创新，提高产品的技术含量与附加值。同时，大力发展新能源、新材料等战略性新兴产业。

由表7－12，许昌城市地域系统工业行业中有色金属矿采选业，烟草加工业，纺织业，皮革、毛皮、羽毛（绒）及其制品，木材加工及木、竹、藤、棕、草制品业，造纸及纸制品业，印刷业和记录媒介的复制，医药制造业，非金属矿物制品业，有色金属冶炼及压延加工业，通用设备制造业，专用设备制造业，交通运输设备制造业，电气机械及器材制造业，通信设备、计算机及其他电子设备制造业，仪器仪表及文化、办公用机械制造业业，工艺品及其他制造业，废弃资源和废旧材料回收加工业等18个行业区位商大于100%，说明这些行业在亚城市群地域系统中的专门化程度较高，可作为城市地域系统基本行业的候选行业。城市地域系统工业分行业数据占城市地域系统的工业行业数据的比值，上述18个行业科分为两类：有色金属矿采选业，皮革、毛皮、羽毛（绒）及其制品，印刷业和记录媒介的复制，医药制造业，通信设备、计算机及其他电子设备制造业，仪器仪表及文化、办公用机械制造业业，废弃资源和废旧材料回收加工业等7个行业为第一类；其余的行业为第二类。第一类行业分行业数据占城市地域系统工业行业数据的比重低于2%，表明行业的发展基础较差，不适合作为许昌城市地域系统的基本行业。第二类行业工业分行业数据占城市地域系统工业行业数据的比重值比较大，说明它们具有较好的发展基础。城市地域系统工业分行业占亚城市群地域系统相应行业的比值，第二类行业的比值，除了专用设备制造业外，其他行业的比值均在50%以上，甚至达到90%以上，说明这些行业在亚城市群地域系统具有绝对的发展优势。

在《中原城市群总体发展规划纲要（2006－2020）》中，许昌市被定位于高新技术产业、轻工、食品、电子装备制造业基地；《许昌市国民经济和社会发展第十二个五年规划纲要》提出大力发展风电装备、智能电网、新材料、电动汽车、生物医药五大战略性新兴产业，强化装备制造工业、提升食品工业、巩固能源工业的方向，做强做优三大主导产业等，加速工业和信息化产业的融合；许昌市自然资源储量丰富；工业发展基础雄厚。综合考虑，可将非金属矿物制品业，工艺品及其他制造业，纺织业，电气机械及器材制造业，通用设备制造业等作为许昌城市地域系统的基本行业。在未来的产业发展中，应该注意产业链条的延伸、产品的升级换代，大力进行工艺革新和技术创新，提高产品的技术含量和附加值。

由表7－12，漯河城市地域系统工业行业中农副食品加工业，食品制造业，饮料制造业，皮革、毛皮、羽毛（绒）及其制品，木材加工及木、竹、藤、棕、草制品业，家具制造业，造纸及纸制品业，文教体育用品制造业，橡胶制品业，塑料制品业，专用设备制造业，通信设备、计算机及其他电子设备制造业，废弃资源和废旧材料回收加工业等13个行业区位商大于100%，说明这些行业在亚城市群地域系统中的专门化程度较高，可作为城市地域系统基本行业的候选行业。城市地域系统工业分行业数据占城市地域系统的工业行业数据的比值，上述13个行业科分为两类：皮革、毛皮、羽毛（绒）及其制品，木材加工及木、竹、藤、棕、草制品业，家具制造业，造纸及纸制品业，文教体育用品制造业，橡胶制品业，塑料制品业，通信设备、计算机及其他电子设备制造业，废弃资源和废旧材料回收加工业等8个行业为第一类；其余的行业为第二类。第一类行业分行业数据占城市地域系统工业行业数据的比重低于2%，表明行业的发展基础较差，不适合作为漯河城市地域系统的基本行业。第二类行业工业分行业数据占城市地域系统工业行业数据的比重值比较大，说明它们具有较好的发展基础。城市地域系统工业分行业占亚城市群地域系统相应行业的比值，第二类行业的比值，除了造纸及纸制品业、专用设备制造业外，其他行业的比值均在50%以上，甚至达到87%以上，说明这些行业在亚城市群地域系统具有绝对的发展优势。

漯河市农业发展历史悠久，轻工业发展条件好；《漯河市国民经济和社会发展第十二个五年规划纲要》提出建设中国食品名城，发展食品加工业、饮料制造业，建设电子信息和新能源产业基地、中原盐化工基地和中部地区造纸工业基地，大力发展装备制造业、纺织业、化工工业、生物医药，推进工业化和信息化的融合发展；在《中原城市群总体发展规划纲要(2006－2020)》中，漯河市被定位于中国食品城和轻工业基地；漯河市交通便利。综合考虑，可将农副食品加工业，食品制造业，专用设备制造业，造纸及纸制品业，饮料制造业等作为漯河城市地域系统的基本行业，并利用高新技术改造传统产业。未来的产业发展，必须结合建设食品城的要求，减少或不建污染类行业，注意生态环境的建设与保护；同时，要大力发展食品深加工工业，提高产品的技术含量和附加值。

## 7.4 核心城市地域系统产业整合

### 7.4.1 核心城市地域系统三次产业的产业发展分析

计算各个城市地域系统三次产业占核心城市地域系统相应产业产值的比重（表7-13）。由表7-13，2003-2010年，第一产业的比重，开封呈上升的特点，而郑州则相反；开封的比重达到60%左右，具有绝对的优势。第二产业、第二产业的工业和建筑业、第三产业的比重，郑州的比重达到80%以上，具有绝对的优势；且近年来比重呈上升的特点。

表7-13 2003/2010年核心城市地域系统分三次产业比重（%）

| 占核心城市地域系统比重 | 郑州 | | 开封 | |
|---|---|---|---|---|
| | 2003 | 2010 | 2003 | 2010 |
| 第一产业 | 40.4591 | 36.2229 | 59.5409 | 63.7771 |
| 第二产业 | 84.2622 | 84.9976 | 15.7378 | 15.0024 |
| 工业 | 83.7207 | 84.4233 | 16.2793 | 15.5767 |
| 建筑业 | 86.5591 | 89.4373 | 13.4409 | 10.5627 |
| 第三产业 | 82.3969 | 84.2754 | 17.6031 | 15.7246 |

### 7.4.2 核心城市地域系统第三产业发展设想

计算2010年各个城市地域系统第三产业分行业增加值占核心城市地域系统相应行业的比重、第三产业分行业增加值占城市地域系统的增加值的比值（表7-14）。由表7-14，各个城市地域系统第三产业增加值占核心城市地域系统相应行业的比重，郑州各个行业的比值最小的60%，最大的比值达到96%以上，具有绝对的优势；而开封各个行业的比值最大的不到40%，最小的比值仅百分之三左右。各个城市地域系统分行业增加值占其工业增加值的比重，郑州排在前五位的是交通运输、仓储及邮政业，金融业，批发和零售业，房地产业，住宿和餐饮业等；开封排在前五位的行业是批发和零售业，公共管理和社会组织，交通运输、仓储及邮政业，教育，房地产业等。

郑州市位于我国两条铁路干线陇海铁路和京广铁路的交汇点，位于连霍高速公路和京珠高速公路的交汇点，位于107国道和310国道的交汇点，郑州海关、郑州国际机场将郑州市的交通便利程度进一步提高；郑州具有良好的第三产业发展基础；在《中原城市群总体发展规划纲要（2006－2020）》中，将郑州市定位于全国重要的现代化物流中心、区域性金融中心、中国历史文化名城、国际文化旅游城市；《郑州市国民经济和社会发展第十二个五年规划纲要》提出郑州将建设全国区域性现代服务业中心，建设区域性金融中心和全国交通枢纽城市；郑州是全国历史文化名城，我国重要的交通运输枢纽，区内有我国最大的铁路编组站；郑州市是具有全国意义的商业中心；郑州市金融、保险业发达；郑州市高校和科研院所众多。郑汴一体化是《中原经济区规划（2012－2020）》和《开封市国民经济和社会发展第十二个五年规划纲要》提出的战略任务；郑汴之间的多条、多方式的高速通道大大缩短了郑汴之间的时间距离；在《中原城市群总体发展规划纲要（2006－2020）》中，开封市被定位于郑州都市圈的重要功能区、中国历史文化名城、国际文化旅游城市。

综合考虑核心城市地域系统、郑州和开封城市地域系统的现状及未来，郑汴两城市地域系统均应努力发展第三产业，以满足社会经济发展的需要，并整合区域旅游资源，发展旅游业及其配套产业，延长旅游产业链条。郑州、开封城市地域系统应发展交通运输、仓储及邮政业，批发和零售业等行业。两者可各有侧重，郑州重点发展金融服务业，建设区域性的金融服务中心和物流中心。

**表7－14 2003/2010年核心城市地域系统第三产业分行业比重（%）**

| | 郑州 | | 开封 | |
|---|---|---|---|---|
| | (1) | (2) | (1) | (2) |
| 交通运输、仓储及邮政业 | 84.2754 | 15.8732 | 15.7246 | 14.1821 |
| 信息传输、计算机服务和软件业 | 85.7113 | 5.2200 | 14.2887 | 5.5715 |
| 批发和零售业 | 83.3925 | 15.1483 | 16.6075 | 16.1206 |
| 住宿和餐饮业 | 83.4334 | 7.1070 | 16.5666 | 9.0854 |
| 金融业 | 80.7412 | 15.6589 | 19.2588 | 3.1082 |
| 房地产业 | 96.4287 | 11.4144 | 3.5713 | 9.3927 |

续表

| | 郑州 | | 开封 | |
|---|---|---|---|---|
| | (1) | (2) | (1) | (2) |
| 租赁和商务服务业 | 86.6899 | 3.2289 | 13.3101 | 4.0809 |
| 科学研究、技术服务和地质勘探业 | 80.9177 | 3.8062 | 19.0823 | 0.7674 |
| 水利、环境和公共设施管理业 | 96.3746 | 0.6132 | 3.6254 | 2.1819 |
| 居民服务和其他服务业 | 60.0978 | 2.6315 | 39.9022 | 2.4320 |
| 教育 | 85.2920 | 6.9463 | 14.7080 | 10.3013 |
| 卫生、社会保障和社会福利业 | 78.3266 | 3.5765 | 21.6734 | 6.2913 |
| 文化、体育和娱乐业 | 75.2890 | 2.3184 | 24.7110 | 1.7926 |
| 公共管理和社会组织 | 87.3919 | 6.4573 | 12.6081 | 14.6921 |

注：(1) 表示第三产业分行业产值占核心城市群地域系统的比重，(2) 表示第三产业分行业产值占城市地域系统的比重。

### 7.4.3 核心城市地域系统工业整合

选取2010年各个城市地域系统工业分行业数据（年平均就业人数），计算各个行业的区位商、该行业数据占核心城市地域系统同一行业数据的比重、该行业数据占城市地域系统数据的比重（见7－15）。

由表7－15，郑州城市地域系统工业行业中煤炭开采和洗选业，黑色金属矿采选业，有色金属矿采选业，非金属矿采选业，食品制造业，烟草加工业，纺织服装、鞋、帽制造业，造纸及纸制品业，印刷业和记录媒介的复制，化学纤维制造业，非金属矿物制品业，黑色金属冶炼及压延加工业，有色金属冶炼及压延加工业，交通运输设备制造业，电气机械及器材制造业，通信设备、计算机及其他电子设备制造业，废弃资源和废旧材料回收加工业，电力、热力的生产和供应业，煤气生产和供应业，水的生产和供应业等20个行业区位商大于100%，说明这些行业在核心城市地域系统中的专门化程度较高，可作为城市地域系统基本行业的候选行业。城市地域系统工业分行业数据占城市地域系统的工业行业数据的比值，上述20个行业科分为两类：黑色金属矿采选业，有色金属矿采选业，非金属矿采选业，烟草加工业，化学纤维制造业，黑色金属冶炼及压延加工业，电气机械及器材制造业，废弃资源和废旧材料回收加工业，煤气生产和供应业，水的生产和供应业等11个行业为第一类；其余的行业为第二类。第一类行业分行业数据占城市地域系统工业行业数据的比重低于2%，表明行业的发展基础较差，不适合作为郑州城市地域系统的基本行业。第二类行业工业分行业数据占城市地域系统工业行业数据的比重值比较大，但存在差异，排在前两位的明显突出，后面的则差些，总体说来具有较好的发展基础。城市地域系统工业分行业占核心城市地域系统相应行业的比值，第二类行业的比值达到80%以上，甚至达到100%以上，说明这些行业在核心城市地域系统具有绝对的发展优势。

在《中原城市群总体发展规划纲要（2006－2020）》中，郑州市被定位于先进制造业基地和科技创新基地；郑州的优势工业行业是铝及铝精深加工业、纺织服装产业、食品产业、耐材建材产业、能源产业、轻工业产业，《郑州市国民经济和社会发展第十二个五年规划纲要》提出，郑州在“十二五”期间要发展新能源产业、新材料产业、生物及医药产业、节能环保产业、新能源汽车产业、物联网产业等行业。综合考虑，可将非金属矿物制品业、有色金属冶炼及压延加工业、交通运输装备制造业、食品制造业等作为郑州城市地域系统的基本行业，加快煤炭开采和洗选业等产业链条的延伸，注意产业结构的转型，发展新能源、新材料等高新技术产业。

**表7－15　2010年核心城市地域系统规模以上工业企业分行业区位商和比重（%）**

| 行业 | 郑州 | | | 开封 | | |
|---|---|---|---|---|---|---|
| | (1) | (2) | (3) | (1) | (2) | (3) |
| 1 | 135.8012 | 100.0000 | 19.7730 | 0.0000 | 0.0000 | 0.0000 |
| 2 | 135.8012 | 100.0000 | 1.4160 | 0.0000 | 0.0000 | 0.0000 |
| 3 | 135.8012 | 100.0000 | 0.6279 | 0.0000 | 0.0000 | 0.0000 |
| 4 | 135.8012 | 100.0000 | 0.4060 | 0.0000 | 0.0000 | 0.0000 |
| 5 | 47.5198 | 34.9922 | 2.1049 | 246.5876 | 65.0078 | 10.9224 |
| 6 | 116.3755 | 85.6955 | 4.1444 | 54.2598 | 14.3045 | 1.9323 |
| 7 | 87.1764 | 64.1941 | 1.4398 | 135.8189 | 35.8059 | 2.2432 |
| 8 | 135.8012 | 100.0000 | 0.8758 | 0.0000 | 0.0000 | 0.0000 |
| 9 | 31.2583 | 23.0177 | 1.3956 | 292.0093 | 76.9823 | 13.0372 |
| 10 | 105.3675 | 77.5895 | 2.3160 | 85.0076 | 22.4105 | 1.8685 |

续表

| 行业 | 郑州 | | | 开封 | | |
|---|---|---|---|---|---|---|
| | (1) | (2) | (3) | (1) | (2) | (3) |
| 11 | 24.5882 | 18.1060 | 0.1318 | 310.6402 | 81.8940 | 1.6654 |
| 12 | 16.3575 | 12.0452 | 0.4761 | 333.6301 | 87.9548 | 9.7112 |
| 13 | 47.2658 | 34.8051 | 0.4375 | 247.2972 | 65.1949 | 2.2892 |
| 14 | 116.4997 | 85.7869 | 2.6827 | 53.9130 | 14.2131 | 1.2415 |
| 15 | 128.4721 | 94.6030 | 1.4037 | 20.4718 | 5.3970 | 0.2237 |
| 16 | 28.0889 | 20.6838 | 0.0708 | 300.8620 | 79.3162 | 0.7586 |
| 17 | 93.0078 | 68.4882 | 0.1630 | 119.5307 | 31.5118 | 0.2095 |
| 18 | 65.1016 | 47.9389 | 2.8896 | 197.4781 | 52.0611 | 8.7652 |
| 19 | 96.8290 | 71.3020 | 1.6987 | 108.8571 | 28.6980 | 1.9097 |
| 20 | 135.8012 | 100.0000 | 0.0804 | 0.0000 | 0.0000 | 0.0000 |
| 21 | 36.6871 | 27.0153 | 0.3517 | 276.8454 | 72.9847 | 2.6538 |
| 22 | 95.5779 | 70.3807 | 1.0902 | 112.3518 | 29.6193 | 1.2815 |
| 23 | 118.7201 | 87.4219 | 19.8285 | 47.7111 | 12.5781 | 7.9687 |
| 24 | 117.2356 | 86.3288 | 1.6941 | 51.8575 | 13.6712 | 0.7493 |
| 25 | 117.7480 | 86.7061 | 5.6933 | 50.4262 | 13.2939 | 2.4382 |
| 26 | 85.4282 | 62.9068 | 2.2128 | 140.7019 | 37.0932 | 3.6446 |
| 27 | 70.7579 | 52.1040 | 3.2502 | 181.6791 | 47.8960 | 8.3453 |
| 28 | 93.1526 | 68.5948 | 5.6067 | 119.1261 | 31.4052 | 7.1701 |
| 29 | 113.1013 | 83.2845 | 4.7633 | 63.4053 | 16.7155 | 2.6703 |
| 30 | 115.5749 | 85.1060 | 1.8575 | 56.4961 | 14.8940 | 0.9080 |
| 31 | 122.7020 | 90.3541 | 2.7959 | 36.5889 | 9.6459 | 0.8337 |
| 32 | 88.4987 | 65.1678 | 0.6033 | 132.1253 | 34.8322 | 0.9007 |
| 33 | 91.3189 | 67.2445 | 0.5326 | 124.2480 | 32.7555 | 0.7247 |
| 34 | 135.8012 | 100.0000 | 0.0058 | 0.0000 | 0.0000 | 0.0000 |
| 35 | 113.1368 | 83.3106 | 4.0543 | 63.3064 | 16.6894 | 2.2686 |
| 36 | 116.6857 | 85.9239 | 0.3132 | 53.3936 | 14.0761 | 0.1433 |
| 37 | 110.4404 | 81.3250 | 0.8126 | 70.8378 | 18.6750 | 0.5212 |

开封市工业分行业区位商大于100%的行业有农副食品加工业，饮料制造业，纺织业，皮革、毛皮、羽毛（绒）及其制品，木材加工及木、竹、藤、棕、草制品业，家具制造业，文教体育用品制造业，石油加工及炼焦业，化学原料及化学制品制造业，医药制造业，橡胶制品业，塑料制品业，金属制品业，通用设备制造业，专用设备制造业，仪器仪表及文

化、办公用机械制造业业，工艺品及其他制造业等17个行业区位商大于100%，说明这些行业在核心城市地域系统中的专门化程度较高，可作为城市地域系统基本行业的候选行业。城市地域系统工业分行业数据占城市地域系统的工业行业数据的比值，上述17个行业科分为两类：皮革、毛皮、羽毛（绒）及其制品，文教体育用品制造业，石油加工及炼焦业，医药制造业，塑料制品业，仪器仪表及文化、办公用机械制造业业，工艺品及其他制造业等7个行业为第一类；其余的行业为第二类。第一类行业分行业数据占城市地域系统工业行业数据的比重低于2%，表明行业的发展基础较差，不适合作为开封城市地域系统的基本行业。第二类行业工业分行业数据占城市地域系统工业行业数据的比重值比较大，表明它们具有较好的发展基础。城市地域系统工业分行业占核心城市地域系统相应行业的比值，第二类行业的比值除两个行业在30%左右外，大部分在50%以上，甚至达到87%多，说明这些行业在城市地域系统具有绝对的发展优势。

开封是我国重要的商品粮生产基地和我国的粮食主产区之一；建国以来的很长时间内，开封是河南省重要的工业城市，具有发展工业的良好基础；在《中原城市群总体发展规划纲要（2006－2020）》中，开封市被定位于中原城市群的纺织、食品、化工和医药工业基地；《开封市国民经济和社会发展第十二个五年规划纲要》提出“十二五”期间重点发展汽车电动车及零部件、装备制造、化工、新材料、食品加工、纺织服装、光伏、木材加工、生物医药、电子信息等十大产业集群。综合考虑，可将纺织业，农副食品加工业，木材加工及木、竹、藤、棕、草制品业，化学原料及化学制品制造业，通用设备制造业，专用设备制造业等行业作为开封城市地域系统的基本行业。应该大力进行工艺革新和技术创新，加速产品的更新换代，增加其技术含量和产品的附加值。

# 第 8 章　中原城市群经济支撑系统整合

## 8.1　中原城市群地区区域协调机制建设

### 8.1.1　区域协调机制的内涵

区域是一个包含着自然、经济、社会、技术在内的各种因素组成的复杂的、开放的巨系统。不同区域主体、不同地域单元之间由于政治因素、经济利益、历史渊源、文化传统等的影响必然会产生不同层次的、不同等级的矛盾或冲突，因此，区域协调是区域发展的必要条件。

协调可以理解为协作和调解两层含义。区域协调机制就是为了解决区域内部各个组成地域单元或不同区域主体间一系列不同层次、不同范围的冲突和矛盾，而在区域内部形成的基于相互协作和调解的相关制度或工作方式。

### 8.1.2　建立区域协调机制的必要性

#### 8.1.2.1 区域协调的必要性

当前，我国区域发展中存在很多的矛盾和冲突，产生这些矛盾和冲突的主要原因在于：首先，在市场经济背景下，区域内不同地域单元间的关系正向多元化方向发展，地方政府在资源配置中的作用被迅速弱化，而其权力却得到加强，主体意识和地方利益意识不断强化。其次，我国处于市场经济转型时期，市场利益主体和竞争主体方面形成了两个独特的层面：企业主体和地方政府主体；目前地方政府的职能被界定过宽，其市场功能十分强大，一定程度上它既是市场利益主体又是竞争主体，地方政府主体经常替企业主体进行决策（洪银兴，刘志彪等，2003）。在市场经济运行中，企业个体追逐经济利益加剧了市场的复杂性，地方政府的“越位”决策，强化了经济运行的不稳定性。

城市群不同地域系统间的不协调，产生了负外部性。首先，它导致区域自然、生态、历史文化资源的不合理利用与开发，致使区域资源破坏或枯竭。其次，它导致了资源要素的低效配置，易造成资源浪费。第三，它可能导致区域间的重复建设、区域产业结构的低度化和同构化，易造成对要素资源的恶性争夺。第四，它影响或阻滞了区域间基础设施的共建与共享，造成了区域公共资源的浪费。第五，它导致了区域内和区域结合部生态环境的污染、恶化和破坏。因此，有必要进行区域协调。

8.1.2.2　建立城市群区域协调机制的必要性

城市群形成发育过程中，同样出现了不同地域单元（不同地域系统）间的不协调问题（即城市群不整合）。针对此问题人们进行了很多的研究，提出了诸多建议和措施（冯年华，2004；王学明，2004；朱家良，2004；解思民，2005）。建立区域协调机构是我国城市群整合的重要手段。1980年代长江三角洲城市群成立“上海经济区规划办公室”，1996年后又先后成立长江三角洲协作委员会、长江三角洲经济协调会及长江流域研究院等协调机构，此外还有每两年一次的江浙沪省（市）长座谈会；1994年珠江三角洲城市群成立了珠江三角洲经济区规划协调领导小组；其它城市群内部也有各种形式的市长联席会议或城市高峰论坛等机构（邹兵，施源，2004）。对于区域协调结构的作用人们提出了两种相互对立的观点：建立区域协调机构是可行的且起到了相应的作用；区域协调机构并没有起到相应的作用（《长三角报告》编撰委员会，2004），但都认为建立区域协调机制是必要的。因此，区域协调机制的建立是必需的，它是城市群实现整合的根本保证。进行区域协调的形式可以是多种多样的，如各种区域协调机构的建立（邹兵，施源，2004；刘静玉，王发曾，2005）、非正式规划的应用等（吴唯佳，1999）。

### 8.1.3 我国城市群区域协调的方式与不足

国外区域协调机构大都为松散的非官方或半官方性质的机构，但一般具有两方面的权力：审查地方规划的权力和审查对具有区域影响力的重大基础设施项目的权力（邹兵，施源，2004），从而对下级规划保持较强的指导性。我国的区域协调方式主要有四种：第一，省级部门和省直部门主要行使区域协调职能。第二，成立各种形式的机构成为加强区域协调的新趋势。第三，区域规划成为区域协调的重要手段。第四，行政区划调整为解决区域协调问题的重要手段（邹兵，施源，2004）。我国区域协调或城市群整合存在一定的不足（邹兵，施源，2004）。第一，省级部门可以使用的调控资源和手段不足。第二，在我国现行体制下，我国省级区域内部形成了代表各自利益的“条条块快”，各省直部门难以有效发挥区域协调职能。第三，各种区域协调机构大都是临时性的，缺乏明确的调控权限，从而制约了区域协调工作的效果。第四，现行的区域规划缺乏法定依据。第五，通过行政区划来解决区域协调问题的做法，并没有改变行政区经济的区域经济运行模式，难以从根本上解决问题。

### 8.1.4 中原城市群地区区域协调的目标、领域与基本途径

（1）中原城市群区域协调的目标与领域

建立城市群区域协调机制的根本目标在于通过建立中原城市群区域协调的基本组织和制度，以降低区域协调成本，形成有效的区域合作规则，造就良好的区域协作和调解机制，实现中原城市群的健康、和谐、持续发展。

区域协调的内容涉及到城市群的方方面面，但是，应该集中在市场难以有效发挥作用的领域。主要包括区域社会、经济活动共同行为规则的制定与实施和监督、区域内部基础设施的共建与共享、资源的利用与保护、生态环境利用与保护，区域经济地域和经济空间结构的调整与优化等。城市群区域协调的内容包括市场协调、产业协调、基础设施协调、区域资源

环境的开发利用协调、区域城镇发展协调等内容。

（2）中原城市群区域协调的基本途径

朱家良（2004）认为形成城市群区域协调机制的制度安排和组织形式的基本途径有：第一，在市场的作用下，经济主体间自发形成或主动建立制度和组织形式。第二，在区域政府间以协议或某种制度的形式确立下来。它包括三个层次：企业层次、中介层次、政府层次。左学金认为，在建立城市群区域协调机制方面，除区域协调机构外，还包括完善地方政府间的对话体系，通过投资信息共享，引导产业发展，避免恶性竞争；建立完善的市场规范与诚信体系，以法律和诚信为基础，同时实行金融机构、行业协会和执法机构在整个区域内部地有效运作；信息互通机制（《长三角报告》编委会，2004）。

综合相关研究成果，作者认为中原城市群区域协调机制建立的基本途径是：首先，建立相应的区域协调机构。其次，不同区域单元或主体间签署相应的协作条款（或协议），并制定相应的区域发展规划。第三，区域协调机构以区域协作条款和区域发展规划为依据，对区域主体的活动进行监督和管理。第四，区域协调机构以为区域主体提供相互对称的信息为辅助协调手段。

### 8.1.5　中原城市群地区区域协调机制建设的基本对策

根据国外城市群区域协调机制建设经验，结合区域基本情况，参考中原城市群区域协调机制建立的基本途径，中原城市群建立区域协调机制的对策如下：

首先，建立具有协调权威的区域协调机构。该机构可以是半官方性质的城市群经济发展协调委员会，也可以是官方性质的以省长或专职副省长为主任由各省级职能部门和各个地市专任市长组成的市长联席会议。设立日常办公机构，建立有序的组织架构，可在各市设立相对独立的、垂直领导的协调监督办公室。

其次，在中原城市群不同区域主体间签署界定各成员间相互关系的协议，并上升到法律层面，这是区域协调活动的法律依据。该协议界定各成员的权利与义务，明确其必须承担的责任与相应的惩罚措施，这些权利、责任和惩罚措施界定明确、切实可行；同时，该协议还必须明确区域协调机构的权力与义务。

第三，根据中原城市群发展现状、资源禀赋、区域发展基础，制定城市群经济发展、区域基础设施建设、区域城镇发展、区域环境开发利用与保护、区域资源开发与保护等方面的规划，并赋予相应的法律地位。

第四，借助经济手段、社会手段、法律手段、政策手段和信息技术手段等多种调控手段协调各个成员的活动。具体而言，经济手段就是从城市群各成员单位的基本经济利益出发，采用利益均沾原则，制定相应的区域经济利益分配、补偿措施来协调各个成员的社会、经济活动。社会手段就是各组成单元、社会团体、企业、个人共同参与城市群相应规则的制定、完善、实施与监督管理。法律手段就是通过法制建设，为中原城市群相关协议、规划、规则的实施提供法律支撑，确保各项活动的顺利、有序展开。政策手段就是中原城市群区域协调机构或者各地方政府依照有关规则或协议制定相关政策，来规范城市群的社会经济活动。信息技术手段就是搭建城市群的信息资源平台，为各个成员单位提供充分、对称的信息资源，降低成员间区域协调的成本。在区域协调的过程中，应该注意各种调控手段的综合运用。

## 8.2 中原城市群地区的市场整合

### 8.2.1 城市群市场整合的涵义

市场的本质含义是作为一种交易规则或资源配置方式（洪银兴，刘志彪等，2003）。市场整合是指存在于不同市场间的一种价格运动关系，如果某一产品的市场价格变化不引起或仅在很小程度上引起同一产品在其他市场上的价格变化，则该市场和其他市场之间是不整合的，否则，它们之间是整合的（周章跃，万广华，1999）。因此，城市群市场整合就是借助政府宏观调控力量、通过市场力量，建立区域共同市场，以形成合理的价格运动机制，实现区域内部生产要素、商品要素的顺畅流通，为城市群经济系统运行提供良好的资源配置平台。通过市场整合，引导城市群内各个专业市场日趋完善，市场网络日益成熟，重塑城市群地区的竞争规则，实现要素资源的合理、有序流动，实现要素资源的高效配置。当前，城市群应加强商贸市场、资本市场、技术市场、劳动力市场和产权交易市场的整合。

### 8.2.2　中原城市群地区市场整合的必要性

物质资料生产过程由相互影响、相互作用的生产、分配、交换、消费等四个环节组成。生产对其他环节起着决定性作用；分配、交换和消费环节是生产实现和连续进行的条件（卫兴华、林岗，2003）。市场是城市群内经济要素流转和其他商品要素交易的平台，也是城市群经济系统要素输入和输出的支撑平台。城市群市场不整合导致城市群内技术、资本、资源等要素流通不畅和信息不对称，造成了技术、资本、信息和要素资源的低效配置，不利于城市群经济实力的提升，更不利于城市群的可持续发展。市场流通不畅影响了城市群内部物质资料生产的顺利进行，从而影响城市群外部区域的经济发展。中原城市群市场不整合也会产生同样的不利影响，它滞缓了中原城市群经济发展，不利于河南经济振兴和中部地区经济的崛起，因此，中原城市群市场整合具有重要的现实意义。

### 8.2.3　城市群的市场整合力

市场整合力是指市场内部产生的，促使各个环节、各个部门、各个地区和各个利益主体的经济活动相互关联、相互依赖，从而促使整个市场乃至整个经济形成统一整体的力量（许晨，2000）。城市群市场整合力可分为内在驱动力和外在驱动力。城市群自身整合力、追求要素资源配置效益最大化的驱动和市场本身的需求是城市群市场整合的内在驱动力；政府宏观调控是市场整合的外在驱动力。①城市群自身整合力。城市群的发展过程是其内部地域单元间经济联系不断密切、地域分工与合作体系不断完善、经济不断整合的过程。区域内部成员对区域“共赢”的追求是城市群整合的主要动力之一。②追求要素资源配置效益最大化的驱动。经济效益最大化的追求是要素资源配置的根本要求，要素资源的顺畅流动是实现经济效益最大化的基本保证，要素资源的顺畅流动又要求城市群内各个区域间市场实现整合。③市场本身的需求。市场是进行资源要素配置的基本形式，有序运行使要素资源顺畅流动和高效配置是对市场的基本要求。城市群市场有序运行和健康发展要求区域市场的整合。因此，市场本身的需求，推动了城市群的市场整合。④政府宏观调控。由于市场失灵，城市群内各级地方政府出于城市群要素资源配置、市场有序运行、经济健康发展的需要，必然会借助政府宏观调控手段进行必要的干预（此处仅讨论市场干预的正效应）。从而打破不同地域单元之间的市场樊篱，实现城市群市场的整合。

在城市群市场整合的内、外驱动力中，内在驱动力处于主导地位，外在驱动力则处于次要地位。因此，要尽可能发挥市场整合的内在动力的作用，减少政府对市场的干预。

### 8.2.4 中原城市群市场整合的主要举措

根据区域经济、社会和市场发展现状，中原城市群市场整合的主要措施如下。首先，签署中原城市群市场整合协议。中原城市群各区域主体应以城市群区域协调机制为基本框架，签署市场合作协议，以约束各个区域主体对市场的干预。中原城市群各地方政府间为保障劳动力市场、资本市场、信息技术市场、要素资源市场等市场的整合而签署具体的协议，并将这些协议上升到法律层面，为城市群市场整合提供制度和法律保障。

其次，建立中原城市群市场整合的区域协调机构。在中原城市群各区域建立市场整合的区域协调机构，由城市群区域协调机构承担其职能。这样既能保证区域市场协调机构的权威性，又可使其相应的权利和义务得到有效的保障和监督。

第三，采取法律手段、经济手段、信息技术手段、政策手段等进行城市群市场整合的管理与监督。法律手段是指区域协调机构严格执行城市群地区有关市场整合的各种协议，做到执行必严、违规必究。经济手段是指根据利益均沾原则对造成损失的地域单元进行补偿，对违反协议的地域单元进行经济惩罚。信息技术手段是指借助区域信息技术平台为城市群地区各成员单位提供充分的市场信息资源，实现各成员单位间的信息对称，为城市群市场整合提供必要的信息技术平台支撑。政策手段是指城市群地区各级地方政府在框架协议的基础上，根据国家有关规定制定相应的政策对区域市场进行引导。在城市群市场整合过程中，应注意多种手段综合应用。

第四，完善城市群的市场等级体系。依据中心地理论，参考中原城市群市场发育状况、区位、交通运输状况、市场服务范围，引导建立区域同类市场的等级体系，避免市场无序建设，最终形成区域完善的、涵盖多门类市场的市场等级结构体系。

第五，减少中原城市群各地方政府对市场发展的直接干预，通过市场协调机构，遵循市场发育、发展规律，引导市场的发展。

## 8.3 中原城市群地区的基础设施整合

### 8.3.1 城市群基础设施整合的基本内涵

城市群的基础设施包括各地域单元内部的基础设施和地域单元间的基础设施（称为区域性基础设施）。地域单元内部的基础设施是指在地域单元内的交通、信息、能源、环境等基础设施。区域性的基础设施是指影响城镇空间结构、跨行政界线、跨部门、跨行业区域共享的大型枢纽性和功能性基础设施（余英，张雪松，2004）。

城市群基础设施整合是指在分析区域自然、社会、经济发展现实及未来发展需求的基础之上，制定城市群基础设施体系建设规划，借助各种手段，实现城市群内现存、在建及筹建基础设施的共建与共享，为城市群内要素的顺畅流动、投资环境改善和人民生活水平的提高提供物质支撑平台。

### 8.3.2 中原城市群地区基础设施整合的必要性

城市群地区的交通、信息、能源、环境等基础设施是区域社会经济发展的重要基础，是区域内部各种生产要素、商品要素顺畅流通和社会经济活动得以顺利进行的必要保障，是城市群经济整合的重要支撑系统。

萨缪尔森认为公共产品就是所有成员集体享用的集体消费品，社会全体成员可以同时享用该产品；而每个人对该产品的消费都不会减少其他社会成员对该产品的消费（黄恒学，2002）。城市群地区的区域性基础设施属于公共产品，具有非竞争性和非排他性，不同地域单元都可以共享这一公共产品。城市群内基础设施的建设是一种刚性很强的工程，如公路场站、城市排水工程、通信网络建设等，会对未来、对不同区域产生不同程度的影响，如果重新建设则会造成极大的浪费，所以基础设施建设必须在规划合理、论证充分的基础上进行。即城市群基础设施的建设，必须考虑不同地域单元（或地域系统）间的共享。

和其它城市群一样，中原城市群的基础设施存在不整合现象，如邻接地域的公路没有实现无缝对接、公路场站布局不融洽、排水系统没有实现完全对接和合理布局等。基础设施不整合，一方面造成了区域间要素流通不畅；另一方面造成了基础设施重复建设，造成了区域资源的浪费。同时，更不利于资源的合理高效利用，从而制约了中原城市群经济的发展。

### 8.3.3 城市群基础设施整合的主体与基础设施整合的基本原则

（1）城市群基础设施整合的组织主体与参与主体的多元化趋势

城市群基础设施整合的组织主体至少包括两个部分：国家或相关部委、城市群。主要原因在于：首先，这些骨架性的网络组织建设经常跨数个省级区域，往往超越了某一个城市群的空间范围，其建设规划必然要在数个大行政区域范围间、城市群间展开，因此，需要一个权威性的、高级别的机构来组织协调。其次，这些骨架性的网络组织建设投资巨大，给途经城市群或省区造成巨大的财政压力，需要中央财政的支持。

城市群基础设施整合的参与主体呈现多元化趋势。它可以是国家、城市群、城市群地区地域单元的政府主体、城市群地区的企事业单位甚至包括城市群地区的个人。这些参与主体可以参与城市群基础设施的规划，参与城市群基础设施投资，对城市群基础设施整合进行监督和管理。

（2）城市群基础设施整合的基本原则

首先，参与主体的多元化原则。城市群基础设施整合涉及国家、其所在区域的多个方面，因此，国家或国家相关部门、城市群、内部地方政府、企事业单位乃至个人都可以成为投资、基础设施规划与管理、整合的参与主体。第二，协调原则。基础设施建设投资主体和参与主体的多元化趋势，使得不同主体间必然存在着矛盾和冲突，因此必须协调不同利益主体间的矛盾和冲突。第三，利益均沾原则。利益均沾原则可以化解城市群不同主体间的根本利益冲突，使所有合作的主体均从中受益，这就从根源上解决了城市群基础设施的不整合问题。

### 8.3.4　中原城市群地区基础设施整合的基本措施

中原城市群的基础设施涉及到多个方面，不同类别基础设施的基本特征、整合措施都存在差别。故宜从宽泛的角度，提出基础设施整合的基本举措。

首先，城市群基础设施整合纳入区域协调的范畴。在中原城市群区域协调机构内部设立具体部门负责基础设施整合工作。在区域协调的框架内，城市群基础设施整合行为就被赋予一定的法律效应，这为基础设施整合提供组织保证。其次，城市群各个地域单元间签署基础设施规划、建设、监督与管理的协议，由中原城市群的区域协调机构负责监督协议的执行情况，或交由相应的法律机构监督执行。第三，根据区域自然、社会、经济的发展现实与未来要求，从区域各主体利益出发，科学地预测城市群内外对基础设施的需求，制定区域基础设施建设规划，并将之上升到法律层面。第四，遵循利益均沾原则，制定城市群基础设施建设的利益协调和分配制度，不同协调基础设施整合利益主体间的矛盾和冲突。第五，制定投资吸引、风险化解等方面的政策，吸引多方参与区域基础设施建设投资，实现投资主体的多元化。第六，利用多种方式，吸引各级政府、企业、社会团体、有识之士等广泛参与城市群基础设施体系的设想与规划，实现城市群基础设施体系规划参与主体的多元化。在规划论证期，要积极吸收各地方政府、企业、民众的建议，以获得多方支持，保证中原城市群基础设施整合的顺利实施。

## 8.4 中原城市群地区的城镇体系整合

### 8.4.1 城镇体系整合的内涵

城市区域系统是我国城市化发展的空间组织模式。城市区域系统是指以中心城市为核心，与其紧密的周围区域共同组成的在政治、经济、社会、文化、科技、交通、信息等方面密切联系、相互协作，在社会分工和空间相互作用中形成的相互分工并协调发展的城市地域综合体。城市及其集聚区作为城市区域系统，其基本框架城镇体系是其发展的关键所在（顾朝林，1994；张俊军，许学强，2004）。城市区域系统内部的城镇共同构成了区域经济发展的不同等级主体，不同等级的大中小城镇共同构成了区域经济发展的基本骨架。城市群地区的城镇体系的级别规模及其空间布局对区域经济发展具有重要的影响。

城市群城镇体系统整合就是指城市群地区所有城镇的等级规模结构趋于协调、城镇职能逐渐合理、空间结构达到优化，城镇与区域关系协调。城镇体系整合涉及到很多方面的内容，本文对中原城镇群地区城镇体系整合的研究仅仅涉及到城镇体系的等级规模及其空间布局的基本状况。

### 8.4.2 基于城市级别规模结构现状的城镇体系整合

#### 8.4.2.1 中原城市群城市级别规模结构分析

合理的城镇体系意味着资源要素和经济要素的空间择优分配，及其与经济活动主体在功能上的优化组合（王录仓，张云峰，2005）。城市群的城市等级规模结构反映了区域内部城镇的构成状况，它对区域经济发展具有重要影响。

位序－规模法则从城市的规模和城市规模位序的关系来考察一个城镇体系的规模分布。现在广泛使用的是罗特卡模式的一般公式，它的表达式为：

$$P_i = P_1 \times R_i^{-q},$$

对公式作对数变换，可得如下结果：

$$\lg P_i = \lg P_1 - q \lg R_i,$$

式中，$P_i$ 表示第 $i$ 位城市的人口；$P_1$ 表示规模最大的城市人口；$R_i$ 表示第 $i$ 位城市的位序；$q$ 是常数。如果区域城镇体系在等级规模上属于位序—规模分布时，则它在双对数坐标系上应表现为一条直线（许学强，周一星，宁越敏，1997）。

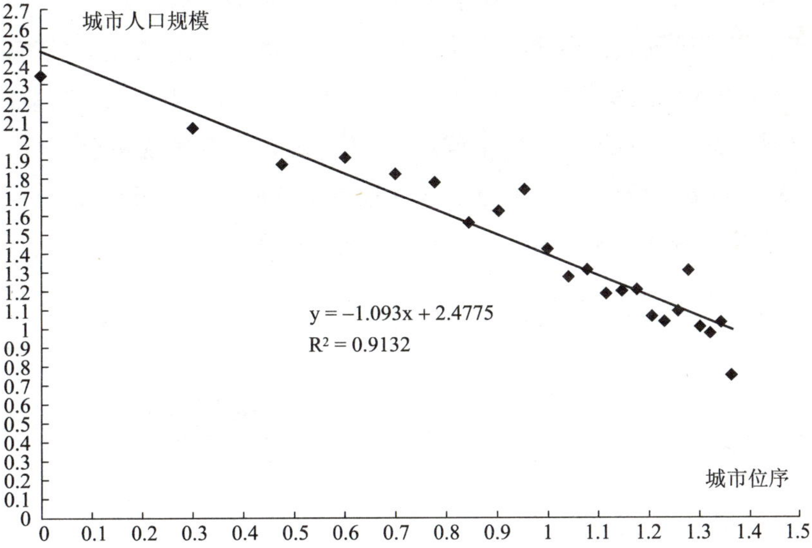


**图 8－1　中原城市群城市位序－规模分布图**

2010 年，中原城市群地区分布有 23 个市，其中，省辖市区 9 个，县级市 14 个。本文选取这 23 个城市来进行中原城市群级别规模结构的研究，选取各个城市 2010 年的非农业人口作为城市的人口规模。将中原城市群中 23 个城市的按照位序和规模落到双对数坐标图上，得到其位序-规模分布图（图 8－1），做出散点图的趋势线，进一步对位序-规模进行回归分析，得到其一元回归方程（趋势线即为回归直线）。回归方程为：$y = 2.4775 - 1.093x$，其中，$R^2 = 0.9132$。中原城市群位序－规模回归方程的 $|b| = 1.093 > 1$。说明城市的规模分布比较集中，大城市发育突出，而中小城市不够发育，首位度较高（许学强，周一星，宁越敏，1997）。中原城市群位序－规模回归分析的总体拟合程度为 0.9132，相关系数为 1.093，表明位序和规模的一元拟合较好，中原城市群在等级规模上基本符合位序－规

模分布。

以市区非农业人口规模表征城市的人口规模①，继续研究中原城市群地区23个城市的级别规模，说明中原城市群不同规模等级城市的分布状况（见表8－1）。表8－1说明中原城市群内部大城市发育程度较好，但是，中小城市发展状况较差，中等城市的发育状况更差。这一发展状况主要表现在中等城市的数量少，中等城市人口规模占中原城市群地区23个城市人口规模总量的比重低；小城市数量较多，但是小城市人口占中原城市群地区23个城市人口规模总量的比重也不高。以表8－1的中原城市群规模分布为基础，进一步表示中原城市群地区23个城市的级别规模金字塔（见图8－2）。图8－2更为清楚地表达了中原城市群地区城市级别规模分布的不平衡状况，突出表现为中等城市的城市数量非常有限。

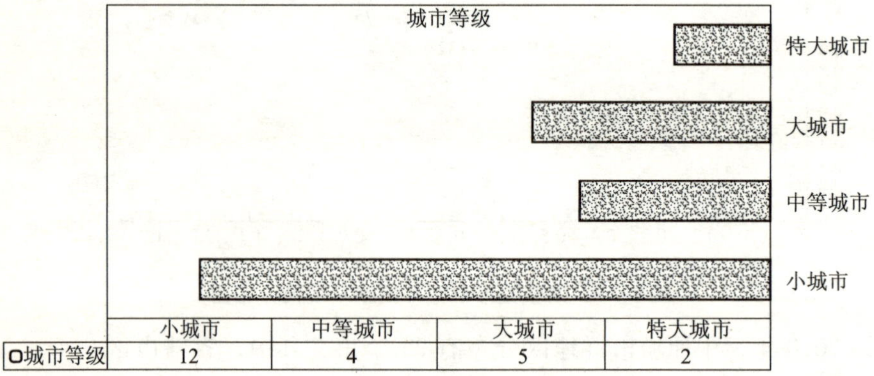


**图8－2　2010年中原城市群城市金字塔**

**表8－1　2010中原城市群城市规模分级及比重**

| 城市等级 | 占城市数比重（%） | 占城市人口比重（%） | 城市名称 | 非农业人口（万人） | 总人口（万人） | 非农业人口比重（%） |
|---|---|---|---|---|---|---|
| 200－100万（特大城市） | 8.6957 | 35.4933 | 郑州市 | 220.85 | 293.98 | 75.1246 |
| | | | 洛阳市 | 116.01 | 166.12 | 69.8358 |

① 由于统计数据的限制，县级市和济源市的人口指标统计的地域范围为整个市域，而其它城市人口指标统计的地域范围则为市区。

续表

| 城市等级 | 占城市数比重（%） | 占城市人口比重（%） | 城市名称 | 非农业人口（万人） | 总人口（万人） | 非农业人口比重（%） |
|---|---|---|---|---|---|---|
| 100－50万（大城市） | 21.7391 | 35.0592 | 平顶山市 | 79.73 | 103.31 | 77.1734 |
| | | | 新乡市 | 74.18 | 101.33 | 73.2066 |
| | | | 焦作市 | 65.34 | 84.05 | 77.7378 |
| | | | 开封市 | 59.15 | 85.57 | 69.1222 |
| | | | 漯河市 | 54.34 | 140.82 | 38.5881 |
| 50－20万（中等城市） | 17.3913 | 13.0558 | 许昌市 | 41.42 | 41.42 | 99.9959 |
| | | | 辉县市 | 36.24 | 78.18 | 46.3546 |
| | | | 济源市 | 26.02 | 68 | 38.2647 |
| | | | 禹州市 | 20.23 | 113.17 | 17.8758 |
| <20万（小城市） | 52.1739 | 16.3917 | 新密市 | 18.67 | 79.74 | 23.4136 |
| | | | 新郑市 | 15.19 | 76.03 | 19.9790 |
| | | | 巩义市 | 15.49 | 80.82 | 19.1660 |
| | | | 长葛市 | 15.82 | 66.77 | 23.6933 |
| | | | 汝州市 | 11.4 | 92.8 | 12.2845 |
| | | | 荥阳市 | 10.81 | 61.39 | 17.6087 |
| | | | 卫辉市 | 12.3 | 49.62 | 24.7884 |
| | | | 登封市 | 20 | 66.92 | 29.8864 |
| | | | 偃师市 | 10.2 | 66.71 | 15.2901 |
| | | | 沁阳市 | 9.41 | 44.81 | 20.9998 |
| | | | 舞钢市 | 10.63 | 31.38 | 33.8751 |
| | | | 孟州市 | 5.65 | 36.74 | 15.3783 |

#### 8.4.2.2 基于城市级别规模结构现状的城镇体系整合策略

针对中原城市群地区级别规模结构的现状，笔者认为中原城市群城镇发展的策略是大力发展中小城市，积极推进大城市的发展。具体而言，首先，加快中原城市群地区乡镇的迅速发展，提升其发展的质量和内涵，为其向基点城镇的发展奠定基础。其次，通过发展区域经济，调整产业结构，促进基点城镇的发展壮大，走内涵式发展道路，因地制宜地扩大其规模，为中等城市的发展提供“贮水池”。第三，因地制宜地发展中等城市，提倡走内涵式发展道路，提升其发展的质量，优化区域产业结构，为其向大城市甚至是特大城市迈进提供足够的支撑。

### 8.4.3 基于城市空间结构现状的城镇体系整合

#### 8.4.3.1 中原城市群地区城市空间结构发展状况

合理的城市体系意味着资源要素和经济要素的空间择优分配，及其与经济活动主体在功能上的优化组合（王录仓，张云峰，2005）。中原城市群城市空间分布状况对于其经济活动及其要素分配具有重要影响。为此，需要首先分辨城市的空间分布状况，再提出空间优化策略。城市群空间相关性的分形特征，一般用空间关联维数来标度（陈彦光，刘继生，1998；岳文泽，徐建华，徐丽华，2001，刘继生，陈涛，1995；刘继生，陈彦光，1999）。空间维数反映了城镇体系要素空间分布的均衡性，一般地，其数值介于0～2之间，当 $D\rightarrow 0$ 时表示城镇分布高度集中于一地（形成一个首位城市）；当 $D\rightarrow 2$ 时，表明城镇的空间分布很均衡（刘继生，陈彦光，1999）。其计算公式如下（刘继生，陈彦光，1999；凌怡莹，徐建华，岳文泽，艾彬，2004；王录仓，张云峰，2005）：

$$N(r)=\sum_{i=1}^{k}\sum_{j=1}^{k}\theta(r-d_{ij}),\quad \theta(r-d_{ij})=\begin{cases}1 & d_{ij}\leqslant r\\ 0 & d_{ij}>r\end{cases},$$

式中，$N(r)$ 为空间关联函数；$r$ 为给定的距离或者称为距离标度；$d_{ij}$ 为 $i$、$j$ 两个城市的欧氏距离；$\theta$ 为 *Heaxiside* 的阶跃函数。$i$，$j(i,\ j=1,\ 2,\ 3,\ \cdots,\ n)$ 为城市数目。计算 $r$ 的值，首先需要计算 $Rs$ 的值。

$$Rs=\left(\left[\frac{1}{S}\sum_{i=1}^{S}r_i^2\right)^{\frac{1}{2}}\right]),$$

式中，$Rs$ 为平均半径；$r_{ij}$ 表示第 $i$ 各城市到中心城市地欧氏距离（称重心距）；$S$ 为城镇个数；… […] 表示平均。

如果城镇体系的空间分布表现出分形特征，则应具有标度不变性，即

$$N(\lambda r)\propto\lambda^{D}N(r),N(r)\propto r^{D},$$

两边取对数容易得到：$\ln N(r)=A+D\ln r$，

式中，$A$ 为常数；$D$ 为空间分维。

选取中原城市群23个城市中心点之间的空间距离，计算其城镇体系的空间相关性测度城市的空间分布状况。首先计算获得平均距离 $Rs=$

11.3214，作为距离标度 $r$，选取 $\Delta r = 1.13214$ 作为步长，进一步得到点列（$r$，$N(r)$），见表 8－2。

**表 8－2 中原城市群的标度 $r$ 及其对应的关联函数 $N(r)$ 矩阵**

| 序号 | 1 | 2 | 3 | 4 | 5 | 6 | 7 | 8 |
|---|---|---|---|---|---|---|---|---|
| $r$ | 1.13214 | 2.26428 | 3.39643 | 4.52857 | 5.66071 | 6.79286 | 7.92501 | 9.05715 |
| $N(r)$ | 23.0 | 25.0 | 49.0 | 83.0 | 111.0 | 161.0 | 197.0 | 245.0 |
| 序号 | 9 | 10 | 11 | 12 | 13 | 14 | 15 | 16 |
| $r$ | 10.18929 | 11.32144 | 12.45358 | 13.58573 | 14.71787 | 15.85001 | 16.98216 | 18.11430 |
| $N(r)$ | 283.0 | 319.0 | 355.0 | 389.0 | 421.0 | 447.0 | 467.0 | 487.0 |
| 序号 | 17 | 18 | 19 | 20 | 21 | 22 | 23 | |
| $r$ | 19.24645 | 20.37859 | 21.51073 | 22.64288 | 23.77502 | 24.90716 | 26.03931 | |
| $N(r)$ | 497.0 | 503.0 | 511.0 | 519.0 | 525.0 | 525.0 | 529.0 | |

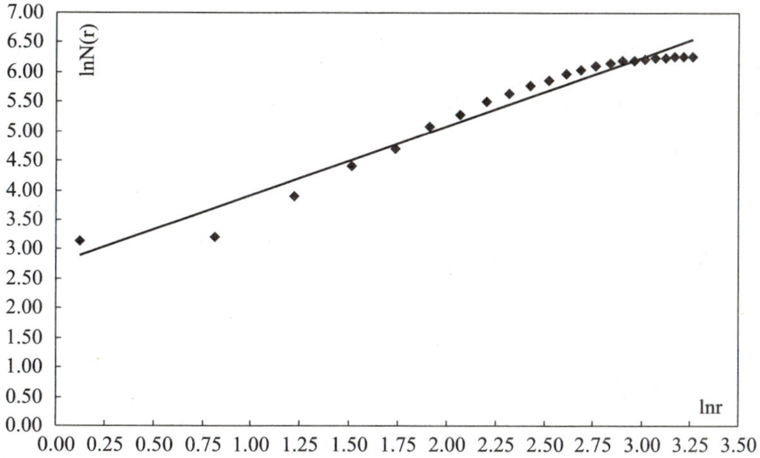


**图 8－3 中原城市群城市空间分布图**

根据表 8－2 中标度 $r$ 及其对应的关联函数 $N(r)$，以 $\ln r$ 为横坐标，$\ln N(r)$ 为纵坐标，做它们的散点图（见图 8－3），并做出线性回归模拟，得到线性回归方程为：

$$\ln N(r) = 1.1667\ln r + 2.7453,$$

其中，相关系数 $R^2 = 0.9613$，空间关联维数 $D = 1.1667$，大于 1 但是远小于 2，表明中原城市群地区城市的空间分布相对集中，空间相互作用比较强，城市空间联系较为密切。

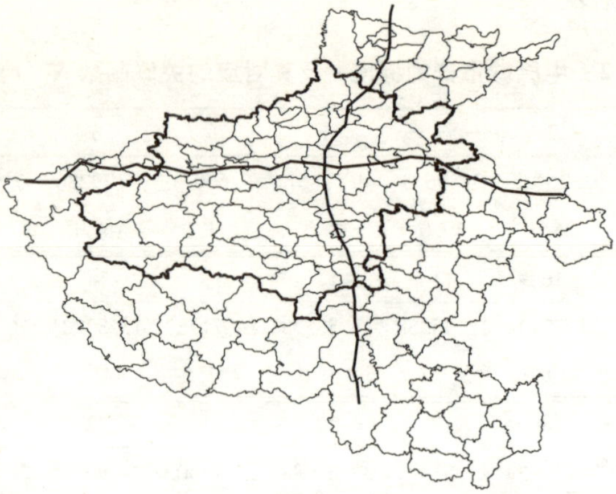

**图8－4　中原城市群城市体系空间整合示意图**

8.4.3.2　基于城市空间结构现状的城镇体系空间整合方略

中原城市群城镇体系空间整合的基本思路是：以郑州市区为核心组成圈层结构，以东西发展轴线和南北发展轴线作为圈层结构的牵引轴线，构成城镇化的辐射轴线（图8－4）。

首先，强化发展东西向发展轴和南北向发展轴。沿黄河一线，陇海铁路、连霍高速公路、310国道组成的复合交通轴线构成中原城市群东西向发展轴，在这个发展轴上分布着开封市区、郑州市区、荥阳市、巩义市、偃师市、孟州市、洛阳市区等城市，它也是中原城市群的主要产业带；应继续强化这个方向上的城市化发展，促进开封县、中牟县、孟津县、新安县、伊川县、宜阳县的发展，在适当的时候撤县建市或撤县建区。在南北方向上，京广铁路、京港澳高速公路、107国道构成中原城市群南北向发展轴，在此发展轴上分布着辉县市、卫辉市、新乡市区、荥阳市、郑州市区、新密市、新郑市、长葛市、禹州市、许昌市区、漯河市区等城市，它也是中原城市群重要产业带；应强化这个方向上的城市化发展，促进新乡县、获嘉县、武陟县、许昌县、襄城县、临颍县、舞阳县等的发展，在适当的时候，撤县建区或撤县建市。

其次，构建中原城市群的圈层结构。中原城市群的圈层结构可分为核心圈层、紧密圈层、外围圈层等三个圈层。郑州市区、荥阳市、新密市、新郑市组成中原城市群最直接的核心圈层，加上原阳县、中牟县、登封市、巩义市、开封市区等组成中原城市群未来的核心圈层。以核心圈层为中心，卫辉市、辉县市、新乡市区、焦作市区、沁阳市、济源市、孟州市、偃师市、洛阳市区、汝州市、禹州市、许昌市区、禹州市、平顶山市区、舞钢市、许昌县等组成中原城市群现在的紧密圈层，加上获嘉县、孟津县、新安县、宜阳县、伊川县、临颍县、舞阳县等共同组成未来的紧密圈层。随着中原城市群空间范围的扩大，濮阳市（含辖县，下同）、鹤壁市、安阳市、商丘市、周口市、驻马店市、南阳市、三门峡市将组成中原城市群的外围圈层。

# 第9章　结　语

## 9.1　主要结论

论文旨在回答“为什么要进行城市群经济整合、如何进行城市群经济整合”这两个问题。以城市地理学、经济地理学、系统论等学科理论为指导，运用GIS、计量经济学方法、分形理论方法等技术手段，进行中原城市群经济整合的研究，可得出以下主要结论。

### 9.1.1　中原城市群在区域经济与社会发展中的重要作用

（1）中原城市群正在成长为河南省新型经济增长极

通过对河南省近二十多年来经济空间结构演变的分析认为：河南经济发展呈现区域集中的趋势，向中原城市群的集中更为明显。具体表现为：①通过对人均GDP时空变化的分析，发现人均GDP高于河南省平均水平的基本地域单元在中原城市群的分布不断增多，而在中原城市群外部的分布呈减少趋势。②将各县域单元GDP按照从高到底的排序依次累加，计算GDP总量占河南省GDP一半的县域单元的空间分布，发现这些县域单元在中原城市群的分布逐渐增多。③通过对近二十多年来一定时间序列的人均GDP等值线空间分布的分析，发现省辖市区周围的经济增长要快于其他地区，中原城市群的经济增长要快于其他地区，中原城市群周边区域经济的发展要快于中原城市群外部的其他地区。这说明中原城市群对河南经济增长的贡献在逐渐增大，它正在成长为河南新型的经济增长极。

（2）中原城市群经济与城市化发展存在空间集中的趋势

通过人均 GDP 等值线的时空变化分析发现，中原城市群内部经济发展存在空间集中的趋势，突出表现为在洛阳市区 - 郑州市区 - 开封市区一线形成经济集聚带，并存在继续扩大的趋势，这会对未来河南乃至中部地区经济的发展产生重大影响。通过分析城市化发展的空间结构变化，发现中原城市群城市化发展存在较大的区域差异，空间集中的趋势也显现出来。

### 9.1.2 中原城市群经济整合问题比较突出

（1）中原城市群经济发展存在不足

①通过核心城市对城市群内部城镇吸引力的分析，发现中原城市群的核心城市郑州市区对城市群内部其他城镇的吸引力不足，难以完全担当城市群核心城市的重任。②通过中原城市群与我国的长江三角洲城市群、珠江三角洲城市群、京津冀城市群等三大城市群的对比分析发现：中原城市群对国家经济增长的贡献率偏低，中原城市群产业结构尚不合理，中原城市群核心城市对城市群经济增长的贡献率偏低。③通过与我国 11 个主要城市群核心城市对国家经济增长的贡献率比较发现，在 GDP、工业生产总值、固定资产投资、财政预算内收入等项目上，中原城市群相对落后。

（2）中原城市群存在经济不整合问题

借助虚拟值，通过对中原城市群与长江三角洲城市群、珠江三角洲城市群、京津冀城市群等三大城市群及其平均水平经济发展效果的对比分析，发现在区域经济总体实力、工业化发展程度、区域服务性产业发展状况、区域生产潜力、区域财政运筹能力、区域对外经济实力等方面，中原城市群经济发展效果不理想。

通过对中原城市群工业产业整合现状的分析认为：①在主要产业方面，饮料制造业，烟草加工业，造纸及纸制品业，交通运输设备制造业，纺织业，通用设备制造业，专用设备制造业，黑色金属冶炼及压延加工业，有色金属冶炼及压延加工业，非金属矿物制品业等 10 个工业行业存在着严重的或者较为严重的产业同构现象，其它工业行业的产业同构现象也开始显现。②在区域方面，2010 年郑州市和焦作市、平顶山市间的同构系数大于 0. 8000；郑州市和 3 个市域、洛阳市和 6 个市域、焦作市和 6 个市域、许昌市和 7 个市域的同构系数介于 0. 5000 和 0. 8000 间，说明中原城市群不同地市之间的产业同构现象也开始显现，有些地市之间的同构现象已经比较突出。

### 9. 1. 3 基于成长三角模式的中原城市群经济整合方案

成长三角模式是中原城市群经济整合的最佳模式，中原城市群经济整合的基本路径是：首先进行经济地域整合，再进行产业整合，最后进行经济支撑系统整合。

（1）中原城市群经济地域整合方案

①运用城镇中心性强度划分中原城市群的城镇等级体系：郑州市区为核心城市，洛阳市区和平顶山市区为区域性中心城市，许昌市区、新乡市区、焦作市区、开封市区、漯河市区等为地区性中心城市，巩义市、偃师市等剩余城镇为地方性中心城市。据此，中原城市群划分为城市群地域系统、亚城市群地域系统、城市地域系统和基点地域系统等四个等级的地域系统等级体系。②在界定基点地域系统和城市地域系统的基础上，运用中心城市经济作用场强、经济隶属度、中心城市可达性等指标，郑州城市地域系统、开封城市地域系统、焦作城市地域系统和新乡城市地域系统等整合为郑汴焦新亚城市群地域系统，洛阳城市地域系统和济源城市地域系统整合为洛济亚城市群地域系统，许昌城市地域系统、平顶山城市地域系统和漯河城市地域系统整合为平许漯亚城市群地域系统。郑汴焦新亚城市群地域系统、洛济亚城市群地域系统、平许漯亚城市群地域系统等整合为中原城市群地域系统。考虑到中原城市群核心城市郑州市区的发展状况和中原城市群发展实际，综合各种因素，构建由郑州城市地域系统和开封城市地域系统组成的核心城市地域系统。

（2）中原城市群产业整合方案

遵循城市群产业整合思路，参考中原城市群各个地域单元经济发展现状、区域发展战略、政府工作报告及相关区域的“十二五”规划，分别进行中原城市群地域系统、各个亚城市群地域系统的工业产业整合（表9－1）；研究认为应该在中原城市群各个亚城市群地域系统之间形成金融保险服务中心、商贸中心、交通物流中心和科学研究与技术服务中心等的等级序列。在亚城市群地域系统内部的各个城市地域系统之间形成金融保险服务中心、商贸中心、交通物流中心和社会服务中心等的等级序列。本书在核心城市地域系统内部，进行了郑州城市地域系统和开封城市地域系统之间的产业整合（表9－2）；作者认为要在核心城市地域系统中形成商业贸易、交通物流、金融保险中心等的等级体系。

（3）提出了中原城市群经济支撑系统整合的基本对策

针对中原城市群内部的区域协调机制、市场、基础设施、城市（镇）体系发展现状，考虑未来的区域发展战略，以区域协调思想为主线分别提出了中原城市群区域协调机制建设、市场整合、基础设施整合和城镇体系整合的基本对策。

**表9－1 中原城市群地域系统和各亚城市群地域系统工业整合方案**

| 亚城市群地域系统 | 基本工业行业 | 城市地域系统 | 基本工业行业 |
| --- | --- | --- | --- |
| 郑汴焦新亚城市群地域系统 | 非金属矿物制品业，通用设备制造业，化学原料及化学制品制造业，纺织业，交通运输设备制造业，医药制造业，食品制造业，造纸及纸制品业，金属制品业 | 郑州城市地域系统 | 非金属矿物产业，有色金属冶炼及延压加工业，专用设备制造业，食品制造业，通信设备、计算机及其他电子设备制造业，纺织服装、鞋、帽制造业 |
| | | 开封城市地域系统 | 纺织业，农副食品加工业，木材加工及木、竹、藤、棕、草制品业，化学原料及化学制品制造业，通用设备制造业，专用设备制造业 |
| | | 新乡城市地域系统 | 通用设备制造业，纺织业，化学原料及化学制品制造业，交通运输设备制造业，电气机械及器材制造业，专用设备制造业 |
| | | 焦作城市地域系统 | 化学原料及化学制品制造业，有色金属冶炼及延压加工业，农副食品加工业，食品制造业作为基本行业，培育通用设备制造业、专用设备制造业 |

续表

| 亚城市群地域系统 | 基本工业行业 | 城市地域系统 | 基本工业行业 |
|---|---|---|---|
| 洛济亚城市群地域系统 | 有色金属冶炼及压延加工业，专用设备制造业，通用设备制造业，交通运输设备制造业，黑色金属冶炼及压延加工业 | 洛阳城市地域系统 | 专用设备制造业，通用设备制造业，非金属矿物制品业，交通运输设备制造业 |
| | | 济源基点城镇地域系统 | 有色金属冶炼及压延加工业，黑色金属冶炼及压延加工业，化学原料及化学制品制造业，电气机械及器材制造业 |
| 平许漯亚城市群地域系统 | 农副食品加工业，纺织业，食品制造业，工艺品及其他制造业，电气机械及器材制造业，黑色金属冶炼及压延加工业 | 许昌城市地域系统 | 非金属矿物制品业，工艺品及其他制造业，纺织业，电气机械及器材制造业，通用设备制造业 |
| | | 平顶山城市地域系统 | 非金属矿物制品业，黑色金属冶炼及延压加工业，化学原料及化学制品制造业 |
| | | 漯河城市地域系统 | 农副食品加工业，食品制造业，专用设备制造业，造纸及纸制品业，饮料制造业 |

**表 9-2 核心城市地域系统工业产业整合方案**

| | 郑州城市地域系统 | 开封城市地域系统 |
|---|---|---|
| | 非金属矿物制品业，有色金属冶炼及压延加工业，交通运输装备制造业，食品制造业 | 纺织业，农副食品加工业，木材加工及木、竹、藤、棕、草制品业，化学原料及化学制品制造业，通用设备制造业，专用设备制造业 |

## 9.2 理论与方法探索

### 9.2.1 GIS 空间分析方法在区域经济与社会研究中的应用

本书利用空间插值法分析了区域经济和城市化发展的空间递变特征。选取人均 GDP 或非农业人口比重等经济或社会指标，利用空间插值法生成相应的空间趋势面和等值线，研究区域内部经济或社会发展的空间变化趋势，研究结果和区域经济社会发展的实际情况是相符合的。说明利用空间插值法生成相关数据的趋势面及等值线进行区域经济或社会空间结构的研究是切实可行的。

### 9.2.2 城市群经济整合基本理论的探索

①本书吸收中心地理论的基本思想，运用成长三角理论，根据中原城市群发展现状，认为成长三角模式是其经济整合的模式，提出了城市群经济整合的基本路径。②构建了城市群经济地域整合的理论框架，认为经济地域整合是城市群经济整合的基础和前提，经济地域整合遵循从低等级地域系统到高等级地域系统的顺序进行。③依据中心地理论的圈层结构，提出了城市群产业整合的思路，认为城市群产业结构和产业整合存在层次性特征，产业整合遵循从高等级地域系统到低等级地域系统的顺序进行。

### 9.2.3 城市群经济整合技术路线的探索

本书提出了城市群经济整合的技术路线：首先，分析城市群经济整合的外部环境、内部基础，研究其在区域经济与社会中的作用。其次，通过城市群经济发展效果和城市群经济整合现状的分析，定量研究城市群经济整合程度。第三，根据城市群经济发展现状、经济空间演进过程及城市群发育现状，提出城市群经济整合的基本模式。第四，重构城市群的城镇等级体系，划分其地域系统等级，进行城市群经济地域整合；按照从高级别地域系统到低级别地域系统的顺序，进行产业整合。第五，进行城市群经济支撑系统的整合。

## 9.3 研究启示及进一步的研究计划

### 9.3.1 城市群之间的整合问题研究

城市群的经济、社会、文化、体制等方面的整合研究主要在城市群内部展开，较少涉及城市群间的整合问题。同样，城市群间的区域分割区会影响更大范围的整合发展，为此，需要开展对临近城市群间整合问题的研究。即将城市群的整合研究放在更大区域范围内展开，未来，可考虑将中原城市群放在中部地区或者全国范围，就城市群间的整合问题展开研究。

### 9.3.2 城乡关系和城镇关系层次上的城市群经济整合研究

城市群内部地域单元间存在两个层次的关系：城市区域系统间的相互关系；城镇间或城乡间的相互关系。本书主要研究不同等级城市区域系统间的经济整合问题，较少涉及城乡间关系的研究。随着城镇化进程的加速，城乡问题必然凸显，因此，未来应该强化对城乡经济整合的研究，并关注低层次的城镇经济整合问题。

### 9.3.3 微观尺度的城市群经济整合研究

城市群经济整合的微观尺度和宏观尺度的研究是相辅相承的，本书的研究主要在宏观尺度上展开的，而很少涉及到微观尺度上的经济整合研究，这是本书研究的一个缺憾。企业是区域经济的微观基础，是区域经济发展的主体，是微观尺度上经济整合的主体。进一步地，可以以城市群地区的企业作为研究的主体，在微观尺度上展开城市群经济整合的研究，对于城市群地区的经济整合具有更为重要的现实意义。

### 9.3.4 城市群经济地域整合的深化研究

本研究中，经济地域整合的基础是中心城镇间的经济联系强度，因此，科学地判定各个中心城镇间的经济联系强度是研究的关键，同时，在行政力量依旧强大的现在，中心城镇间的经济联系强度和行政力量关系的处理影响到城市群经济地域整合的方案。本书在低层次的地域整合中充分考虑行政力量，但是，未来，如何构建包括行政因素在内的城镇间经济联系强度则应是研究的重要内容之一。

### 9.3.5 城市群产业整合的细化研究

在城市群产业整合中，区域经济发展现状、资源条件、区域发展战略等因素直接影响产业整合方案，而未来的某些不可预知因素，极有可能会对区域产业发展产生决定性的影响。因此，在未来的产业整合中，如何更为科学地判定区域经济发展现状、资源条件、区域发展战略，特别是某些不可预知因素在城市群产业整合中的影响，这对产业整合方案的形成尤为重要。

### 9.3.6 城市群经济支撑系统整合的细化研究

基础设施、市场、城镇体系和区域协调机制等共同构成了城市群经济支撑系统，基于研究需要，本书对城市群经济支撑系统的研究工作有限。因此，定量判定各个经济支撑系统的发展现状，并进行经济支撑系统的整合研究，对于城市群经济的整合发展具有重要意义。未来，可就某一经济支撑系统的整合展开更为系统的研究。

# 参 考 文 献


［1］ Ali M. EI-Agraa. Economic Integration Worldwide ［M］. London: Macmillan press LTD, 1997, 1

［2］ Andrew M. Marton. 长江三角洲南部“大城市圈振兴”理论的质疑［J］. 地理学报, 1996, 51 (3): 272 – 282.

［3］ Barch, A. Kipnis. Dynamic and Potential of Israel's Megalopolitan Process ［J］. Urban Studies, 1997, 34 (3): 489 – 501.

［4］ Berry and Honton. The geography of the United States in the year 2000 ［M］. Transaction of the Institute of British Geography, 1970, 51.

［5］ Bournel L. S, Simmons J W. Systems of Cities ［M］. New York: Oxford University Press, 1978.

［6］ Bryant, C. R., Russwum, L. H. and Mclellan, A. G.. The city's countryside: Land and its management in the rural-urban fringe ［M］. New York: Longman Inc, 1982.

［7］ Brunn, S. D. and Willians, J.. Cities of the World: Regional Urban development ［M］. New York: Harper and Row Publishing Inc, 1983.

［8］ C. B. Fawcett. Distribution of the urban population in Britain in 1931 ［J］. Geographical Journal: Vol, lxxlx, 1932: 100 – 116.

[9] Chenery H, Robinson S, Syrquin M. 吴奇，王松宝，伍云长等译. 工业化和经济增长的比较研究 [M]. 上海：生活·读书·新知三联书店上海分店，1989.

[10] Christaller W (1933) 著. 常正文，王兴中等译. 德国南部中心地理论原理 [M]. 北京：商务印书馆，1998.

[11] Dickinson, R.. The City Region in Western in Europe [M]. London, 1967.

[12] Doxiadis, C. A.. Man' s movements and his settlements [J]. Ekistics, 1970 (29): 174.

[13] Douglass, M.. Mega-urban regions and world city formation: Globalisation, the economic crisis and urban policy issues in Pacific Asia [J]. Urban Studies, 2000, 37 (12): 2315 -2335.

[14] Frankhouser P. Aspects fractals des structures urbaines [J]. L'Espace Geographique, 1990, 91 (1): 45 -69.

[15] Friedman, J., Miller, J.. The Urban Filed [J]. Journal of the American Institute of Planners, 1965, 131 (4).

[16] Friedman, J., Wolff, G.. World city formation: an agenda for research and action [J]. International Journal of Urban and Regional Research, 1982, Vol. 6: 309 -344.

[17] Friedman, J.. Political and technical moments in development, aggropolitan development revised [J]. Environment and planning, 1985, 122 (3) 17 -22.

[18] Friedman, J.. Where we stand: A decade of world research. In P. L. Taylar, editors, World Cities in a World System. Cambridge, UK: Cambridge University Press, 1995: 436 -457.

[19] Frideman JR. The World City Hypothesis: Development & Change [J]. Urban Studies, 1986, 23 (2): 59 -137.

[20] Friedman, J., Alolso. Regional Development Planning: a Reader [M]. Cambridge, Mass: M. I. T Press, 1964.

[21] Friedmann J. Region Development Policy: A Case-study of Venezuela [M]. Cambridge, Mass: M. I. T Press, 1966.

[22] Fritz Machlup. A History of Though on Economic Integration [M]. London: The Macmillan Press LTD, 1977.

[23] Gingsburg, N.. The dispersed metropolitan: The case of Okayama [J]. Toshi Mondai (Munioipal Problems) 1961 (6): 631 – 640.

[24] Ginsburg, N.. Extended Metropolitan Region in Asia: A New spatial Paradigm [M]. in Ginsburg, N., Koppel. b and McGee, T. G (eds), The extended Metropolis: Settlement Transition in Asia. Honolulu: University of Hawaii, 1991.

[25] Glasser E L, Kolko J, Saiz A.. Cinsumer City [J]. Journal of Economic Geography, 2001, (1): 27 – 50.

[26] Gottmann J. Megalopolis, or the urbanization of the Northeastern Seaboard [J]. Economic Geography, 1957, (33): 189 ~ 200.

[27] Gottman, J.. Megalopolis: the Urbanized Northeastern Seaboard of the United States [M]. New York, NY: Twentieth Century Fund, 1961.

[28] Gottman, J.. Megalopolis: the Urbanized Northeastern Seaboard of the United States [M]. The M. I. T Press, 1961.

[29] Gottman J. Megalopolis revisited: twenty ~ five years later [M]. Maryland: University of Maryland, Institute for urban studies, 1987.

[30] Haggett P. and Cliff A. D.. Locational Models [M]. London: Edward Amlod Ltd. 1977.

[31] Hall, P. The World Cities [M]. London: Weidenfeld and Nicolson, 1966.

[32] Hall P. Spatial Structure of Metropolitan England and Wale [M]. Cambridge, England: University of Cambridge Press, 1971.

[33] James R. Elliott. Cycles within the System: Metropolitanisation and Internal Migration in the US, 1965 – 1990 [J]. Urban Studies, 1997, 34 (1): 21 – 41.

[34] James B. Parr and Leslie Budd. Financial Service and the Urban System: A Exploration [J]. Urban Studies, 2000, 37 (3): 593 -610.

[35] Jefferson M. The law of the primate city [J]. Geographical review, 1939, 29: 226 -232.

[36] Jerry Patchell, Kaleidoscope. Economics: The Processes of Cooperation, Competition, and Control in Regional Economic Development [J]. Annals of the Association of American Geographers, 1996, Vol. 86, 3: 481 -506.

[37] Kunzmann K R, Wegener M. The Attern of Urbanization in Western Europe [J]. Ekistics, 1991, 50 (2): 156 -178.

[38] Loscha A 著，王守礼译．经济空间秩序 [M]. 北京：商务印书馆，1995.

[39] Lynch K. Good City Form [M]. Boston: University of Harvard Press, 1980.

[40] Mandelbrot B B. The fractal geometry of nature [M]. San Francisco, CA: Freeman, 1982.

[41] Mathron G. Principle Sofgeostatistics [J]. Economic Geolog, 1963 (58): 1246 -1266.

[42] McGee T. G. The Emergence of Desakota Regions in Asia: Expanding Hypothesis [M]. Honolulu: University of Hawaii Press, 1991.

[43] McGee, T. G.. Urbanisasi or Kotadesasi ? Evolving patterns of urbanization in Asia. Paper presented to the International Conference on Asia Urbanization [M]. Akron: The University of Akron, 1985.

[44] McGee. New Regions of Emerging Rural-Urban Mix in Asia: Implications for National and Regional Policy. Paper Presented at the Seminar on "Emerging Urban-Regional Linkages: Challenge for Industrialization, Employment and Regional Development" [M]. Bangkok: 1989, August: 16 -19.

[45] McGee, T. G. The emergence of desakota regions in Asia: Expanding a hypothesis, In N. Ginsburg, B. Koppel, and T. G. Mcgee, eds. The ex-

tended metropolis: Settlement transition in Asia [M]. Honolulu: University of Hawaii Press, 1991: 3-25.

[46] Merriam Webster's Collegiate Dictionary 10th ed. Meriam-Webster [M]. Incorporated Springfield, Massachusetts, USA, 1993.

[47] Miroslav N. Jovanovic. International Economic Integration: limits and prospects [M]. London: Routledge, 1998.

[48] Oxford Dictionary, Thesaurus, and Word power Guide [M]. Oxford: Oxford University Press, 2001.

[49] Robert. Dickinson. The City Region in Western Europe [M]. London: 1967.

[50] Rondinelli DA. Applied Methods of Regional Analysis: The Spatial Dimensions of Development Policy [M]. Boulder: Westview Press, 1985.

[51] Sassen, S. The Global City: New York, London, Tokyo [M]. NJ: Princeton University Press, 1991.

[52] Pyrgiotis YN. Urban Networking in Europe [J]. Ekistics, 1991, 50 (2): 350-351.

[53] SPIRALSTAR. 中国三大城市群中珠三角最具潜力 [M]. 亚洲招商投资网, 2004, 3: 11.

[54] The Oxford English Dictionary [M]. Oxford: Oxford at the Clarendon Press, 1933, Vol. 12, V.: 1321.

[55] Whebell, C. F.. Corridors: A theory of urban systems [J]. Annals, Association of American Geographer. 1969, 50, 1: 1-26.

[56] Whitehand, J, W. R.. Urban fringe belts: Development of an idea [J]. Planning Perspective, 1988, (3): 47-58.

[57] Zhou Yixing, Definition of Urban Place and Statistical Standards of Urban Population in China: Problem and Solution [J]. Asian Geography, 1988, 7 (1): 12-18.

[58] Zhou Yixing. The Metropolitan Interlocking Region in China: A Preliminary Hypothesis. In Ginsburg, B. Koppel and T. G. McGee, The Extended

Metropolis-Settlement Transition in Asia [M]. University of Hawaii Press Honlulu, 1991: 89 - 111.

[59] L. 芒福德著，倪文彦、宁俊岭译．城市发展史：起源、演变和前景 [M]. 北京：中国建筑工业出版社，1989.

[60] 麦克劳林 J B，著；王凤林译．系统方法在城市和区域规划中的应用 [M]. 北京：中国建筑工业出版社，1988.

[61] 埃比尼泽・霍华德著．金经元译．明日的田园城市 [M]. 北京：商务印书馆，2002.

[62] 艾伯特・赫希曼．经济发展战略 [M]. 北京：经济科学出版社，1991.

[63] 艾南山．非线性科学和理论地理学 [J]. 大自然探索，1992，1 (1): 15 - 19.

[64] 北京国际城市发展研究院战略研究部城市一体化课题组．“京津双子型”——“京三角”一体化构想 [J]. 领导决策信息，2004，2: 14 - 15.

[65] 北京国际城市发展研究院战略研究部城市一体化课题组．把握发展契机 推进京三角一体化发展 [J]. 领导决策信息，2004，4: 14 - 15.

[66] 北京国际城市发展研究院战略研究部城市一体化课题组．产业整合：京三角城市一体化的战略突破口 [J]. 领导决策信息，2004，3: 14 - 15.

[67] 曹扶生．上海的崛起需要长江三角洲城市群的发展 [J]. 探索与争鸣，1995，4: 3 - 6.

[68] 曹云华．东南亚次区域：新柔廖三角的形成与发展 [J]. 国际贸易问题，1995，8: 50 - 55.

[69] 蔡人群，曾永浩，蔡克光．粤东沿海城市群经济发展战略研究重点 [J]. 现代城市研究，1997，1: 20 - 27.

[70]《长三角报告》编撰委员会．长三角报告（2004）[M]. 北京：中国社会科学出版社，2004.

[71] 陈田．我国城市经济区影响区域系统的初步分析 [J]. 地理学

报，1987，(4)：308－318.

[72] 陈叔红．长株潭经济一体化——中国中西部地区城市化发展的一种模式 [J]．中国建设信息，2004，5：17－21.

[73] 程大林，李侃桢，张京祥．都市圈内部联系与圈层地域界定 [J]．城市规划，2003，27 (11)：30－33.

[74] 陈凡，胡涓．中外城市群与辽宁带状城市群的城市化 [J]．自然辩证法研究，1997，13 (10)：48－53.

[75] 陈绍英，王启文．分形理论及其应用 [J]．呼伦贝尔学院学报，2005，13 (2)：59－63.

[76] 陈雯．城乡一体化内涵的讨论 [J]．当代经济研究，2003，5：16－18.

[77] 陈小素，乔旭宁．基于 GIS 的区域经济空间结构演化研究 [J]．地域研究与开发，2005，24 (3)：119－123.

[78] 陈彦光，刘继生．城市体系分形特征的初步研究 [J]．人文地理，1994，9 (1)：26－30.

[79] 陈彦光，刘继生．豫北地区城镇规模分布的分形研究 [J]．人文地理，1998，13 (1)：22－23.

[80] 陈运迪．分形理论：大自然的几何学 [J]．计算机教育，2004，7：39－40.

[81] 陈仲常，曹跃群．产业结构变动指标体系研究 [J]．重庆大学学报（社会科学版），2003，(1)：50－53.

[82] 崔功豪．中国城镇发展研究 [M]．北京：中国建筑工业出版社，1992.

[83] 崔功豪，王本炎等．城市地理学 [M]．南京：江苏教育出版社，1992.

[84] 陈存友，汤建中．大都市区城市经济整合发展研究——以长江三角洲为例 [J]．中国软科学，2003，6：120－124.

[85] 陈斐，高志刚．新疆各县市空间经济关联分析初步研究 [J]．干旱区地理，2003，26 (3)：274－279.

[86] 陈学刚，李晓东，夏富强．新疆各地区（州、市）第三产业发展水平综合评价［J］．干旱区地理，2004，27（4）：622－627.

[87] 代合治．中国城市群的界定及其分布研究［J］．地域研究与开发，1998：17（2）：40－43.

[88] 戴学珍．京津空间相互作用与一体化研究［D］．北京大学博士学位论文，1999.

[89] 戴学珍．论京津空间相互作用．地理科学，2002，22（3）：257－262.

[90] 邓锋，张小雷，杨德刚，刘海燕．新疆阿拉山口区域外向型“三角增长极”体系的构建［J］．干旱区地理，2005，28（3）：398－403.

[91] 董黎明等．中国城市化道路初探［M］．中国建筑工业出版社，1989.

[92] 杜晓茹，徐振武．辽中南城市带发展构想［J］．辽宁经济，2001，2：16－17.

[93] 段进．城市群发展的竞争与共生［J］．新建筑，1997，（1）：4－5.

[94] 杜德斌，黄吉乔．长江三角洲城市带一体化的交通网络模式构想［J］．经济地理，1999，19（3）：91－95.

[95] 范钦臣．略论中原城市群［J］．中州学刊，1997，2：10－14.

[96] 樊新生，李小建．河南省经济空间结构演变分析［J］．地理与地理信息科学，2005，21（2）：70－73.

[97] 樊新生．20 世纪 80 年代以来河南省经济空间结构演变研究［D］．河南大学博士学位论文，2005.

[98] 富田和晓．大都市圈的结构演化［M］．东京：古今书院，1995.

[99] 冯德显，贾晶，杨延哲等．中原城市群一体化发展战略构想［J］．地域研究与开发，2003，22（6）：43－48.

[100] 冯年华．苏锡常区域整合及其协调机制研究［J］．地域研究与开发，2004，23（3）：4－7.

[101] 高见．中原城市群市场一体化评价与一体化对策 [J]．许昌学院学报，2005，24（2）：129－132.

[102] 高洪深．区域经济学 [M]．北京：中国人民大学出版社，2002.

[103] 高汝熹．大上海都市圈经济发展研究 [J]．城市，2004，3：14－18.

[104] 高群．长春-吉林城市整合发展研究 [D]．东北师范大学硕士学位论文，2000.

[105] 高志刚，陈斐，韩德麟．新疆边境贸易初步研究 [J]．人文地理，1998，（1）：17－24.

[106] 高志刚．产业结构与新疆区域经济发展 [J]．干旱区地理，2004，27（4）：592－596.

[107] 葛卫芬．长三角地区城市群的制度整合 [J]．中共宁波市委党校学报，2004，2：75－78.

[108] 耿明斋．中原城市群经济隆起带建设与开封经济发展思路 [J]．企业活力，2004，11：46－47.

[109] 宫新荷，王云才．边境贸易与口岸增长极系统开发 [J]．地域研究与开发，1994，13（1）：15－19.

[110] 工业化与城市化协调发展研究课题组．工业化与城市化关系的经济学分析 [J]．中国社会科学，2002，2：44－55.

[111] 顾朝林．中国城镇体系研究 [M]．北京：商务印书馆，1995.

[112] 顾朝林，张勤，蔡建明．经济全球化与中国城市发展——跨世纪城市发展战略研究 [M]．北京：商务印书馆，1999.

[113] 顾朝林，城市经济区理论与应用 [M]．长春：吉林科学技术出版社，1991.

[114] 顾朝林，张敏．长江三角洲城市连绵区发展战略研究 [J]．城市研究，2000，1：7－11.

[115] 顾朝林．论中国城市持续发展研究方向 [J]．城市规划汇刊，1994，6：1－9.

[116] 官卫华，姚士谋．城市群空间发展演化态势研究 [J]. 现代城市研究，2003，2：82-86.

[117] 郭宇鹏．中国的隐性超城市化 [J]. 当代财经，1999，6：20-23.

[118] 韩洁．3% 国土将产生 2/3 的 GDP 中国经济集聚三大城市群. http：//www. xinhuanet. com/，2004，3，2.

[119] 韩延玲．新疆三大区域经济差异现状与动态分析 [J]. 干旱区地理，2004，27（2）：273-278.

[120] 郝柏林．从抛物线谈起—混沌动力学引论 [M]. 上海：上海科技教育出版社，1993.

[121] 洪银兴，刘志彪等．长江三角洲地区经济发展的模式和机制 [M]. 北京：清华大学出版社，2003.

[122] 侯百镇．转型与城市发展 [J]. 规划师，2005，21（2）：67-74.

[123] 侯启章．珠江三角洲城市群体研究 [D]. 中山大学硕士研究生论文，1993.

[124] 侯学钢．快速干道与城镇体系的区域整合研究 [D]. 华东师范大学博士学位论文，2001.

[125] 胡良民，苗长虹，乔家君．河南省区域经济发展差异及其时空格局研究 [J]. 地理科学进展，2002，21（3）：268-274.

[126] 胡荣涛，张许颖，苏明吾，杨光焰．产业结构与地区利益分析 [M]. 北京：经济管理出版社，2001.

[127] 胡伟．中原城市群一体化发展研究 [D]. 河南大学硕士研究生学位论文，1999.

[128] 胡序威．沿海城镇密集地区空间集聚与扩散研究 [J]. 城市规划，1998，(6)：22-29.

[129] 胡序威，周一星，顾朝林等．中国沿海城镇密集区聚集与扩散研究 [M]. 北京：科学出版社，2000.

[130] 胡靖．珠三角重新整合与“龙头”城市之争 [J]. 特区经济，2004，2：34-37.

［131］黄福华．对长株潭城市群物流一体化发展规划的思考［J］．民族论坛，2002，4：35－37.

［132］黄恒学．公共经济学［M］．北京：北京大学出版社，2002.

［133］黄莉萍，候学钢．论湘中城市群经济的融合耦动与可持续发展［J］．中国人口资源与环境，1999，9（1）：44－48.

［134］黄以柱，王发曾，袁中金．区域开发与规划原理［M］．广州：广东教育出版社，1991.

［135］黄以柱．国土规划原理［M］．开封：河南大学出版社，1994.

［136］黄震方，储九志．沪宁杭成长三角及其旅游业的发展［J］．资源开发与市场，1999，15（4）：246－247.

［137］姜山清．中原城市群经济发展分析与思考［J］．河南社会科学，2004，12（6）：138－139.

［138］景普秋，张复明．工业化与城市化关系研究综述评价［J］．中国人口资源与环境，2003，13（3）：34－39.

［139］金学良，史保同．河南省城市化发展研究［J］．河南大学学报（自然科学版），1999，29（2）：62－66.

［140］赖进贵，王慧勋．数值等高线内插之比较研究［J］．国立台湾大学地理系地理学报，1996（21）：83－94.

［141］李国平，王立明，杨开忠．深圳与珠江三角洲区域经济联系的测度及分析［J］．经济地理，2001，21（1）：33－37.

［142］刘春，朱俊林．武汉城市圈的经济一体化研究［J］．湖北大学学报（自然科学版），2004，26（2）：175－179.

［143］李润田，林富瑞，尚士英．河南省经济地理［M］．北京：新华出版社，1987.

［144］李世超．长江中下游宜昌——南京段城市带研究［D］．南京大学硕士学位论文，1989.

［145］李树琮．中国城市化与小城镇发展［M］．北京：中国财政经济出版社，2002.

［146］李小建，李国平，曾刚等．经济地理学［M］．北京：高等教

育出版社，1999.

［147］李小建，乔家君．20 世纪 90 年代中国县际经济差异的空间分析［J］．地理学报，2001，56（2）：136－145.

［148］李新，程国栋，卢玲．空间内插方法比较［J］．地球科学进展，2000，15（3）：260－265.

［149］李迅．我国城市区域演进中的区域差异及其对策［J］．城市规划，2000，（7）：8－31.

［150］李亚莉．中国进入重化工时代［J］．中国科技财富，2004，4. 摘自：http：//www. chinaqikan. com.

［151］李子奈．计量经济学［M］．北京：高等教育出版社，2000.

［152］李琮．论经济全球化［J］．中国社会科学，1995，1：25－38.

［153］李佐军．实现工业化仍是我国现代化进程中艰巨历史性任务［J］．经济日报，2003，10：28.

［154］林初昇．港粤整合与珠江三角洲的空间转型——以东莞为例［J］．地理学报，1997，52（s1）：71－79.

［155］林先扬．基于经济全球化的大珠江三角洲城市群经济整合研究［D］．华南师范大学硕士学位论文，2004.

［156］林先扬，陈忠暖．国内外城市群研究的回顾与展望［J］．热带地理，2003，1：44－49.

［157］林先扬，陈忠暖．城市群经济发展系统形成与整合机制探讨［J］．云南地理环境研究，2004，（1）：42－46.

［158］林先扬，陈忠暖．大珠江三角洲城市群经济整合机制与模式研究［D］．华南师范大学学报（自然科学版），2001，1：122－128.

［159］林先扬，陈忠暖．整合：我国城市群经济持续发展的战略性选择［J］．世界地理研究，2004，13（3）：50－57.

［160］凌怡莹，徐建华，岳文泽等．长江三角洲城镇体系的分形研究［J］．华东师范大学学报（自然科学版），2004，3：87－92.

［161］刘秉镰，王家庭．中国工业化与城市化的协调发展研究［J］．南开经济研究，2004，1：38－43.

[162] 刘东勋．中原城市群九城市的产业结构特征和比较优势分析[J]．经济地理，2005，25（3）：343－347.

[163] 刘继生，陈涛．东北地区城市体系空间结构的分形研究．地理科学，1995，15（2）：463－476.

[164] 刘继生，陈彦光．城镇体系等级结构的分形维数及其测算方法[J]．地理研究，1998，17（1）：82－89.

[165] 刘继生，陈彦光．城镇体系空间结构的分形维数及其测算方法[J]．地理研究，1999，18（2）：171－178.

[166] 刘静玉，王发曾．城市群形成发展的动力机制研究[J]．开发研究，2004，6：66－69.

[167] 刘静玉，王发曾．我国城市群经济整合的理论与实践[J]．城市发展研究，2005，12（4）：15－19.

[168] 刘荣增．我国城镇密集区形成与发展机制的历史演变探析[J]．郑州大学学报（哲学社会科学版），2002，（4）：65－68.

[169] 刘荣增．城镇密集区及其相关概念研究的回顾与展望[J]．人文地理，2003，18（3）：13－17.

[170] 刘荣增．城镇密集区发展演化机制与整合[M]．北京：经济科学出版社，2003.

[171] 刘玉劲．城市群开发战略的理论与实证研究[D]．博士学位论文，东北大学，2004.

[172] 刘蓉，李津逵．腹地整合——建立泛珠三角经济区．开放导报，2004，4：32－35.

[173] 刘永奇，皇甫小雷，叶皓瑜．河南省城市化进程报告[J]．中州学刊，2002，6：13－18.

[174] 刘则渊．辽宁带状城市群产业结构战略性重组思路[J]．大连理工大学学报（社会科学版），1999，20（2）：11－15.

[175] 龙同胜，邓志军，胡廷贤，荆体增．呼唤中原城市群[J]．决策探索，2000，10：5－6.

[176] 陆大道．区域发展及其空间结构[M]．北京：科学出版

社，1995.

[177] 陆玉麒．区域发展中的空间结构研究 [M]．南京：南京师范大学出版社，1998.

[178] 陆玉麒．亚洲成长三角与中国区域经济发展 [J]．区域经济研究，1996，6：43 -45.

[179] 吕拉昌．珠江三角洲与外围地区的整合研究 [D]．中山大学博士学位论文，2000.

[180] 吕拉昌．关于产业整合的若干问题研究 [J]．广州大学学报（社会科学版），2004，8：27 -30.

[181] 李彦宏．论文化的整合提升和长株潭一体化 [J]．湖南科技大学学报（社会科学版），2004，7（5）：67 -71.

[182] 毛汉英．山东省可持续发展指标体系初步研究 [J]．经济地理，1996，16（4）：16 -22.

[183] 孟华，秦耀辰．科学发展观的地理学透视．经济地理，2005，25（1）：1 -5.

[184] 南开大学京津经济一体化研究课题组．京津一体化研究 [J]．南开学报（哲学社会科学版），2002，4：22 -29.

[185] 倪树高．推进长三角产业集群的扩展和整合 [J]．上海党史与党建，2004，6：30 -33.

[186] 宁越敏，严重敏．我国中心城市的不平衡扩散及空间扩散研究 [J]．地理学报，1993，48（2）：97 -104.

[187] 牛惠恩，孟庆民，胡其昌等．甘肃与毗邻省区区域经济联系研究 [J]．经济地理，1998，18（3）：51 -56.

[188] 牛文元．中国城市化战略的跃升——组团式城市群是新一轮财富集聚的战略平台．http：//www. zgwhjs. gov. cn.

[189] 庞效民．区域一体化的理论概念及其进展 [J]．地理科学进展，1997，16（2）：39 -47.

[190] 庞效民．区域经济合作的理论基础及其发展 [J]．地理科学进展，1997，16（4）：40 -46.

[191] 庞效民. 国际性区域经济合作进展效果评价 [J]. 地理科学进展, 1998, 17 (4): 8-15.

[192] 乔家君, 李小建. 河南省城镇密集区的空间地域结构 [J]. 地理研究, 2006, 24 (2): 213-221.

[193] 饶会林. 城市经济学 [M]. 大连: 东北财经大学出版社, 1999.

[194] 沈清基. 城市生态系统与城市经济系统的关系 [J]. 规划师, 2001, 17 (1): 17-21.

[195] 史育龙, 周一星. 关于大都市带 (都市连绵区) 研究的论争及近今进展述评 [J]. 国外城市规划, 1997, 2: 2-11.

[196] 苏雪串. 中国城市群的形成与发展在城市化中的作用: 以长江三角洲为例 [J]. 山西财经大学学报, 2004, 26 (1): 46-49.

[197] 孙一飞. 城镇密集区的界定-以江苏省为例 [J]. 经济地理, 1995, 15 (3): 36-40.

[198] 孙一飞. 江苏省城镇密集区研究 [D]. 南京大学硕士学位论文, 1994.

[199] 孙胤社. 大都市区的形成机制及其界定 [J]. 地理学报, 1992, 47 (6): 552-560.

[200] 孙娟. 都市圈空间界定方法研究 [J]. 城市规划汇刊, 2003, 4: 73-77.

[201] 谭成文, 杨开忠, 谭遂. 中国首都圈的概念与划分 [J]. 地理学与国土研究, 2000, 16 (4): 1-7.

[202] 王斌, 张小雷. 新疆区域工业发展水平与结构初步研究 [J]. 干旱区地理, 2004, 27 (1): 90-94.

[203] 王德, 刘锴, 耿慧志. 沪宁杭地区城市一日交流圈的划分与研究 [J]. 城市规划汇刊, 2001, 5: 38-44.

[204] 王德中, 庄仁兴. 区域经济联系定量分析初探 [J]. 地理科学, 1996, 16 (1): 51-57.

[205] 王发曾. 河南城市发展与布局的历史启示 [J]. 城市问题,

1994，1：34－37.

［206］王发曾，袁中金．省域新设城市综合研究［M］．开封：河南大学出版社，1994.

［207］王发曾，袁中金，陈太政．河南城市体系功能组织研究［J］．地理学报，1992，47（3）：274－283.

［208］王发曾．21世纪初期河南城市区域化发展的重点问题研究［J］．地域研究与开发，1999，18（2）：32－35.

［209］王放．中国城市化与可持续发展［M］．北京：科学出版社，2000：14－15.

［210］王录仓，张云峰．基于分形理论的苏北城镇体系研究［J］．西北师范大学学报（自然科学版），2005，41（1）：65－69.

［211］王青．区域增长极的形成与城市群战略［J］．河北大学成人教育学院学报，2004，6（1）：74－75.

［212］王茂林．新中国城市经济50年［M］．北京：经济管理出版社，2000：39.

［213］王绍光，胡鞍钢．中国：不平衡发展的政治经济学［M］．北京：中国计划出版社，1999.

［214］王圣安，刘科伟．陕西城市发展研究［M］．西安：西安地图出版社，1995.

［215］王士君，高群，王丹．城市相互作用关系的一种新模式——近域城市整合研究［J］．地理科学，2001，21（6）：558－563.

［216］王树功，周永章．大城市群（圈）资源环境一体化与区域可持续发展研究——以珠江三角洲城市群为例［J］．中国人口、资源与环境，2004，12（3）：52－57.

［217］王拓．发挥“双城”效应 促进深港经济发展［J］．特区理论与实践，1995，2：40－41.

［218］王学明．加强珠三角区域协调机制的建议［J］．广东经济，2004，5：35－36.

［219］王雅娟．国外城镇密集地区形态发展现象综述．城市规划汇

刊，1994，（6）：40－43.

［220］王一鸣．长江三角洲区域经济整合的体制和机制问题［J］．宏观经济研究，2004，3：19－21.

［221］王贻志，王振，顾丽英．长江三角洲地区产业整合研究［J］．上海社会科学院学术季刊，2000，3：5－14.

［222］王翼．经济系统的分析预测与控制［M］．北京：中国城市出版社，2001.

［223］卫兴华、林岗．马克思主义政治经济学原理［M］．北京：中国人民大学出版社，2003.

［224］吴超，刘春．基于城市经济系统的城市特色与竞争力关系探讨［J］．规划师，2004，20（7）：18－21.

［225］吴传钧，甘国辉，刘建一．现代经济地理学［M］．江苏教育出版社，1997.

［226］吴传清，李季．关于中国城市群发展问题的探讨［J］．经济前沿，2003（增刊）：29－31.

［227］吴殿廷，宋金平，孙久文．区域经济学［M］．北京：科学出版社，2003.

［228］伍贻康，周建平．区域性国际经济一体化比较［M］．北京：经济科学出版社，1994.

［229］吴启焰．城镇密集地区空间结构特征及演变机制——从城市群到大都市带［J］．人文地理，1999，（1）：11－16.

［230］吴唯佳．非正式规划：区域协调发展的新建议［J］．规划师，1999，15（4）：104－105.

［231］席荣珧，张丹，王建军等．中原城市群与郑州大都会建设的战略思考［J］．地域研究与开发，1997，16（增刊）：23－28.

［232］夏安桃．长株潭城市群整合发展研究［D］．中山大学博士学位论文，2004.

［233］肖枫，张俊江．城市群体经济运行模式［J］．城市问题，1990，4：10－12.

[234] 谢文惠，邓卫．城市经济学 [M]．北京：清华大学出版社，1996.

[235] 项光勤．世界城市圈理论及其实践对中国城市发展的启示 [J]．世界经济与政治论坛，2004，3：15－18.

[236] 解思民．区域协调机制的构建及政策思路 [J]．广西民族学院学报（哲学社会科学版），2005，27（2）：177－181.

[237] 许晨．从市场整合看开拓西部市场 [J]．现代经济探讨，2000，10：22－24.

[238] 许传萍．浅谈城乡一体化的几个问题 [J]．森林工程，2003，2：33－34.

[239] 徐康宁．论城市竞争与城市竞争力 [J]．南京社会科学，2002，5：1－6.

[240] 徐林发．珠江三角洲工业化与城市化互动发展研究 [D]．暨南大学博士学位论文，1998.

[241] 徐美卿，杨德刚，周艳时．新疆经济增长特征与驱动力分析 [J]．干旱区地理，2004，27（4）：597－602.

[242] 徐清梅，张思锋，牛玲等．中国城市群几个基本问题的观点述评 [J]．城市问题，2002，1：18－22.

[243] 徐晓霞．中原城市群城市生态系统分析、评价与城乡一体化调控 [D]．河南大学博士学位论文，2004.

[244] 许学强，周一星，宁越敏．城市地理学 [M]．北京：高等教育出版社，1997.

[245] 许学强，朱剑如．现代城市地理学 [M]．北京：中国建筑出版社，1988.

[246] 许学强，周春山．论珠江三角洲大都会区的形成 [J]．城市问题，1994，3：3－6.

[247] 徐永健，许学强，阎小培．中国典型都市连绵区形成机制初探 [J]．人文地理，2000，(2)：19－23.

[248] 邢怀滨，陈凡，刘玉劲．城市群的演进及其特征分析 [J]．哈

尔滨工业大学学报（社会科学版），2001，（4）：83－87.

［249］薛东前，王传胜．城市群演化的空间过程及土地利用优化配置［J］．地理科学进展，2002，21（2）：95－100.

［250］薛东前，姚士谋，张红．关中城市群的功能联系与结构优化［J］．经济地理，2000，20（6）：52－60.

［251］薛东前，姚士谋，张红．城市群形成演化的背景条件分析——以关中城市群为例［J］．地域研究与开发，2000，19（4）：50－53.

［252］薛家冀．都市圈域产业的整合与协同［J］．现代经济探讨，2004，4：3－7.

［253］徐剑明．深化长三角区域经济一体化的博弈分析与对策［J］．经济界，2004，4：59－62.

［254］亚凡．中央首次提出中部崛起 地方力争财金倾斜．http：//www. gzsohu. com.

［255］阎小培，郭建国，胡宇冰．穗港澳都市连绵区的形成机制研究［J］．地理研究，1997，16（2）：22－29.

［256］严正．中国城市发展问题报告［M］．北京：发展出版社，2004.

［257］杨建文，周冯琦，胡晓鹏．产业经济学［M］．上海：学林出版社，2004.

［258］杨丽艳．区域经济一体化法律制度研究［D］，武汉大学博士学位论文，2003.

［259］杨荣南．关于城乡一体化的几个问题［J］．城市规划，1997，5：41－43.

［260］杨万钟．经济地理学导论［M］．华东师范大学出版社，1994.

［261］杨忠臣，陆玉麒．构建徐连临成长三角的探讨［J］．地域研究与开发，2003，22（3）：44－47.

［262］姚士谋，朱英明，陈振光等．中国城市群（第二版）［M］．合肥：中国科技大学出版社，2001.

［263］叶依广，周蕾．南京都市圈与长三角一体化互动发展的障碍及

措施分析［J］. 南京农业大学学报（社会科学版），2004，4（2）：31－36.

［264］叶裕民. 我国中部地区内部差异及发展构想［J］. 地理学与国土研究，1999，15（2）：1－6.

［265］叶裕民，黄壬侠. 中国新型工业化与城市化互动机制研究［J］. 西南民族大学学报（人文社科版），2004，25（6）：1－10.

［266］殷德生. 南街村模式的实证观察与理论诠释［J］. 管理世界，2001，（4）：173－179.

［267］尤先迅. 世界贸易组织法［M］. 上海：立信会计出版社，1999.

［268］于洪俊，宁越敏. 城市地理概论［M］. 合肥：安徽人民出版社，1983.

［269］余英，张雪松. 论大都市区基础设施战略规划［J］. 城市规划，2004，28（1）：46－49.

［270］袁嘉新，何伦志. 经济系统分析［M］. 北京：社会科学文献出版社，1997.

［271］岳文泽，徐建华，徐丽华. 分形理论在人文地理学研究中的应用［J］. 地理学与国土研究，2001 17（2）：51－56.

［272］曾菊新. 空间经济：系统与结构［M］. 武汉：武汉出版社，1996.

［273］湛柏明. 再探经济一体化理论［J］. 世界经济研究，1999（4）：25－26.

［274］张东操，冯茵. 中科院报告：三大城市群对全国经济贡献率仅35%. http：//news. yn. cninfo. net.

［275］张虹鸥，叶玉瑶，罗晓云，叶树宁. 珠江三角洲城市群城市流强度研究［J］. 地域研究与开发，2004，6：53－56.

［276］张京祥. 镇群体空间组合［M］. 南京：东南大学出版社，2000.

［277］张京祥. 西方城镇群体空间研究之评述［J］. 国外城市规划，

1999, 1: 31 – 33.

[278] 张超, 杨秉赓. 计量地理学基础 [M]. 北京: 高等教育出版社, 1985.

[279] 张俊军, 许学强. 城镇体系可持续规划初探 [J]. 人文地理, 1998, 13 (4): 44 – 48.

[280] 张落成. 城市区域辐射与沿海经济低谷崛起 [J]. 规划师, 2001, 17 (1): 34 – 37.

[281] 张小涛, 张维, 熊熊, 李翠玉. 论分形理论对科学思维方式的影响 [J]. 西安电子科技大学学报 (社会科学版), 2005, 15 (3): 1 – 5.

[282] 张越川, 张国祺. 分形理论的科学和哲学底蕴 [J]. 社会科学研究, 2005, 5: 81 – 86.

[283] 张月华. 建设关中城市群, 推动陕西工业化、城市化进程 [J]. 西安财经学院学报, 2003, 16 (4): 32 – 34.

[284] 张云锐. 我国城市化和工业化的非同步性原因分析 [J]. 经济前沿, 2004, 4: 29 – 31.

[285] 张占仓, 杨延哲, 杨迅周. 中原城市群发展特征及空间焦点 [J]. 河南科学, 2005, 23 (1): 133 – 137.

[286] 赵旭. 区域开发中的三角增长极初步探讨 [J]. 国土开发与整治, 1994: 30 – 36.

[287] 赵苑达. 城市化与区域经济协调发展 [M]. 北京: 中国社会科学出版社, 2003.

[288] 郑吉春, 赵天杨, 朱余旺. 我国城市群梯度发展战略分析与评价 [J]. 中国软科学, 2003, 10: 120 – 123.

[289] 周干峙. 高密集、高城市化地区间的强相互作用 [J]. 城市发展研究, 1997, 1: 1 – 6.

[290] 周圣葵. 已见端倪的亚太经济南北集团化趋势 [J]. 世界经济, 1994, 11: 36 – 40.

[291] 周一星. 城市地理学 [M]. 北京: 商务印书馆, 1995.

[292] 周一星, 史育龙. 建立中国城市的实体地域概念 [J]. 地理学

报，1995，50（4）：289－301.

［293］周一星．城市化与国民经济生产总值关系的规律性探讨［J］．人口与经济，1982，1：25－33.

［294］周章跃，万广华．论市场整合研究方法［J］．经济研究，1999，3：73－79.

［295］钟韵，阎晓培．粤港澳文化整合与区域经济发展关系研究［J］．热带地理，2003，23（2）：139－143.

［296］朱家良．长三角经济一体化主要特点和协调机制［J］．浙江树人大学学报，2004，4（6）：41－45.

［297］朱明春．区域经济理论与政策［M］．长沙：湖南科学技术出版社，1991：168－169.

［298］朱瑞博．全球产业重构与中国产业整合战略［J］．改革，2004，4：73－79.

［299］祝影．21世纪中国城市发展的人文方向初探［M］．河南大学学报（社会科学版），2002，（1）：59－63.

［300］邹兵，施源．建立和完善我国城镇密级地域协调发展的调控机制［J］．城市规划汇刊，2004，3：9－15.

［301］左连村．CEPA框架下粤港澳区域经济的整合与辐射．特区经济，2003，12：26－29.

［302］左正．CEPA框架下大珠三角都市区域的整合与发展［J］．学术研究，2004，2：52－55.

# 后 记

长期以来，河南大学针对河南省城市 - 区域的发展做了大量的研究工作，积累丰厚。1987 年李润田等提出了中原地区城市群构建的设想，1992 年王发曾等在《地理学报》上发表论文《河南省城市体系功能组织研究》，提出了“一点三圈”的河南省城镇体系空间组织模式。此后，环境与规划学院的诸多学者陆续从城镇化、城镇体系、城市生态、城市经济发展等方面开展了大量的研究。

1996 年《河南省国民经济和社会发展第九个五年计划》提出中原城市群发展的设想。2003 年《河南省全面建设小康社会规划纲要》明确界定了中原城市群的空间范围，中原城市群正式走到了前台。其时，中原城市群尚处于离散的“规划群”状态，城市群作为能发挥整体竞争力的地域实体远没有形成，和全国主要城市群的核心城市相比，中原城市群核心城市郑州市区的整体实力依旧较弱，因此，城市群的“整合”问题凸显，相关研究的重要性非常突出。

2003 年我硕士毕业之后，继续留在河南大学攻读博士学位，师从王发曾先生，从事城市 - 区域综合发展方向的研究。基于本学科研究的积淀和学科的社会化服务功能，我选择中原城市群经济整合研究作为博士论文的选题。在恩师的悉心指导下，我如期完成学位论文，并毕业留校任教。从论文选题的确定直至今日，我依然坚信：在我国城镇化、工业化、农业现代化和信息化同步推进的背景下，城市群的经济整合研究必然是较长时期内社会各界关注的热点和核心问题之一。本书的出版以期能抛砖引玉，并与同领域的学者进行交流。本书即将出版之际，欣慰与感激之情难以言表。

首先要感谢我的恩师王发曾先生对我的谆谆教导和悉心栽培。先生治学严谨、勤于耕耘、宽厚包容、平易近人的风范及渊博的知识令学生叹服，这也是我在未来的学习和工作之中的压力和动力。我还要感谢中国科学院资源与地理科学研究所的毛汉英先生，河南大学环境与规划学院的李润田先生、李小建先生、秦耀辰先生、苗长虹先生、覃成林先生、李永文先生、梁留科先生、孔云峰先生，在我的博士论文开题、写作、答辩之中，给我的启发与指点。

长期以来，我的硕士生导师——现就职于广州大学的钱乐祥先生给了我极大的帮助和关注，河南大学环境与规划学院数字区域模拟实验室的许叔明老师为我的学习提供了极大的帮助。广州大学地理科学学院的千怀遂老师、河南大学经济学院的耿明斋老师和刘东勋老师、环境与规划学院的金学良老师、潘淑君老师、高建华老师、刘玉振老师、朱连奇老师、陈蜀园老师、李斌老师、常捷老师等多位老师为我的学习和生活提供了很大的帮助和支持。在此，我要对所有关心、支持、帮助我的老师表示最诚挚的谢意！

非常感谢同窗好友李政新博士、史小红博士、孟华博士、李二玲博士、文学院的赵新顺博士，感谢我的同学李爽博士、王喜博士、胡军博士、樊新生博士、鲁丰先博士、乔家君博士、陈玉英博士和我的师妹（弟）李晓莉博士、王文剑博士、王新涛、冯涛、王海江、武前波等为我的学习和论文数据的收集提供了极大的帮助。在本书修改完善过程中，我的硕士研究生丁芳芳、王小敏、范晓霞协助更新了部分数据，一并表示谢意。

在论文资料收集的过程中，得到了河南省统计局综合处王作臣处长、孙宾玉先生，焦作市统计局曹魏先生以及济源市统计局、洛阳市统计局、开封市统计局、许昌市统计局、郑州市统计局、平顶山市统计局、漯河市统计局、新乡市统计局等相关负责同志的大力帮助，在此深表谢意！

衷心感谢我的父母、岳父母为了我能够安心学业，为我们这个小家庭提供了很大的帮助。感谢我的夫人宋爱青女士的倾心付出。

本书的出版获得了河南省国家重点学科（地理学）培育基金和河南大学区域发展与规划研究中心项目经费的资助。

中国经济出版社的戴玉龙编辑为本书的出版发行付出了辛勤的劳动，在此深表谢意！

刘静玉

2013 年 12 月于河南大学